Mi embarazo

Una experiencia única

Mi embarazo

Una experiencia única

Glade B. Curtis
Médico Ginecólogo y Obstetra

Traductor:
José Francisco J. Davila Martínez

Revisor Técnico:
Dr. Antonio Zaldivar Guerra

MÉXICO • ARGENTINA • BRASIL • COLOMBIA • COSTA RICA • CHILE
ESPAÑA • GUATEMALA • PERÚ • PUERTO RICO • VENEZUELA

Datos de catalogación bibliográfica

GLADE B. CURTIS M. D.

Mi embarazo: Una experiencia única

PEARSON EDUCACIÓN, México, 2001

ISBN: 970-26-0061-8
Materia: Interés general

Formato: 15.5 × 23 cm   Páginas: 312

EDICIÓN EN ESPAÑOL

Editora de Interés general: Claudia Islas Licona
Supervisor de Traducción: Antonio Núñez Ramos
Supervisor de Producción: Rodrigo Romero Villalobos

Mi embarazo: Una experiencia única

Versión en español de la obra titulada *Your Pregnancy Every Woman Guide,* de Glade B. Curtis M. D., publicada originalmente en inglés por Fisher Books, a Subsidiary of Perseus Books L. L. C. 10 East 53rd Street, New York, NY 10022 U.S.A.

Esta edición en español es la única autorizada.

First published in the United States by Fisher Books,
A Subsidiary of Perseus Books L. L. C.

Primera edición 2001

D.R. © 2001 por Pearson Educación de México, S.A. de C.V.
    Calle 4 No. 25 2do. piso
    Fracc. Industrial Alce Blanco
    53370 Naucalpan de Juárez, Edo. de México

Cámara Nacional de la Industria Editorial Mexicana, Registro No. 1031

ISBN: 970-26-0061-8 de la versión en español

ISBN: 1-55561-154-0 de la versión en inglés

Impreso en México/*Printed in Mexico*

1 2 3 4 5 6 7 8 9 0   03 02 01

Contenido

Parte 1
Antes del embarazo

Preparación
para el embarazo 3
- Cuándo consultar al médico. . . . 4
- El costo de tener un bebé 5
- Cambios durante el embarazo . 7
- La nutrición antes del embarazo. . 9
- Ejercicio antes del embarazo . . 10
- Su salud antes del embarazo . . 11
- Enfermedades crónicas 14
- ¿Debo solicitar asesoría
  genética? 14
- Embarazo de parejas mayores. 15
- Enfermedades de
  transmisión sexual 16
- Sustancias intoxicadoras. 17
- El trabajo antes del embarazo . 18

Parte 2
Su embarazo

Su salud y sus
preocupaciones 21
- **Elección del servicio**
  médico 22
- ¿Qué es la atención prenatal? . 24
- El manejo de las náuseas
  matutinas 25
- Cómo afecta su salud al bebé
  en crecimiento. 27
- Tóxicos y contaminantes
  ambientales 34

- Molestias comunes
  del embarazo. 35
- **Precauciones en**
  el embarazo 38
- Preocupaciones específicas . . . 40
- Anemia 44
- Padecimientos previos 46
- Otras preocupaciones
  de salud. 48

Exámenes para
usted y su bebé. 51
- Pruebas de embarazo. 51
- Exámenes después de
  confirmado el embarazo 52
- Ultrasonido. 55
- Amniocentesis. 59
- Examen de alfafetoproteína . . 62
- Muestreo de vellosidades
  coriónicas 63
- Fibronectina fetal 64
- Fetoscopía 65
- Otros exámenes para
  la futura madre. 65
- Exámenes para su bebé 70

Medicamentos
y tratamientos. 73
- Las vitaminas durante
  el embarazo. 75
- **Medicamentos de**
  prescripción y venta libre
  en el embarazo 76
- ¿Influyen en el embarazo los
  métodos anticonceptivos? 78
- Inmunizaciones y vacunas
  en el embarazo 79

5 Nutrición, ejercicio y manejo del peso **81**
- Antojos 82
- Endulzantes artificiales........ 83
- **Plan de comida saludable** .. **84**
- Tómese su agua 86
- Las comidas fuera 86
- Sobre la cafeína 87
- Vitaminas y minerales 88
- Ejercicio 90
- **Manejo del peso** **96**
- Aumento por semana......... 98

6 Fatiga, trabajo y embarazo **99**
- Sueño y descanso............. 99
- Hinchazón y dolor de espalda 101
- El trabajo durante el embarazo................ 102
- **Viajar y conducir durante el embarazo**...... **106**

7 Más de un bebé **111**
- ¿Cuál es la frecuencia de los embarazos múltiples? 112
- El embarazo múltiple 113
- **Prepárese para los gemelos** **114**
- La atención en el último trimestre 116
- Ubique a quienes van a ayudarla 116

8 Los cambios de su bebé **119**
- La fecha del nacimiento...... 119
- El crecimiento de su bebé 120
- El corazón de su bebé........ 123
- Su bebé en el vientre......... 123

- Problemas del bebé en crecimiento 125
- Nacimiento prematuro 126
- Hidrocefalia................. 128
- Meconio 129
- Retraso del crecimiento intrauterino 129
- Problemas del cordón umbilical................... 130

9 Cambios en usted **131**
- Aumento de dimensiones 131
- Cambios en la piel 134
- Venas varicosas 136
- Cambios emocionales 138
- Los movimientos del bebé.... 140
- Estreñimiento 142
- El cuidado de sus dientes..... 142
- Molestias comunes 144
- Cambios en las mamas 145
- **Su guardarropa de maternidad** **146**
- Otros cambios del embarazo. 149

10 Su pareja y su embarazo **153**
- La participación de su pareja.................... 153
- El nacimiento del bebé 155
- Cómo ser útil en casa 156
- La salud del padre 157
- El sexo durante el embarazo.. 158

11 Enfermedades de transmisión sexual .. **161**

12 Drogas y otras sustancias............. **167**
- Tabaquismo 168
- Consumo de alcohol......... 170
- Consumo de drogas y fármacos 171

13 Preocupaciones de la madre soltera **175**
- Las relaciones con los demás . 176
- Preparación para el nacimiento. 176
- A casa con el bebé 177
- Preocupaciones comunes 177
- Preguntas legales. 179

14 Problemas y signos de advertencia **181**
- Hemorragias en el embarazo. 182
- Caídas en el embarazo. 183
- Aborto espontáneo 183
- Embarazo ectópico 187
- Trombos en el embarazo 188
- Tumoraciones mamarias en el embarazo 190
- Preclampsia. 190
- Cuando se rompen las membranas 192
- Problemas de la placenta 192

Parte 3
El nacimiento de su bebé

15 Parto y nacimiento. 197
- Rompimiento de la bolsa de aguas 198
- Inducción del parto. 199
- **Clases de preparación para el parto** **200**
- Parto prematuro o pretérmino 202
- La ida al hospital 203
- **¿Qué debo llevar al hospital?** **204**
- El trabajo de parto. 207
- Exámenes durante el trabajo de parto. 214
- El manejo del dolor del parto. 215
- Cesárea 218
- ¿Necesitaré una episiotomía? 221

- La posición del bebé 223
- El nacimiento de su bebé. 224
- Después del nacimiento 227
- Si su bebé se retrasa 229
- **Parto de emergencia** **230**

Parte 4
Su bebé recién nacido

16 Después del nacimiento. 235
- Una vez nacido su bebé 235
- **La elección del pediatra** . . . **240**
- Su cita posnatal 242
- Control natal después del embarazo 242
- Cómo hacer que el hogar sea seguro para el bebé 243

17 Su recién nacido 245
- El bebé al nacer. 245
- La salud de su bebé 250
- Los hábitos de sueño del bebé. 253
- El cuidado del bebé 254
- Restricciones vehiculares para la seguridad de su bebé 255

18 La alimentación del bebé **257**
- Fundamentos de la alimentación. 257
- Alimentación con biberón. . . . 259
- Amamantamiento. 261
- Efecto de la lactancia en usted 262
- Producción, extracción y almacenamiento de la leche . 263
- Problemas comunes de la lactancia 265
- Lo que también debe saber . . 267

Glosario 271
Índice 285

Acerca de este libro

El doctor Glade Curtis es quizá el ginecoobstetra más querido del mundo. En Estados Unidos, Canadá, Europa y Asia se han impreso cientos de miles de ejemplares de sus obras. El éxito del doctor Curtis se basa en que ofrece la información más actualizada sobre el embarazo. Aprovechando su experiencia en el ejercicio de la medicina, en esta edición de *Mi embarazo, una experiencia única* ha cumplido con ese compromiso.

El formato manejable de la obra, junto con el estilo cordial del doctor Curtis, mantiene informadas a las mujeres durante la gestación, desde la preparación del embarazo hasta el parto y la alimentación del nuevo bebé. Tan fácil es abrir el libro y localizar la respuesta a una pregunta imperiosa como pasar una tarde leyendo acerca de todos los cambios emocionantes que ocurren en su cuerpo y sobre la mejor manera de prepararse para el nacimiento de su bebé. El doctor Curtis ha determinado qué preguntas le formulan con más frecuencia sus pacientes y las resalta en este libro. Los recuadros, las tablas y las listas de verificación le permitirán encontrar la información que quiera y cuando la quiera. Las ilustraciones muestran claramente los exámenes, el crecimiento del bebé y las situaciones especiales, como la cesárea.

Tener un bebé es todo un acontecimiento en su vida, pero en ocasiones es desconcertante. *Mi embarazo, una experiencia única* es una fuente cálida y tranquilizadora a la que volverá una y otra vez y que le da las respuestas a sus preguntas grandes y pequeñas sobre la procreación. *Mi embarazo, una experiencia única* le dará toda la información que requiere para disfrutar al máximo esta época especial.

Agradecimientos

Mi aprecio y gratitud por su comprensión a mi esposa y familia, a quienes les robé el tiempo para trabajar en estos proyectos y en el ejercicio de la ginecoobstetricia, con sus exigencias peculiares.

Quisiera hacer un reconocimiento a la relación única que he establecido con Judi Schuler en más de 20 años de colaboración. Su dedicación, exactitud y capacidad de motivación son una buena parte de nuestro éxito.

Agradezco el respaldo que me han brindado en el transcurso de los años Bill y Howard Fisher y otros miembros de Fisher Books . Su dedicación me recuerda constantemente que lo valioso y significativo tarda en conseguirse y es el resultado del empeño y el trabajo en equipo.

Dr. Glade B. Curtis, ginecoobstetra

Acerca del autor

El doctor Glade B. Curtis es médico certificado por el American College of Obstetricians and Gynecologists. Se dedica al ejercicio particular en ginecoobstetricia y el tratamiento de la infertilidad en Sandy, Utah.

Una de las metas profesionales del doctor Curtis es dar a sus pacientes toda la información sobre las situaciones ginecoobstétricas que se presentan, los problemas que surgen y los procedimientos que se siguen. Con este fin, ha escrito varios libros para gestantes, entre ellos *Your Pregnancy Week by Week* y *Your Pregnancy After 30*.

El doctor Curtis se tituló en la Universidad de Utah y en la Escuela de Medicina y Odontología de la Universidad de Rochester, en Nueva York. Fue interno, residente y jefe de residentes de ginecoobstetricia del hospital Strong Memorial de la Universidad de Rochester. Vive en Sandy. Él y su esposa tienen cinco hijos y un nieto.

A los lectores

He tratado de incluir todas las preguntas que me formulan (y a otros médicos que conozco) sobre todos los aspectos del embarazo y el parto. Si tiene alguna pregunta que no haya tratado y que sea de interés para otras gestantes, le agradecería que me la enviara por escrito a cargo de Fisher Books. En la medida de lo posible, la abordaré en ediciones próximas de esta obra.

El embarazo es una época especial y gozosa en la vida de las mujeres. Al informarse y trabajar junto con su médico, le dará a su hijo el mejor comienzo en la vida.

Antes del embarazo

Parte

1

Preparación para el embarazo

En mi profesión, con frecuencia atiendo mujeres que se sorprenden al enterarse de que están embarazadas. Dicen no haberlo planeado o no estar listas para tener un hijo. La mayoría de las mujeres no tienen problemas con sus embarazos y dan a luz bebés sanos. Aun así, un embarazo planeado le garantiza que la vida que pueda darle a su bebé tendrá el mejor comienzo. Por tal razón, ahora muchos médicos y otros profesionales de la salud consideran la gestación como una etapa de 12 meses.

La duración real del embarazo, es decir, el crecimiento de un óvulo fertilizado al tamaño de un bebé normal, es de nueve meses. La planeación de su embarazo le deja tiempo para preparar su organismo y hacer todos los cambios que requiera en su estilo de vida: comer alimentos nutritivos, dejar el alcohol y el tabaco, comenzar una rutina de ejercicio, controlar su peso y hablar con su médico de todas las preocupaciones que tenga en cuanto a su salud.

¿Cómo debo prepararme para el embarazo?

Hay mucho que hacer al prepararse para el embarazo:

* Ejercítese regularmente.
* Investigue si debe reducir o suspender las medicinas que toma. Pregunte a su médico si es seguro tomarlas durante el embarazo.
* Controle su peso. El embarazo no es época de adelgazar.
* Si le ordenaron radiografías o exámenes clínicos, cúmplalos antes de embarazarse.
* Es un buen momento para controlar o eliminar el consumo de alcohol, tabaco y drogas.
* Decida quién atenderá su parto.

Si toma en cuenta estos detalles antes de embarazarse, la gestación será más segura y la disfrutará más.

Cuándo consultar al médico

Si es posible, consulte a su médico *antes* de embarazarse. Una visita previa aclarará muchas dudas sobre los medicamentos que esté tomando. Por otro lado, el médico le indicará un *frotis* de Papanicolau o cualquier otro examen que le parezca pertinente. Usted y su médico evaluarán su peso actual y establecerán el aumento de éste durante el embarazo. Una vez confirmado que está saludable, podrá embarazarse; de no ser así, tiene tiempo para restablecer su salud y ponerse en la mejor condición física posible.

He aquí algunos de los exámenes que su médico podría ordenarle:

* Papanicolaou
* Examen de factor *Rh*
* Grupo sanguíneo
* Títulos de rubéola
* Mamografía, si tiene más de 34 años

Si padece otros problemas de salud específicos o crónicos, hágase un chequeo. Si estuvo expuesta a hepatitis o SIDA, solicite el examen correspondiente.

Mis dos embarazos anteriores terminaron en aborto espontáneo. ¿Debo consultar al médico antes de embarazarme o debo esperar hasta la primera visita de la gestación?

Los antecedentes de un embarazo anterior son importantes para el éxito del siguiente. Es verdad que en muchas situaciones no es posible hacer nada para evitar las complicaciones, sin embargo, lo más seguro es consultar con el médico antes de concebir y decirle lo que ha ocurrido. Investigue si en esta ocasión se puede hacer algo o si tendrá que correr riesgos.

El costo de tener un bebé

Es alto el costo de tener un bebé y puede variar de un país a otro, dependiendo de qué tanto tiempo esté en el hospital o de si su bebé tiene complicaciones. El costo total depende del tiempo de hospitalización, si tiene epidural, si da a luz en forma natural o por cesárea. Para saber exactamente cuánto le costará, averigüe en el hospital donde desea tener a su hijo, con la compañía de seguros o consúltelo con su doctor particular. No se sienta abochornada o temerosa de preguntar. La mayoría de los hospitales tienen oficinas que trabajan con las aseguradoras y saben cosas que a usted tal vez no le hayan pasado por la mente. Ellos saben lo importante de esta situación. Dependerá del plan de seguros que tenga, e incluso del doctor con el que se esté atendiendo.

Si tiene seguro, ¿qué cubre éste?

La cobertura varía según la aseguradora, así que no hay respuesta fácil. Para averiguarlo, pregunte a su aseguradora lo siguiente:

- ¿Qué cobertura tengo?
- ¿Hay beneficios por maternidad? ¿Cuáles?
- ¿Estos beneficios cubren parto por cesárea?
- ¿Tengo que pagar un deducible? ¿De cuánto?
- ¿Cómo reclamo la póliza?
- ¿Tiene límite máximo la cobertura total?
- ¿Qué porcentaje de mis costos cubre?
- ¿Mi cobertura restringe la clase de instalaciones hospitalarias que escoja, como centro de nacimiento o sala de parto?
- ¿Qué trámites debo realizar antes de ingresar en el hospital?
- ¿Mi póliza cubre una enfermera partera?
- ¿La cobertura incluye medicamentos?
- ¿Qué exámenes cubre la póliza durante el embarazo?
- ¿Qué exámenes cubre la póliza durante el parto y el nacimiento?
- ¿Qué tipo de anestesia cubre durante el trabajo de parto y el nacimiento?
- ¿Cuánto tiempo puedo quedarme en el hospital?
- ¿Los pagos se expiden al prestador del servicio o a mí?
- ¿Qué condiciones o servicios *no* están cubiertos?
- ¿Qué cobertura hay para el bebé después de nacer?
- ¿Cuánto tiempo puede quedarse el bebé en el hospital?
- ¿Hay algún costo por incluir al bebé en la póliza?
- ¿Cómo incluyo al bebé en la póliza?
- ¿Puedo tomar un porcentaje de los derechos de la póliza de mi esposo y el resto de la mía?

Cambios durante el embarazo

Durante el embarazo, su cuerpo sufre cambios increíbles, sus mamas crecen y aumenta el número de conductos galactóforos, que transportan la leche; sus órganos tienen menos espacio por el crecimiento del útero, lo que lleva a micciones frecuentes, acedías e indigestión. A veces se hinchan piernas, pies y manos. El pelo y la piel también pasan por alteraciones. Compare la ilustración de la derecha con la de la página 132 para que vea los cambios que sufre el cuerpo de la mujer durante el embarazo.

Cómo empieza el embarazo

Durante su ciclo menstrual, el cuerpo se prepara para la posibilidad de concebir. Uno de los dos ovarios libera un óvulo y se producen cambios en las paredes del útero (matriz) con el fin de proveer un medio para el crecimiento del huevo fecundado. Si no ocurre la fertilización, el revestimiento uterino enriquecido es desechado con el flujo menstrual.

Se cree que la fertilización tiene lugar en la parte central de una de las trompas de Falopio, no dentro del útero. Los espermatozoides viajan por la cavidad uterina hasta la trompa, donde encuentran al óvulo que viene del ovario (vea la ilustración de la página 8).

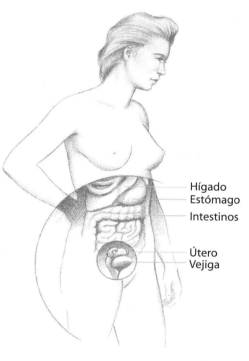

Hígado
Estómago
Intestinos

Útero
Vejiga

Esta ilustración muestra un útero no fecundado y varios órganos del cuerpo de la mujer. El embarazo producirá muchos cambios. Compare esta ilustración con la mostrada en la página 132, de una gestante.

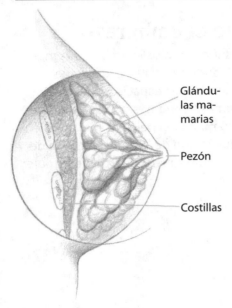

Glándu-
las ma-
marias

Pezón

Costillas

Después de la fecundación, el óvulo comienza a dividirse y crecer. En un plazo de tres a siete días, recorre la trompa de Falopio hasta el útero y se aferra a la pared de éste. A partir de entonces, el producto se llama *embrión* (después de la octava semana se denomina *feto)*.

Hacia el duodécimo día, comienza a formarse el saco amniótico alrededor del embrión. Se trata de una cavidad que contiene un líquido en el que el feto se mueve con más facilidad, además de que amortigua golpes y regula la temperatura.

Sus mamas pasan por muchos cambios durante el embarazo. Compare esta ilustración de la mama de una mujer que no está embarazada, con la que se aprecia en la página 148, que es de una gestante.

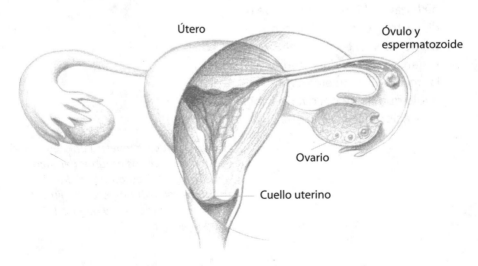

Útero

Óvulo y
espermatozoide

Ovario

Cuello uterino

Los científicos creen que el espermatozoide fecunda el óvulo en una de las trompas de Falopio.

Sus métodos anticonceptivos actuales

La mayoría de los médicos recomiendan suspender la **píldora anticonceptiva** durante dos o tres ciclos menstruales normales antes del embarazo. Recurra a otra forma de protección, cómo el método de la barrera (condón) para su pareja, hasta que quiera concebir.

El mejor momento y el más fácil para retirar un **dispositivo intrauterino (DIU)** es durante la menstruación. Después, espere dos ciclos normales antes de tratar de embarazarse. Durante la espera, recurra a los condones.

Si su método de control natal es el **implante,** después de retirarlo espere por lo menos dos o tres ciclos menstruales antes de embarazarse.

La **inyección de acción prolongada** dura tres meses. Le aconsejo que tenga por lo menos dos periodos normales antes de tratar de concebir.

La nutrición antes del embarazo

Muchas de mis pacientes que quieren embarazarse me dicen que les encantan las hamburguesas, las papas a la francesa y otras comidas chatarras y que se sentirían fastidiadas de tener que dejarlas, pero se preguntan si sus hábitos alimenticios tienen algún efecto en su embarazo. La respuesta es sí. Evite las comidas chatarras. Coma alimentos frescos y nutritivos, incluyendo muchas frutas y verduras. Prepárelas en forma sencilla, sin demasiada grasa o aceite.

Comience ya a comer bien

Lo mejor tanto para usted como para su bebé es que adquiera hábitos de buena alimentación *antes* de embarazarse. Coma alimentos nutritivos 12 meses antes del embarazo.

Cuando las mujeres se enteran de que están embarazadas, ya tienen siete, ocho o más semanas de gestación. Estas primeras semanas son importantes para el crecimiento de su bebé, y por eso es conveniente que se prepare y empiece a comer lo adecuado *antes* de concebir.

En cuanto al peso

El embarazo no es momento para comenzar una dieta o tratar de adelgazar. Las dietas originan deficiencias pasajeras de vitaminas y minerales importantes para el crecimiento del bebé. Pídale a un profesional de la salud que le trace un plan de buena alimentación antes de embarazarse y haga los cambios necesarios.

Ejercicio antes del embarazo

El ejercicio es bueno para usted, esté o no embarazada, y desde luego que es parte de una gestación sana. Establezca una buena rutina de ejercicio antes de concebir, para que se sienta mejor, controle su peso y adquiera vigor. El ejercicio también facilita la labor del parto y el nacimiento.

Para encontrar y aferrarse a una buena rutina, escoja ejercicios que le gusten y que pueda practicar en cualquier clima. Su hospital local, el consultorio de su médico y los centros de salud le ofrecerán mucha información sobre diversas rutinas de ejercicio.

Si le gusta el ejercicio, excelente; pero no se exceda cuando esté embarazada. Entre las recomendaciones generales para el ejercicio antes y durante el embarazo se encuentran las siguientes:

- Antes de iniciar un programa, consulte a su médico sobre problemas médicos y complicaciones de embarazos previos.
- Comience a ejercitarse antes de quedar embarazada.
- Practique los ejercicios regularmente.
- Empiece poco a poco y aumente a medida que se fortalezca.
- Lleve ropa cómoda.
- Evite los deportes de contacto y las actividades de riesgo, como esquí acuático o equitación.
- Dedique suficiente tiempo a calentarse y enfriarse.
- Durante el ejercicio, verifique su pulso cada 10 o 15 minutos.
- No permita que el pulso exceda los 140 latidos por minuto.

- Cuando esté embarazada, tenga cuidado al cambiar de posición.
- Después del cuarto mes de gestación, no se acueste de espaldas al ejercitarse, pues reduce el aporte sanguíneo al bebé.
- Suspenda el ejercicio y consulte a su médico si tiene alguna hemorragia, flujo de fluido vaginal, falta de aliento, mareo, dolor abdominal u otros problemas graves.

Su salud antes del embarazo

Si está sana antes y durante la gestación, beneficiará mucho la salud de su bebé; pero en muchos casos, también tendrá un embarazo exitoso incluso si padece una enfermedad o trastorno crónico. Muchas mujeres con problemas de salud culminan sus embarazos y tienen bebés sanos.

Es muy importante que analice su condición personal con el médico antes de embarazarse y siga al pie de la letra sus indicaciones. A continuación damos un breve repaso de algunos de los problemas de salud que llegan a enfrentar las gestantes.

Diabetes

Se han logrado grandes avances en cuanto a la diabetes de la gestante. Sin embargo, esta enfermedad todavía tiene efectos graves durante el embarazo. Los riesgos para usted y el bebé disminuyen con un buen control de azúcares en la sangre durante este periodo. Antes de tratar de concebir, analice sus preocupaciones con el médico.

Cuanto más tiempo controle su diabetes antes de embarazarse, mejor; los médicos recomiendan controlar el padecimiento *al menos* dos o tres meses antes de iniciar el embarazo, lo que disminuye el riesgo de aborto o de alteraciones del crecimiento fetal.

Los principales problemas de las diabéticas se presentan durante el primer trimestre (las primeras 13 semanas de gestación). Sin embargo, se presentan problemas durante todo el embarazo, por lo que es importante controlar la diabetes antes de concebir. La necesidad de insulina a menudo aumenta en las últimas 13 semanas.

He oído que la tensión y la depresión pueden impedir que me embarace. ¿Es cierto?

Puede ser. Un estudio reciente mostró que las emociones influyen en la capacidad de concebir. Casi la mitad de las mujeres del estudio que eran incapaces de embarazarse lo lograron cuando aprendieron a reducir y manejar su tensión.

Problemas cardiacos

Algunos problemas cardiacos podrían ser serios durante el embarazo y requerir atención especial. Otros podrían tener repercusiones tan graves en su salud que el médico le aconsejará no embarazarse. *Antes* de concebir debe discutir esto con su cardiólogo y su ginecólogo.

Anemia

Si ya ha padecido anemia, su médico no tendrá inconveniente en evaluarla ahora. Al estar embarazada, su cuerpo está sometido a mayores exigencias de hierro para el bebé. Muchas mujeres comienzan a tomar vitaminas y hierro antes de embarazarse. Como usted ya tuvo un problema, platique con el médico antes de concebir.

Me enteré de que hay una nueva sustancia para la anemia falciforme, que yo padezco. ¿Puedo tomarla estando embarazada?

Es probable que se refiera a la hidroxiurea, que ha resultado ser el primer tratamiento eficaz contra la anemia falciforme. Reduce el dolor agobiante de los accesos, pero su consumo trae algunos riesgos y no es posible administrarla a todos los enfermos. Desconocemos sus efectos secundarios, por lo que se aconseja a las mujeres que piensan embarazarse que no la tomen.

Alteración tiroidea

Si toma medicinas para alguna forma de alteración tiroidea, no haga ninguna modificación hasta hablar con su médico. Los medicamentos para estos problemas son muy importantes durante el embarazo.

Hace algunos meses, una amiga fue sometida a cirugía de cáncer de mama y ahora me cuenta que quiere embarazarse. ¿Es peligroso?

Este trastorno afecta de manera distinta a cada persona. Las decisiones que tome su amiga dependen de la gravedad de su cáncer y del tratamiento que recibió. Es importante que su amiga consulte a su médico si piensa embarazarse y la están tratando por cáncer. Es más fácil y seguro que se tomen las decisiones sobre tratamientos y medicación *antes* de concebir que después.

Radiografías y otros exámenes

Si usted tiene un padecimiento (como algún problema de espalda) que requiere radiografías, tomografía o resonancia magnética, cumpla con los estudios mientras esté tomando anticonceptivos y antes de pensar en embarazarse. Un buen momento para programar los exámenes es justo al terminar la menstruación, cuando está segura de que no está embarazada.

Vacunas

Si acaban de aplicarle una vacuna, informe a su médico antes de concebir. Algunas vacunas son seguras en el embarazo; otras no, como la vacuna de rubéola. La mayoría de los médicos piensan que lo más sensato es continuar tomando anticonceptivos por lo menos tres meses después de recibir cualquier vacuna.

Medicamentos

Si acostumbra ingerir medicamentos por diversos padecimientos, lo mejor es tener cuidado mientras se prepara para embarazarse. Para un consumo seguro, siga estos consejos:

- Pregunte al médico si es seguro tomar sus medicinas durante el embarazo.
- Tome las medicinas como se las recetaron.
- No tome medicinas viejas para problemas actuales.
- Tenga cuidado con las medicinas de venta libre. Muchas contienen cafeína, alcohol y otros añadidos.
- Nunca tome las medicinas prescritas a otra persona.
- Notifique de inmediato a su médico si toma alguna medicina y cree que está embarazada.

Acostumbro tomar vitaminas y hierbas. ¿Puedo seguir haciéndolo mientras me preparo para el embarazo?

No es recomendable automedicarse mientras se prepara para concebir o durante el embarazo. En cantidades excesivas, ciertas vitaminas como la A aumentan el riesgo de defectos congénitos. La clave del consumo de vitaminas, minerales y hierbas, así como de la buena nutrición en el embarazo, es el equilibrio. Un multivitamínico es el único complemento que necesitan las mujeres mientras tratan de concebir.

Leí en algún lado que la cafeína causa infertilidad en las mujeres. ¿Es cierto?

Los estudios han mostrado que beber ocho tazas diarias de café (1,600 mg de cafeína) tiene que ver con la disminución de la fertilidad. Algunos investigadores descubrieron una relación entre el consumo excesivo de cafeína y el aborto.

Enfermedades crónicas

Lupus

La enfermedad autoinmune lupus afecta los riñones. Durante el embarazo, cualquier situación que dé por resultado una insuficiencia renal puede ser grave. Si es su caso, no deje de informar a su médico antes de embarazarse. Tendrá que hacer un plan para seguirlo durante el embarazo.

Epilepsia

Antes, se aconsejaba a las mujeres epilépticas no embarazarse. Cada mujer con epilepsia presenta un cuadro de salud particular. Si usted padece esta enfermedad, es preciso tomar en cuenta su historial médico al tomar una decisión. Algunos anticonvulsivos son seguros durante la gestación y conozco epilépticas que tuvieron embarazos logrados.

Uno de estos medicamentos, el fenobarbital, se administra durante el embarazo desde hace mucho y por lo general se considera seguro, aunque últimamente se le ha empezado a cuestionar. Hable con su médico de esta sustancia y de otras, pero nunca la suspenda ni disminuya por su cuenta.

¿Debo solicitar asesoría genética?

La respuesta depende de muchos factores, entre ellos su edad, su salud y la de su pareja y los antecedentes médicos familiares. Es una cuestión que debe discutirse con el médico.

La asesoría genética no es necesaria para todas las mujeres. Si hay antecedentes familiares de problemas, quizá es aconsejable que la solicite. Otras situaciones en las que hay que considerarla son:
- si tendrá más de 35 años al parir
- si usted o su pareja tienen un defecto congénito
- si dio a luz un bebé con un defecto congénito
- si tuvo tres o más abortos uno tras otro
- si usted y su pareja tienen una relación de consanguinidad

La asesoría genética no le dará una respuesta exacta, pero el asesor está en posición de analizar probabilidades en cuanto al embarazo planeado y su bebé. Pida el consejo de su médico.

Embarazo de parejas mayores

Hay varias ventajas en ser mayor al tener el primer bebé o acrecentar la familia. Usted es más madura y puede que sea más paciente. Su situación económica estará mejor que antes.

Sin embargo, por otro lado, los problemas que tenga de enfermedades crónicas, como hipertensión arterial o diabetes, pueden empeorar y tener un efecto en usted o en el bebé. También hay mayores riesgos para su hijo.

Muchas de mis pacientes que tienen más de 35 años me preguntan sobre los problemas posibles que enfrentarían durante el embarazo. Los riesgos son variados e incluyen:
- un ligero aumento en el riesgo de tener un niño con síndrome de Down
- riesgo mayor de cesárea
- problemas de diabetes o hipertensión
- un trabajo de parto más prolongado y difícil

Si tiene problemas médicos crónicos, como alteración tiróidea, o toma medicinas regularmente, hable con el médico de sus preocupaciones antes de embarazarse.

Edad del padre

Los investigadores creen que la edad del padre también influye en el embarazo y el bebé. Se ha mostrado que las anomalías cromosómicas son más frecuentes en los hijos de mujeres mayores de 35 y hombres mayores de 40. Los hombres que tienen más de 55 años corren el doble de riesgos que los jóvenes de procrear un niño con síndrome de Down.

No quiero dar a entender que no debería embarazarse si es mayor, sino que el embarazo será más difícil para usted. Se trata de una situación individual que usted y su pareja deben discutir con el médico.

Si no le han ordenado una mamografía y tiene más de 35 años, solicite una antes de embarazarse.

Más exámenes

Cuanto mayor sea al embarazarse, más conveniente es practicarse otros exámenes durante el embarazo. Los que hay que considerar son ultrasonido, amniocentesis, muestreo de vellosidades coriónicas y exámenes de alfafetoproteína y diabetes. Si no le han ordenado una mamografía y tiene más de 35 años, solicite una antes de embarazarse.

Enfermedades de transmisión sexual

Las enfermedades de transmisión sexual (ETS) llegan a dañar el útero o las trompas de Falopio, con lo que se dificulta la fecundación. Si usted padece una ETS estando embarazada, es probable que tenga un efecto en la gestación. El uso del condón es una buena forma de protegerse de las ETS, en particular si tiene más de una pareja sexual.

Las ETS son, entre otras, gonorrea, clamidia, herpes genital, verrugas genitales (condiloma), sífilis y VIH (el virus que causa el SIDA). Use condones antes de tratar de concebir si tuvo algún problema infeccioso o está expuesta frecuentemente a infecciones, aun si emplea otras formas de control natal. Si adquiere una infección, resuélvala antes de tratar de embarazarse. En el capítulo 11 analizamos las ETS y sus tratamientos.

Sustancias intoxicadoras

A medida que aprendemos más sobre el embarazo, se hace más claro que las sustancias de cigarrillos, alcohol y drogas callejeras tienen efectos perjudiciales en el feto. Deje de consumirlas mucho *antes* de embarazarse y definitivamente *después*. En algunos casos, el consumo de su pareja también afecta la concepción.

Tabaquismo

No hay dudas de que el tabaquismo afecta el embarazo y el crecimiento del feto. Los hijos de fumadoras tienen problemas de bajo peso natal y ritmo de crecimiento lento. Por su salud y la de su bebé, deje de fumar *antes* de considerar embarazarse.

Consumo de alcohol

Mis pacientes suelen preguntarme si está bien que tomen alguna bebida "ocasional" durante el embarazo, siempre que no se "excedan" bebiendo mucho. Antes creíamos que un poco de alcohol no hacía daño, pero ahora tenemos otra opinión.

La mayoría de los profesionales de la salud creen que *lo mejor es no tomar nada de alcohol durante el embarazo*. Cada vez que toma un trago, su bebé también lo hace. Deje el alcohol desde que se *prepara* para concebir y hasta *después* del nacimiento.

Una amiga acaba de enterarse de que tiene ocho semanas de embarazo. Ella toma cocaína una o dos veces por semana, pero dice que lo dejará ahora que está embarazada. ¿Es malo para el bebé?

Cualquier consumo de drogas es dañino durante el embarazo. Es preciso controlar estos problemas antes de suspender los métodos de control natal y buscar un embarazo. Un profesional de la salud (con *especialidad en adicciones*) podría ayudar a su amiga . Es extremadamente importante *suspender* el consumo de cocaína antes de concebir. Las investigaciones han mostrado que el daño que causa al bebé esta sustancia ocurre incluso a los tres días de la concepción.

Marihuana

La marihuana es una sustancia peligrosa durante el embarazo. Algunas personas creen que sus efectos secundarios (para ellas) son benignos, pero realmente puede dañar al bebé. La marihuana atraviesa la barrera placentaria y pasa al sistema del feto. El feto expuesto a la marihuana presenta en los años escolares deficiencias de atención, deterioro en las destrezas de toma de decisiones y problemas de memoria.

El trabajo antes del embarazo

Peligros

Muchas exposiciones laborales, como a los rayos X o a sustancias químicas, son dañinas durante el embarazo. Investigue si usted tiene estos problemas y hable con su médico *antes* de concebir. Si espera hasta estar embarazada, quizá ya haya expuesto el feto a varios peligros durante las primeras y más importantes semanas de gestación.

De pie en el trabajo

Los estudios han mostrado que las mujeres que permanecen de pie mucho tiempo cada día tienen bebés más pequeños. Si usted tuvo partos prematuros o cérvix (cuello de la matriz) incompetente o si su trabajo requiere que esté de pie, discuta la situación con su servicio médico, pues es posible que deba modificar su empleo.

Seguro de gastos médicos: ¿está cubierta?

No todos los planes de seguros incluyen cobertura por maternidad. Algunos tienen un periodo de espera para cirugía o parto y otros no cubren el médico o el hospital que usted desea. Investigue estos puntos antes de tratar de concebir. Tener un bebé es caro; entérese con tiempo de su cobertura. La planificación familiar le ahorrará dinero y los problemas de cambiar de médico o de hospital.

Su embarazo

Parte 2

Su salud y sus preocupaciones

2

Una de las primeras preocupaciones que tendrá es saber si está encinta. Para muchas mujeres, la primera señal de que están embarazadas es la ausencia de la menstruación, pero quizá sea diferente con usted y sean otros signos y síntomas los que la lleven a pensar que espera un bebé. Conforme avance su embarazo, tendrá náuseas (con o sin vómitos), micción frecuente, fatiga, cambios y dolor en las mamas.

Usted tiene una influencia increíble en la salud y el crecimiento de su bebé. La planeación del embarazo es importante, y todavía más importante es cómo se trate usted (y al feto) *durante* el embarazo. Una buena nutrición, ejercicio adecuado, suficiente descanso y el cuidado en general de su salud son elementos que tienen un efecto en la gestación. El cuidado de su salud influye en su embarazo y en qué tan bien lo tolere.

En este capítulo trato muchos aspectos del cuidado personal durante el embarazo. Además aprenderá sobre la atención prenatal y los cuidados que se requieren durante el embarazo: la elección de quién quiere que la atienda, cómo manejar las náuseas matutinas, cómo afecta su salud al bebé, las incomodidades que sufrirá, las inquietudes acerca del embarazo y qué hacer con los padecimientos que ya presente. Es un capítulo más bien largo, así que lea sólo las secciones que le conciernen en estos momentos y luego aborde las otras en tanto se vuelvan importantes para usted.

Para conseguir la mejor atención médica durante el embarazo, pida una cita a su doctor en cuanto crea que está encinta.

Elección del servicio médico

Dependiendo de su seguro médico, es posible que tenga opciones a la hora de elegir quién atenderá su cuidado prenatal entre un ginecoobstetra, el médico familiar o incluso una partera.

Ginecoobstetra

El *ginecoobstetra* es un médico especializado en el cuidado de la mujer y del embarazo, incluyendo el parto. Se capacita exhaustivamente en ginecología y obstetricia después de terminar la carrera de medicina.

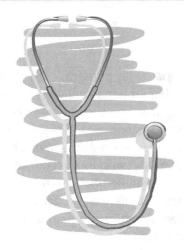

Médico familiar

El *médico familiar* suele ocuparse de todas las situaciones médicas de la familia y muchos tienen experiencia en partos. Si en su comunidad no hay ginecoobstetra por ser pequeña o remota, este médico suele ser el que atiende los nacimientos. Si surgen problemas, la remitirá con un ginecoobstetra para la atención prenatal o el parto.

Perinatólogo

El *perinatólogo* es un ginecoobstetra especializado en embarazos de alto riesgo y sólo una de 10 mujeres necesita verlo. Si usted tiene problemas graves durante la gestación o los tuvo en embarazos anteriores, es probable que la remitan con este especialista.

Aunque usted consulte a un perinatólogo, es posible que su médico habitual atienda el parto. Si es el perinatólogo quien la atenderá, es probable que acuda a un hospital distinto del que eligió, pues quizá este doctor requiera instalaciones especiales o laboratorios para exámenes especiales para usted o su bebé.

Partera

Aunque ahora la norma es que los médicos generales tengan títulos de parteros, todavía se encuentran en algunas comunidades parteras que atienden los embarazos de bajo riesgo y sin complicaciones y atienden los partos. Estas parteras suelen ser enfermeras tituladas especializadas, supervisadas por un médico al que recurren si se presentan complicaciones.

¿Cómo encontrar la mejor atención médica?

Si tiene un ginecoobstetra en el que confía, no tendrá que buscar más. Si no lo tiene, solicite una referencia a su médico general. Pregunte a sus amigas que hayan tenido un bebé recientemente el nombre de quien las atendió. También el pediatra le dará sugerencias. Por último, en la sección amarilla de su comunidad o su zona encontrará una lista de ginecoobstetras.

Hable con su médico

Es importante que se comunique con su servicio médico para que le aclaren todas sus dudas sobre su condición. Es bueno leer artículos y libros como éste, pues sirven para que prepare las preguntas que quiera formular. Sin embargo, nunca sustituya con la información de otras fuentes lo que su médico le responda a propósito de *su propio embarazo*. Su médico la conoce, está familiarizado con sus intereses y con el desarrollo de su gestación. Discuta siempre con él sus inquietudes.

No tenga miedo de formularle todas sus preguntas. Lo más probable es que ya haya escuchado preguntas similares, así que no se sienta avergonzada. Tal vez su inquietud se deba a una situación sin importancia o a una situación arriesgada, por lo tanto no deje pasar ni el más mínimo detalle. Es mejor tomarse el tiempo para resolver sus dudas que esperar a que surja un problema.

¿Con qué frecuencia debo ver a mi médico?

Después de la primera visita, el médico programará las citas de todo el embarazo. En la mayoría de los casos, tendrá que asistir cada cuatro semanas durante los primeros siete meses, luego cada dos semanas hasta el último mes y entonces una vez cada semana. Si tiene problemas durante el embarazo, es probable que deba ver al médico más a menudo.

¿Qué exámenes de laboratorio necesitaré?

Es probable que durante la primera o segunda visita, el médico le ordene varios exámenes, entre los que se encuentran:
- biometría hemática completa
- análisis de orina y cultivo
- frotis de Papanicolaou
- cultivos cervicales
- examen de glucosa (para diabetes; a veces se ordena más adelante)
- títulos de rubéola (inmunidad contra la rubéola)
- tipo de sangre
- factor Rh
- examen de sífilis
- examen de anticuerpos de hepatitis
- examen de alfafetoproteína
- triple detector genético
- detección cuádruple, en ciertas regiones

¿Qué es la atención prenatal?

"Prenatal" significa *antes del nacimiento*. La atención prenatal es la que recibe *durante* el embarazo. Es necesaria para detectar cualquier problema antes de que se vuelva serio. Los profesionales de la salud están capacitados para manejar embarazos, responder preguntas y aclarar dudas durante esta época tan importante.

La atención prenatal tiene varias ventajas para su embarazo, así que tenga confianza en que es lo mejor. Si confía en su médico, se relajará y disfrutará su embarazo, que es una época especial y gozosa de su vida. Haga todo lo posible por que sean los mejores nueve meses para su bebé. El buen cuidado prenatal es un excelente comienzo.

Su primera visita

Su primera visita será la más prolongada. El médico le formulará muchas preguntas, le practicará un examen físico y ordenará exámenes de laboratorio en esta cita o la siguiente.

Le pedirá que también llene su expediente médico con sus antecedentes, información sobre sus menstruaciones, últimos métodos de control natal y embarazos anteriores. Refiera todo lo relativo a abortos. Incluya información sobre internamientos en hospital o cirugías a las que se haya sometido.

Su doctor debe saber qué medicinas toma y a cuáles es alérgica. Sus antecedentes familiares son importantes, por ejemplo, en cuanto a la incidencia de diabetes u otras enfermedades. No se olvide de contarle si tiene problemas médicos crónicos. Si cuenta con un expediente médico, llévelo.

No me gusta el examen pélvico. ¿Será necesario?
Probablemente sí. Con el examen pélvico, su doctor determina si el útero tiene el tamaño apropiado y cuánto tiempo tiene encinta, lo que sirve para calcular la fecha del parto. Si el año pasado no le practicaron un frotis de Papanicolaou, también le ordenará uno.

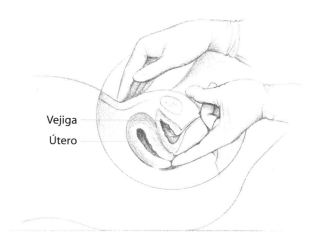

Vejiga
Útero

El examen pélvico es una parte importante de su atención ginecoobstetra.

El manejo de las náuseas matutinas

Uno de los primeros síntomas del embarazo son *náuseas,* con o sin vómito, que se denominan *náuseas matutinas.* Una forma más grave, la *hiperemesis gravídica,* ocurre cuando la mujer vomita repetidamente y es incapaz de ingerir alimentos ni bebidas. Quien padece este problema debe ser tratada en el hospital con alimentación intravenosa y medicamentos para las náuseas.

En general, las náuseas son peores al comienzo del embarazo; casi siempre son más fuertes en las mañanas y mejoran conforme avanza el día. Sin embargo, náuseas y vómitos ocurren en cualquier momento, incluyendo la noche, y a veces duran todo el día. Las náuseas matutinas comienzan hacia la sexta semana y duran hasta la duodécima o la decimotercera, cuando aminoran y desaparecen. Hay varios remedios para paliar los síntomas; véase el recuadro de la página 26.

Formule a su médico todas sus preguntas. Lo más probable es que ya haya escuchado preguntas similares, así que no se sienta avergonzada.

Si padece de náuseas matutinas esmérese en el cuidado de sus dientes. Cuando las náuseas producen vómitos, los ácidos estomacales que entran en la boca debilitan el esmalte. Lávese los dientes después de vomitar y elimine cualquier residuo.

¿Qué hago con las náuseas?

Hay varias formas de tratar las náuseas y los vómitos de las náuseas matutinas. Pruebe estas sugerencias y adopte la que le funcione:

• Reparta los alimentos en el día, de modo que coma varios bocadillos nutritivos en lugar de una comida grande.
• Tome un bocadillo antes de levantarse, como galletas o pasteles de arroz. Pídale a su esposo que le prepare pan tostado.
• Evite los alimentos grasosos y pesados.
• No deje de tomar líquidos, pues es más fácil ingerirlos que los sólidos, además de que no le conviene deshidratarse.
• Alterne los alimentos líquidos con los sólidos. Tome alimentos sólidos en una comida y en la siguiente sólo líquidos.
• Pruebe el jengibre, un remedio natural contra las náuseas. Rállelo sobre verduras y otros alimentos.
• Chupe medio limón fresco cuando sienta náuseas.
• Evite aquello que provoca las náuseas, como olores, movimientos o ruidos.
• Descanse lo suficiente.
• No se agite ni acalore, pues contribuye a las náuseas.

Tengo tantas náuseas que no soporto comer nada. ¿Es peligroso?

Estas náuseas, las llamadas *náuseas matutinas,* no son peligrosas porque no duran mucho. Se vuelven más serias si usted es incapaz de consumir cantidades adecuadas de alimentos o líquidos.

Las náuseas son más fuertes al comienzo del embarazo; por lo regular desaparecen después del tercer trimestre, después se sentirá mejor el resto del embarazo.

Síntomas graves

Si por causa de las náuseas matutinas se deshidrata o pierde mucho peso, es posible que deba hospitalizarse para que la alimenten por vía intravenosa. El personal médico la mantendrá ingiriendo líquidos y se cerciorará de que se nutra mediante alimentación intravenosa. Por lo regular, después de un par de días o menos de hospital, usted volverá a comer sólidos.

Cómo afecta su salud al bebé en crecimiento

Su bebé depende *completamente* de usted para satisfacer sus necesidades. Para que tenga el mejor comienzo en la vida, descanse lo suficiente y cuide su salud durante todo el embarazo.

Algunas infecciones y enfermedades tienen repercusiones en el crecimiento de su bebé, razón por la cual es importante que le recuerde a su médico general que está embarazada cuando lo consulte por algún problema de salud. En la tabla de la página 34 se encuentra una lista de algunas enfermedades y sus efectos en el feto.

Fiebre

Una fiebre, en particular si es intensa, puede dañar al bebé, quien depende de usted para controlar su temperatura. Una hipertermia prolongada, sobre todo en el primer trimestre (las primeras 13 semanas), tiene secuelas en el feto.

Para reducir una fiebre elevada, beba muchos líquidos, tome acetaminofén y vista ropas ligeras para enfriarse. Si su doctor le receta medicinas para un resfriado, una infección de vejiga u otras enfermedades, tómelas como se lo indique.

Para reducir una fiebre elevada, beba muchos líquidos, tome acetaminofén y vista ropas ligeras para enfriarse.

Hepatitis

La hepatitis es una infección viral del hígado. *Es una de las más graves infecciones que ocurren durante el embarazo.* Es probable que el médico le ordene un examen de anticuerpos de hepatitis B al comienzo de su embarazo.

La hepatitis B se transmite de persona a persona mediante agujas usadas o por contacto sexual. En muchas regiones, esto último es la causa de casi la mitad de todos los casos de hepatitis.

Los signos de esta infección son síntomas parecidos a los de la gripe, náuseas y dolor en la zona del hígado o la parte superior derecha del abdomen. El enfermo se ve amarillo (ictérico) y la orina es más oscura que lo normal.

Ahora se recomienda que se aplique a todos los bebés la vacuna de la hepatitis poco después de nacer.

El feto contrae la hepatitis B de su madre. Como la enfermedad afecta al hígado, el feto con hepatitis corre grandes riesgos de sufrir daño hepático o morir.

El hijo de una madre positiva para hepatitis al principio del embarazo recibirá al nacer globulina inmune. Ahora se recomienda que se aplique a todos los bebés la vacuna de la hepatitis poco después de nacer.

Infección por estreptococos del grupo B

Los estreptococos del grupo B rara vez causan problemas a los adultos, pero originan en los bebés infecciones que ponen en peligro su vida. El contagio ocurre cuando bajan las defensas, cuando el sistema inmune está débil. Es posible que usted sea "portadora" de las bacterias en la vagina (que pronto será el "canal del nacimiento") sin sentirse enferma. No siempre hay síntomas, aunque en ocasiones se presenta un flujo vaginal. Los estreptococos del grupo B se tratan con antibióticos.

El contagio ocurre cuando bajan las defensas.

En la actualidad no hay un examen de diagnóstico de estreptococo del grupo B; sin embargo, quizá el doctor le ordene un exudado de vagina o recto entre las semanas 28 y 36, para cultivarlo y detectar la presencia de esos microorganismos. El examen identifica al 90 por ciento de las mujeres que portarán la bacteria en el momento del parto. Aunque hay exámenes más rápidos que se aplican durante el trabajo de parto, no son tan confiables.

El riesgo de contagiar estreptococo del grupo B al bebé aumenta con un parto prematuro, ruptura prematura de membranas o una infección anterior del patógeno.

Eritema infeccioso

El eritema infeccioso (también conocido como quinta enfermedad exantemática) es una infección benigna, moderadamente contagiosa, causada por el parvovirus B19 que se transmite por el aire y que se propaga en los grupos, como las aulas o las guarderías *(no* es la infección por otro parvovirus que afecta a los perros). Aparece una erupción que recuerda el enrojecimiento de la piel producido por un golpe. Este rubor aparece y desaparece y dura de dos a 34 días. No hay tratamiento, pero es importante distinguirlo de la rubéola, sobre todo si está embarazada.

El eritema infeccioso es moderadamente contagioso y se propaga en los grupos, como las aulas o las guarderías.

Conviene estar al tanto del eritema infeccioso. *El virus es importante durante el embarazo porque interfiere con la producción de glóbulos rojos.* Si usted se expone a la enfermedad, consulte a su médico. Un examen de sangre determinará si ya tuvo el virus; en caso contrario, el doctor la vigilará para detectar problemas fetales, que en ocasiones se tratan antes de que nazca el bebé.

Vaginosis bacteriana

La vaginosis bacteriana (VB) es una infección vaginal que aqueja a gestantes y no gestantes. Algunos investigadores calculan que hasta el 20 por ciento de todas las mujeres embarazadas tienen VB. Los problemas que causa se deben al aumento en el riesgo de tener un hijo de bajo peso o un parto prematuro. Ocurre cuando ciertas bacterias nocivas se multiplican por la supresión o eliminación de otras bacterias benignas. Por lo regular, *no* se practican exámenes rutinarios de detección de VB.

Es posible tener VB sin síntomas; cuando se presentan, éstos son:
• ligera irritación vaginal
• olor desagradable
• aumento de un flujo
 vaginal cremoso

Si su médico sospecha VB, le ordenará un exudado vaginal. La infección se trata con cremas y antibióticos orales, pero aumenta las posibilidades de modificar el embarazo a término.

Enfermedad de Lyme

La enfermedad de Lyme es una infección que portan las garrapatas y que transmiten a los seres humanos. Esta enfermedad atraviesa la barrera placentaria. El tratamiento consiste en antibióticos a largo plazo. Muchos de estos medicamentos son seguros durante el embarazo.

Muchos medicamentos para tratar la enfermedad de Lyme son seguros durante el embarazo.

La enfermedad de Lyme sigue varias etapas. Primero se aprecia una lesión cutánea con un aspecto característico llamado *ojo de buey*, en el sitio de la picadura. Siguen síntomas parecidos a los de la gripe y después de cuatro o seis semanas hay señales de problemas cardiacos o neurológicos. Más tarde también aparecen problemas de artritis.

Para evitar la exposición a la enfermedad de Lyme, no se acerque a las zonas donde se sabe que hay garrapatas, como las regiones muy arboladas. Si no puede hacerlo, use blusas de manga larga, pantalones largos, calcetines y botas o zapatos cerrados. En el momento de volver a casa, verifique si tiene garrapatas en el pelo, pues se aferran de él o del cráneo. Los investigadores trabajan en una vacuna contra la enfermedad, que debe estar lista dentro de poco.

Lupus

El lupus (lupus eritematoso sistémico, LES) es una enfermedad de causa desconocida que afecta a las mujeres más que a los hombres (en proporción de aproximadamente nueve a uno). Quienes padecen lupus tienen en el torrente sanguíneo más anticuerpos, que atacan los propios tejidos e inciden en varias partes del organismo, como las articulaciones, piel, riñones, músculos, pulmones, cerebro y sistema nervioso central.

El lupus es una preocupación durante el embarazo, pues es más frecuente en mujeres jóvenes o de mediana edad, que son las que tienen más probabilidades de concebir. En las enfermas, aumentan los abortos, partos prematuros y las complicaciones puerperales.

El síntoma más común es el dolor de articulaciones. Otros son erupciones o úlceras cutáneas, fiebre, problemas renales e hipertensión.

El medicamento de elección para tratar el lupus son los glucocorticoides, de los que el más recetado es la prednisona. Numerosos estudios de esta sustancia han concluido que es segura durante el embarazo.

Estreptococo A

El estreptococo tóxico A produce una infección bacteriana que comienza frecuentemente en una herida y no como infección de garganta. La piel enrojece, se hincha, duele y se infecta. El estreptococo A se propaga con rapidez y puede abarcar todo el cuerpo en corto tiempo.

Los síntomas de esta infección son:
- temperatura superior a 39°C
- cortada o raspón inflamado
- frío desusual en las extremidades (pies, manos, piernas y brazos)

Siga estas medidas para prevenir una infección por estreptococo tóxico A. Cada vez que se rasguñe, lave la zona con agua y jabón, alcohol o agua oxigenada, que son seguros durante el embarazo. Después de lavarse bien, aplique crema o ungüento de tres antibióticos (se consigue sin receta en la farmacia). Si es necesario, ajuste un vendaje ligero. Mantenga limpia la zona y cambie el emplasto según se requiera. IMPORTANTE: *Siga estas medidas con todos los miembros de su familia.*

Diarrea

La diarrea durante el embarazo es de cuidado. Si no desaparece en 24 horas o si recurre, llame a su doctor, quien le prescribirá medicamentos. *No tome ninguna medicina contra la diarrea sin hablar primero con un profesional de la salud.*

Una de las mejores formas de contrarrestar la diarrea es aumentar su ingesta de líquidos. Beba mucha agua, jugo y otros líquidos ligeros, como caldos (no tome jugo de manzana, porque es laxante). Se sentirá mejor con una dieta blanda (sin alimentos sólidos) hasta que se detenga la diarrea.

Una de las mejores formas de contrarrestar la diarrea es aumentar su ingesta de líquidos.

Pasar unos días sin alimentos sólidos no es dañino, siempre y cuando se tomen líquidos; de hecho, estas comidas aumentarían sus molestias gastrointestinales. No consuma productos lácteos si tiene diarrea, pues la empeoran.

Si tiene gato

En una de sus citas prenatales, su médico le preguntará si tiene un gato en casa, ya que es posible que esté usted expuesta a *Toxoplasma gondii,* un protozoario que causa *toxoplasmosis.* La enfermedad se contagia por contacto con heces de gato infectadas o por comer carne cruda contaminada. Se adquiere el protozoario por tocar la caja de arena del gato, tarjas y otras superficies donde camine el animal o de él mismo cuando lo mima.

No se exponga a las heces del gato y pida a alguien más que limpie la caja de arena.

Una infección de toxoplasmosis en el embarazo puede inducir un aborto o un neonato infectado. En la madre no suele presentar síntomas.

Para protegerse, como medida de precaución no se exponga a las heces del gato y pida a alguien más que limpie la caja de arena. No permita que el animal pase por tarjas y otras zonas donde usted pudiera contagiarse. Lávese bien las manos después de tocar al gato o manejar carne cruda. Mantenga limpias tarjas y demás superficies y cueza bien las carnes. Las medidas de higiene impiden la transmisión del parásito. Si es posible, pida a alguna de sus amistades que se encargue del gato durante el embarazo.

Citomegalovirus

El citomegalovirus (CMV) es un miembro de la familia de los virus herpes. Se transmite a los seres humanos por contacto con saliva u orina. Guarderías y maternales son focos de infección comunes. El CMV también se adquiere por contacto sexual. La mayoría de las infecciones no producen síntomas; cuando los hay, son fiebre, inflamación de garganta y dolores articulares.

Los problemas que causa al lactante son bajo peso natal, problemas oculares, ictericia y anemia.

Rubéola

La rubéola es una infección viral que causa pocos problemas a las mujeres que no están embarazadas, pero es más grave en la gestación, sobre todo en el primer trimestre. El síntoma más común es una erupción cutánea, aunque también se experimentan síntomas como de gripe.

La infección de rubéola durante el embarazo aumenta el índice de abortos y causa malformaciones al bebé, en particular sordera y anomalías cardiacas.

Desde hace mucho se aplica una vacuna contra la rubéola. Uno de los primeros exámenes de sangre que le practicarán tiene por objeto investigar la presencia de anticuerpos contra la rubéola. Son poco frecuentes los problemas de esta enfermedad.

Varicela

Si ya tuvo varicela, no será ningún problema para usted; en caso contrario, la exposición durante el primer trimestre puede dar por resultado defectos congénitos, incluyendo dolencias cardiacas. La exposición cerca del parto (en el plazo de una semana) contagia la varicela al bebé.

Los adultos no toleran la enfermedad tan bien como los niños y presentan síntomas graves, como lesiones dolorosas, temperatura elevada y síntomas gripales agudos.

Si no está segura de haber padecido varicela, en la medida de lo posible no se exponga a la enfermedad.

Herpes zóster

El herpes zóster pertenece a la familia de los herpes y es el mismo virus que causa la varicela. Puede estar latente durante años hasta reactivarse en la forma llamada "zona".

El herpes zóster es el mismo virus de la varicela.

El dolor es su principal síntoma, acompañado de erupción o vesículas. Si se contagia de herpes zóster durante el embarazo, tendrá dolores intensos e incluso dificultades para respirar. Por fortuna, es una dolencia rara.

La zona causa defectos congénitos si se expone al comienzo del embarazo. Si la exposición ocurre a las dos semanas del parto, es posible que el bebé se contagie.

Posibles efectos prenatales de las enfermedades maternas

Enfermedad materna	Efecto posible en el feto
Citomegalovirus	Microcefalia, daño cerebral, sordera
Enfermedad de Lyme	Parto prematuro, muerte fetal, erupción del neonato
Estreptococo del grupo B	Neumonía, meningitis, parálisis cerebral, daño pulmonar o renal
Hepatitis	Daño hepático, muerte
Herpes zóster	Efectos posibles en todos los órganos
Lupus	Aborto, parto prematuro
Rubéola	Cataratas, sordera, lesiones cardiacas; llega a afectar todos los órganos
Sífilis	Defectos cutáneos, muerte fetal
Toxoplasmosis	Efectos posibles en todos los órganos
Varicela	Problemas cardiacos

Tóxicos y contaminantes ambientales

Los tóxicos ambientales son peligrosos para las embarazadas. Éstos y los contaminantes que dañan al feto son, entre otros, el plomo, el mercurio, los BPC y los insecticidas.

Plomo

La exposición al plomo aumenta las probabilidades de aborto. El plomo cruza fácilmente la barrera placentaria. La intoxicación ocurre desde la duodécima semana de gestación.

¿Cómo se produce la exposición al plomo?
El plomo procede de muchas fuentes: tuberías de agua, soldaduras, baterías de almacenamiento, algunos materiales de construcción, pinturas (en particular las viejas), tintes y conservadores de madera. También puede exponerse en su trabajo; investigue si corre este peligro.

Mercurio

La exposición al mercurio se relaciona con parálisis cerebral y microcefalia y casi siempre se debe a pescado contaminado, aunque también se ha informado de cereales contaminados.

BPC

Los BPC (bifenilos policlorinados) no son compuestos simples sino combinaciones de varios. En tejidos de peces, aves y seres humanos se han detectado cantidades pequeñas pero mensurables. Se señala a los BPC como causa de aborto y retraso del crecimiento fetal. Estamos expuestos a estas sustancias en algunos de los alimentos que consumimos, en especial pescado.

Insecticidas

Se acusa a los insecticidas de un aumento en los casos de aborto y retraso del crecimiento fetal. Los insecticidas comprenden numerosas sustancias tóxicas para el control de fauna y flora nociva. Dado su extenso uso, es común la exposición de los seres humanos. Los insecticidas que más preocupan son el DDT, clordano, heptacloro y lindano.

La mejor medida de precaución es *no* exponerse, ya sea a través de sus alimentos o en el aire que respira. Lave muy bien frutas y verduras antes de prepararlas. Quizá no sea posible evitar todos los contactos. Si sabe que estará cerca de ciertas sustancias químicas, lávese bien las manos después de cada caso.

Molestias comunes del embarazo

Hemorroides

Es posible que presente hemorroides durante el embarazo, aunque nunca las haya padecido. Las hemorroides son vasos sanguíneos inflamados en la región externa e interna del ano. Producen comezón, sangran y duelen. Obedecen al aumento del flujo sanguíneo en la pelvis y al incremento de peso y tamaño del útero, que congestiona o entorpece este flujo.

Si tiene hemorroides, consuma cantidades adecuadas de fibra y beba muchos líquidos. Los baños de asiento ayudan y los supositorios, que se consiguen sin receta, alivian el dolor. Es posible que deba tomar un ablandador de heces. Aplique en la zona afectada bolsas de hielo o torundas de algodón empapadas en aceite de almendras. Si se cc
ten en un problema molesto, consulte a su médico.

¡Tengo agruras!

Las molestias de las agruras son una queja constante en el embarazo. Se presentan desde el principio, aunque suelen aumentar conforme pasa el tiempo. La causa es el reflujo (regurgitación) del contenido del estómago al esófago.

Las agruras son más frecuentes en el embarazo por dos razones: la disminución de la función gastrointestinal y la compresión del estómago por el útero que crece constantemente y asciende en el abdomen.

¿Hay algo que hacer con las agruras?
Sí. Los antiácidos ofrecen un alivio considerable. Siga las indicaciones del empaque o las de su médico en lo que se refiere al embarazo y no se exceda. No son de mucha preocupación los antiácidos a base de leche de magnesia o hidróxido de aluminio, pero evite el bicarbonato de sodio, porque la hará retener líquidos. Además de los antiácidos, pruebe las siguientes sugerencias para evitar las agruras.

- Haga comidas más frecuentes y menos abundantes
- No coma antes de acostarse
- Cuando se recueste, eleve la cabeza y los hombros

Los alimentos que consume tienen un efecto en las agruras. Averigüe qué comidas (y en qué cantidades) no producen molestias y elimine las que causen problemas. Agregue alimentos que tolere y que la beneficien a usted y a su bebé.

Las agruras son una sensación de ardor o quemadura debajo del esternón. La indigestión es la incapacidad o la dificultad de digerir los alimentos. Si tiene indigestión, coma "lo que vaya" con usted y evite los platos muy sazonados. Haga comidas reducidas a menudo. Si es necesario, tome antiácidos después de comer, pero no se automedique ni se exceda.

Dolores de cabeza (cefaleas)

Es una buena idea tratar de lidiar con las cefaleas sin medicamentos, para lo cual intente estos diversos métodos:

- Practique ejercicios de respiración profunda y técnicas de relajación para aliviar tensiones.
- Cierre los ojos y descanse en un lugar tranquilo.
- Coma regularmente. Evite alimentos o sustancias, como la cafeína, que podrían causar cefaleas.
- Aplíquese una bolsa de hielo en la nuca.
- Duerma lo necesario.

Si sus cefaleas no desaparecen con estas técnicas, se recomienda acetaminofén, en presentación normal o fuerte (consulte al médico). Si no funciona, visite a su doctor.

Si sufre cefaleas migrañosas, ensaye las técnicas descritas. Si no funcionan, discuta el problema con su médico. *No* tome medicinas contra la migraña sin hablar primero con él.

Nariz congestionada

Tengo problemas de alergias. ¿Me causarán dificultades en el embarazo?
Es posible que sus alergias cambien durante la gestación: en algunos casos empeoran, pero en otros mejoran.

Algunas mujeres se quejan de congestión o hemorragias nasales durante el embarazo. Pensamos que se debe a cambios circulatorios causados por las modificaciones hormonales del embarazo. Las membranas mucosas de la nariz y las vías aéreas se inflaman y sangran con más facilidad.

No se administre descongestionantes ni gotas nasales para aliviar la obstrucción sin preguntarle primero a su médico. Muchas de estas sustancias son combinaciones de varios fármacos que no deben emplearse en el embarazo. Intente un humidificador para reducir la congestión. Aumente su ingesta de líquidos y aplique un lubricante suave, como vaselina. Si estos remedios no la alivian, trate el asunto con su médico.

Precauciones en el embarazo

El embarazo es una época para examinar algunas actividades que no le preocupaban antes de concebir. Con frecuencia escucho preguntas de mis pacientes sobre los siguientes temas.

Baños de tina calientes

Su bebé depende de usted para conservar la temperatura corporal adecuada. Las investigaciones han mostrado que una temperatura elevada por un tiempo prolongado llega a dañar al feto. Lo mejor es evitar los baños calientes, saunas, baños de vapor y tinas de hidromasaje.

Cabinas de bronceado

Los investigadores no han estudiado los efectos en el feto de que su madre se tienda en una cabina de bronceado. Hasta que estemos seguros de que no hay razones para preocuparse, no se broncee mientras esté embarazada.

Deportes peligrosos

Durante el embarazo, no practique estos deportes peligrosos:
• buceo
• esquí acuático
• surfeo
• equitación
• esquí en tierra
• todos los deportes de contacto

En esta época, los mejores deportes son la caminata y la natación.

En el capítulo 5 hacemos una exposición completa del ejercicio y las precauciones durante el embarazo.

Duchas vaginales en el embarazo

Los médicos están de acuerdo en que las duchas vaginales plantean peligros al embarazo. No las haga.

Las duchas pueden causar una infección, hemorragias o incluso rotura de las aguas (es decir, de las membranas) y problemas más graves como *embolias gaseosas,* en las que el émbolo es una burbuja de aire que se introduce en la circulación por obra de la presión que ejerce la ducha. Es una situación rara, pero grave.

Me encantan los masajes porque me siento muy relajada. ¿Tengo que suspenderlos durante el embarazo?

Es probable que no haya objeciones a los masajes durante la gestación. Ahora bien, serán más difíciles conforme adelante el embarazo y sus dimensiones aumenten. Si quiere un masaje en las etapas avanzadas, recuéstese de lado en lugar de hacerlo sobre el vientre o la espalda. Siempre tenga el cuidado de no acalorarse con ninguna actividad.

Me dijeron que las mujeres embarazadas no deben pintarse el pelo ni hacerse permanente. ¿Hay razones para ello?

Es una buena idea evitarlo durante el primer trimestre, en particular si padece náuseas matutinas. Las emanaciones del tinte o la solución del permanente la harán sentirse mal.

Electrólisis, depilación con cera

Nadie sabe con certeza si la electrólisis es segura durante el embarazo. Como no hay información, le sugiero que espere hasta que nazca el bebé para eliminarse el vello facial.

No me parece que la depilación de las piernas mediante la aplicación de cera plantee ningún riesgo para usted, pero asegúrese de no acalorarse en el proceso. No permita que su temperatura se eleve a más de 39°C más de 15 minutos.

Eliminación de tatuajes

Muchos tatuajes se eliminan con haces de láser y no sabemos bien si es seguro recurrir al procedimiento durante el embarazo. Si va a quitarse un tatuaje, hágalo *antes* de embarazarse o espere hasta que nazca el bebé.

Hidroterapias

Definitivamente, espere a que nazca su bebé para someterse a los tratamientos en balnearios de manantiales, como los emplastos corporales de hierbas. Envolverse en toallas calientes aumenta demasiado la temperatura de su cuerpo, lo que no se aconseja durante el embarazo.

Cobertores eléctricos

Se debate el uso de cobertores eléctricos durante el embarazo. En la actualidad, nadie sabe si es seguro para el bebé nonato. Hasta que tengamos más información, es preferible no usar estos cobertores. Busque otra forma de calentarse, como edredones delgados o más cobertores.

¿Qué tan seguro es el baño en tina durante el embarazo?

La mayoría de los profesionales de la salud piensan que la tina es segura durante el embarazo y sólo advierten que se tenga cuidado de no resbalar y caer a la hora de meterse al agua.

No hay razones médicas para preferir la regadera que la tina durante el embarazo; pero en ambos casos, y sobre todo en las últimas semanas, cuando su volumen es mayor, tenga cuidado de resbalones y caídas. Si cree que se "abrió la fuente" (que se rompieron las membranas), su doctor le recomendará que no se bañe en tina.

Alergias

Si padece alergias mientras está embarazada, beba mucha agua, en particular cuando hace calor. Si es sensible a ciertos alimentos, tenga cuidado con lo que come. Evite todo aquello a lo que sea sensible, como caspa de animales o humo de cigarro.

Beba mucha agua.

Su médico decidirá si puede o no tomar regularmente antihistamínicos. Pregúntele a él o al farmacéutico *antes* de tomar un medicamento, ya sea de receta o de venta libre. No de por sentado que no hay riesgos en tomarla. Es más seguro y fácil preguntar antes que tentar la suerte con un medicamento y tener problemas después.

Preocupaciones específicas

Su embarazo intensificará la necesidad de enfrentar ciertas condiciones anteriores o que surgieron durante la gestación. En esta sección, abordaremos algunas situaciones y su importancia para su estado.

Cérvix incompetente

La cérvix incompetente es una condición en la que la dilatación indolora del cuello uterino se presenta antes de tiempo. La mujer no advierte lo que pasa. Las membranas se rompen sin aviso previo y el resultado es el nacimiento prematuro del bebé.

En general, el problema no se diagnostica hasta después de uno o más partos prematuros sin dolor anterior. Si es su primer embarazo, no sabrá si tiene cérvix incompetente.

Algunos investigadores piensan que la situación se debe a un trauma anterior del cuello uterino, como la dilatación y el raspado para un aborto. También lo causa una cirugía de la parte.

El tratamiento de la cérvix incompetente es quirúrgico. La suturación refuerza un cuello uterino débil. Después de 36 semanas o cuando la mujer entra en el trabajo de parto, se elimina la sutura y el bebé nace normalmente.

Su factor Rh

Su tipo de sangre —como A, B o AB— contiene un factor que determina si es _positivo_ o _negativo_. En el pasado, las mujeres Rh negativas que gestaban un niño Rh positivo tenían embarazos complicados que daban por fruto un bebé muy enfermo. En la actualidad se previenen la mayor parte de esos problemas. Si usted es Rh negativa, usted y el médico deben saberlo. Va a necesitar más cuidados durante el embarazo y después del nacimiento.

Si usted es Rh negativa y su bebé Rh positivo, si ya tuvo otro embarazo, una transfusión sanguínea o recibió productos hemáticos de alguna clase, es posible que esté sensibilizada al Rh (isoinmunizada), lo que afectaría al bebé.

Isoinmunidad. Una mujer Rh negativa se vuelve isoinmunizada (sensibilizada) cuando se introduce en su torrente sangre Rh positiva. Esto ocurre con una transfusión, el parto anterior de un hijo Rh positivo, un aborto o un embarazo ectópico.

Si usted es isoinmune, en su sistema circulan ciertos anticuerpos que no le causan daño, pero cruzan la barrera placentaria y atacan la sangre del feto Rh positivo. Esto llega a producir anemia al bebé en el útero. _Es una condición grave._

Prevención de problemas. Casi todos los problemas se previenen con la administración de globulina Rhinmune, un producto hemático. Si usted es Rh negativa y está embarazada, se le aplicará una inyección de la sustancia en la semana 28 para evitar la sensibilización antes del parto. Si su bebé es Rh positivo, recibirá otra inyección antes de 72 horas del parto.

Si no acepta productos hemáticos por razones personales, religiosas o éticas, hable con su médico.

Pero no todos los bebés son Rh positivos, ¿verdad?
En efecto, algunas mujeres Rh negativas gestan hijos que también son Rh negativos. En este caso, no se necesita globulina Rhinmune después del parto.

La globulina Rhinmune también se aplica si tiene un embarazo ectópico y es Rh negativa, y lo mismo se hace con los abortos. Si es Rh negativa y le practican una amniocentesis, también le inyectarán la sustancia.

Su presión arterial

Es normal que su presión arterial cambie un poco durante el embarazo. Con frecuencia disminuye en el segundo trimestre y aumenta hacia el final de la gestación.

Si padece hipertensión, es provechoso recostarse de lado en la cama. Si su presión sigue elevada, quizá deba tomar medicamentos para corregirla.

Hipotensión

Hay dos causas de *hipotensión* en el embarazo. La primera es que el crecimiento del útero presiona los vasos sanguíneos mayores, como la aorta o la vena cava. Esto se llama *hipotensión supina,* pues ocurre cuando está acostada. Para aliviarla o prevenirla, no duerma ni se recueste de espaldas.

La segunda causa se denomina *hipotensión postural.* Cuando usted se yergue rápidamente de su posición sentada, arrodillada o acuclillada, la gravedad hace que la sangre deje el cerebro, lo que produce una caída de la tensión arterial. Para evitar esta forma de hipotensión, levántese lentamente.

Me mareo mucho. ¿Es de preocuparse?
Es bastante común sentir mareos durante el embarazo. En cualquier momento del periodo, la presencia de anemia causa mareos. El trastorno se verifica mediante un examen de sangre llamado *hematocrito.* Otra causa de mareos es la *hipotensión* que suele ocurrir durante el segundo trimestre del embarazo.

Los problemas con el azúcar en la sangre también causan mareos. El exceso de azúcar *(hiperglucemia)* o su disminución *(hipoglucemia)* producen mareos o desvanecimientos. Muchos doctores ordenan por rutina exámenes durante el embarazo para detectar estos problemas.

Si usted tiene un problema de azúcar en la sangre, consuma una dieta equilibrada, no se salte las comidas y *no pase mucho tiempo sin comer.* Muchas gestantes se sienten mejor con cuatro o cinco comidas reducidas en lugar de tres grandes. Si la condición es más grave, quizá deba visitar a un nutriólogo.

Hipertensión del embarazo

La hipertensión inducida por el embarazo es aquella tensión arterial elevada que *sólo* se presenta en la gestación y desaparece cuando nace el bebé. Ocurre en alrededor del tres por ciento de las mujeres menores de 40 años y en 10 por ciento de las mayores.

La hipertensión inducida por el embarazo desaparece cuando nace el bebé.

El tratamiento consiste en descanso en cama, de costado, beber muchos líquidos y evitar la sal y los alimentos con mucho sodio. Es posible que le receten medicamentos para disminuir la tensión arterial. En el capítulo 14 daremos más información, cuando expongamos la preclampsia.

Infecciones de vejiga y vías urinarias

Las expresiones *infección de vías urinarias* e *infección de vejiga* suelen usarse indistintamente, pero la *infección de vejiga* se refiere en exclusiva a la de este órgano y también se llama *cistitis*. La *infección de vías urinarias* afecta cualquier parte de la uretra, la vejiga o los *uréteres* (los conductos que llevan de los riñones a la vejiga).

Ahora que está embarazada, es más probable que padezca estas infecciones a causa de los cambios en las vías urinarias. El útero se asienta sobre la vejiga y los *uréteres*. A medida que crece, su aumento de peso entorpece el paso de la orina por la vejiga y hace que ésta se infecte. Entre el cinco y el 10 por ciento de todas las gestantes sufren infecciones de vejiga.

Su médico ordenará análisis y cultivos de orina en su primera visita para detectar alguna infección de vejiga y es posible que lo haga de nuevo en visitas subsecuentes.

Síntomas de una infección de vejiga. Los síntomas de una infección de vejiga son:

- micción frecuente
- sensación de quemadura al orinar
- deseo de orinar sin que salga nada
- sangre en la orina (en las infecciones graves)

Pielonefritis. La *pielonefritis* es una infección más grave de las vías urinarias que también comprende los riñones. Se presenta en uno o dos por ciento de las gestantes. Suele comenzar como una infección de la vejiga que se propaga a los riñones. Como el tamaño del útero estorba el flujo de la orina de los riñones a la vejiga a través de los uréte-res, se incrementa la probabilidad de una infección.

Además de los síntomas de una infección de vejiga, los de pielone-fritis agregan:

- temperatura elevada
- escalofríos
- dolor de espalda

Este padecimiento requiere hospitalización y tratamiento con anti-bióticos por vía intravenosa.

Cálculos renales

En alrededor de uno de 1,500 embarazos se presentan *cálculos re-nales*. Los síntomas incluyen dolor agudo de espalda y sangre en la ori-na. En el embarazo, los cálculos se diagnostican con ultrasonido.

Durante la gestación, los cálculos renales se tratan con analgésicos, antibióticos y muchos líquidos o alimentación vía oral o intravenosa.

Anemia

La anemia es un problema médico común entre las gestantes. El número de glóbulos rojos en la sangre es escaso y no basta para trans-portar el oxígeno que requiere su organismo.

Esta anemia del embarazo ocurre porque el crecimiento del feto exige hierro *y también* porque el volumen sanguíneo de la gestante aumenta alrededor del 40 por ciento. La sangre está compuesta de lí-quidos y células, y el primero aumenta más rápidamente que las se-gundas, lo que produce una caída en el hematocrito (la proporción de glóbulos rojos en el total de la sangre) que da por resultado anemia.

Es importante tratar la anemia durante el embarazo. Si usted está anémica, no se sentirá bien. Se cansará con más facilidad y se sentirá mareada. Si llega anémica al parto, es más probable que requiera una transfusión después del nacimiento del bebé. La anemia del embarazo aumenta el riesgo de parto prematuro, retraso del crecimiento (que no es lo mismo que el "retraso mental", pues se refiere al crecimiento físico) y bajo peso natal. Su médico verificará si usted padece anemia y, en tal caso, le prescribirá un tratamiento especial.

Anemia por deficiencia de hierro

La forma más común de anemia es por *deficiencia de hierro.* Cuando está embarazada, su bebé consume parte de sus reservas del mineral. En esta anemia, su cuerpo no produce suficientes glóbulos rojos para satisfacer la demanda aumentada.

Otros factores causan el trastorno, entre ellos:
• hemorragias durante el embarazo
• fetos múltiples
• cirugía reciente de estómago o intestino
• uso frecuente de antiácidos
• malos hábitos alimenticios

La anemia por deficiencia de hierro se controla fácilmente. Las vitaminas prenatales contienen hierro o bien le darán al mismo tiempo un complemento del mineral. Si no puede tomar las vitaminas, le recetarán el complemento de hierro. Ciertos alimentos, como el hígado y las espinacas, también acrecentan su ingesta de hierro.

Anemia falciforme

La anemia falciforme es distinta a la deficiencia de hierro. Ocurre cuando la médula ósea produce glóbulos rojos anormales y es más frecuente entre las personas negras o de origen mediterráneo. Su doctor le practicará un examen de sangre para verificar si usted tiene la enfermedad.

La anemia falciforme causa dolores de abdomen o miembros en la futura madre cuando se presenta una *crisis* (lo que ocurre en cualquier momento de la vida, no sólo durante el embarazo). Además de la crisis dolorosa, la gestante es más propensa a infecciones. Los riesgos para el feto son aborto o muerte.

Oí hablar de un tratamiento para la anemia falciforme que alivia los dolores agudos. ¿Lo pueden seguir las mujeres embarazadas?
Probablemente se refiere a la *hidroxiurea,* que es el primer tratamiento eficaz contra la anemia falciforme. Reduce algo del dolor insoportable, pero plantea algunos peligros y no es para todos los enfermos. Como no conocemos sus efectos a largo plazo, se aconseja a las mujeres en gestación no tomarlo.

Talasemia

La talasemia es una forma de anemia que se presenta con más frecuencia en las personas de origen mediterráneo. El organismo no produce suficiente globulina, que forma los glóbulos rojos, y se produce anemia. Si tiene antecedentes familiares de talasemia, hable con su médico.

Padecimientos previos

Los padecimientos previos pueden o no tener un efecto en su embarazo, dependiendo del problema. En algunos casos, los adelantos médicos posibilitan o hacen más segura la gestación para las enfermas. Si usted sufre un padecimiento de salud, trate el tema con su médico a la mayor brevedad.

Diabetes

Antes, la diabetes era un problema grave durante el embarazo. Todavía es una complicación importante, pero la mayoría de las mujeres llevan una gestación segura con la atención médica apropiada, una buena dieta y siguiendo las instrucciones del doctor. Es esencial medir el azúcar en la sangre (con un glucómetro) para controlar la enfermedad durante el embarazo.

Los síntomas de la diabetes son:
- aumento en la micción
- visión borrosa
- pérdida o aumento de peso
- mareos
- incremento del hambre

La diabetes causa problemas médicos que llegan a ser graves para usted y el bebé. Si no la trata, expondrá a su hijo a una concentración de azúcar elevada y nociva llamada *hiperglucemia*.

Si tiene una diabetes sin controlar, también corre mucho más riesgos de aborto y complicaciones en el parto. Los problemas fetales más comunes son los trastornos cardiacos, genitourinarios y gastrointestinales. La diabetes también produce bebés más grandes.

La enfermedad se diagnostica mediante exámenes de sangre y de *tolerancia a la glucosa*. Algunas pacientes me preguntan si el azúcar en la orina es señal de diabetes. La respuesta es "no siempre", pues es habitual que las gestantes normales y sin diabetes arrojen pequeñas cantidades de azúcar con la orina, una condición llamada *glucosuria,* que se debe a los cambios en las concentraciones de la sustancia y en la forma en que los riñones la procesan durante el embarazo.

Epilepsia

Si padece epilepsia y acaba de enterarse de que está embarazada, llame a su médico de inmediato; dígale que está embarazada y padece epilepsia. La mayor parte de los anticonvulsivos son seguros durante la gestación, pero unos lo son más que otros.

Por lo regular se administra fenobarbital para controlar los ataques. Como dijimos, también se recomiendan otros fármacos, pero algunos plantean mayores riesgos de defectos congénitos.

Asma

Casi todas las mujeres con asma tienen embarazos seguros. Si usted tuvo ataques asmáticos graves antes de embarazarse, es probable que también los tenga en la gestación. Es probable que tome las mismas medicinas que antes, pero discútalo con su médico.

Muchas mujeres tienen menos problemas de asma si aumentan su ingesta de líquidos durante el embarazo.

He descubierto que muchas mujeres se sienten mejor y tienen menos problemas de asma si aumentan su ingesta de líquidos durante el embarazo. Haga la prueba; de todos modos, deberá beber más en la gestación.

Cáncer

No es frecuente el cáncer durante el embarazo; sin embargo, se presenta ocasionalmente.

No es un tema agradable para pensar o conversar y la mayoría de las mujeres no tienen que preocuparse del cáncer en el embarazo. De cualquier manera, es mejor saber que estos problemas ocurren que ignorarlo.

El cáncer más común del embarazo es el de mama. También se aprecian formas ginecológicas, leucemia, linfomas, melanomas y tumores óseos. Los investigadores creen que hay dos razones para que surja un cáncer durante el embarazo:

- Algunas formas aparecen en tejidos y órganos influidos por el aumento en las concentraciones de hormonas que trae la gestación.
- El incremento en el flujo sanguíneo y los cambios en el sistema linfático contribuirían a la diseminación del cáncer a otras partes del organismo.

El tratamiento del cáncer durante el embarazo causa problemas porque la gestante experimenta los efectos secundarios. En particular, si usted está en tratamiento de quimioterapia y acaba de descubrir que está embarazada, es muy importante que hable con su médico de inmediato. Lo que usted haga dependerá de los medicamentos que esté tomando.

Cáncer de mama

He sabido que es más difícil detectar un cáncer de mama durante el embarazo. ¿Por qué?
Los cambios en las mamas (crecimiento, sensibilidad e incluso nodulaciones) dificultan la detección de este cáncer. De todas las mujeres con cáncer de mama, alrededor del dos por ciento son diagnosticadas en el embarazo.

¿Cómo se tata el cáncer de mama durante el embarazo?
El tratamiento del cáncer de mama durante el embarazo varía entre cirugía, quimioterapia, radiación o una combinación de éstos.

Si una mujer padece cáncer de mama, ¿puede amamantar?
La mayoría de los médicos recomiendan que si una mujer padece cáncer de mama, no amamante.

Otras preocupaciones de salud

Muchas de mis pacientes hablan de molestias frecuentes durante el embarazo. He aquí como aliviar las situaciones más comunes y por las que más me preguntan.

Calambres de piernas

Los calambres son fastidiosos, en particular de noche. Las sugerencias que siguen le ayudarán a enfrentar los calambres que se presenten en cualquier momento:

- Use medias de soporte durante el día.
- Tome baños tibios.
- Pídale a su pareja que le dé un masaje en las piernas al final del día o cuando a usted se le antoje.

- Vista ropa cómoda.
- Tome acetaminofén para el dolor.
- Descanse de costado.
- Use una almohadilla térmica hasta por 15 minutos cuando sienta dolor.

Sus actividades tienen un efecto en la medida en que se acalambren sus piernas. No esté de pie ratos largos, descanse de costado tanto como sea posible y vea que su ropa no le apriete.

Dolor de espalda

El dolor lumbar (en la parte baja de la espalda) es común durante el embarazo: casi la mitad de las gestantes lo padecen. Si tiene problemas que en su opinión se aliviarían mediante manipulaciones quiroprácticas, hable con su médico antes de intentar nada. No se tome radiografías de la pelvis ni de la región lumbar.

Edad

En la actualidad, cada vez más parejas planifican sus familias, así que si usted se encuentra al final de sus treinta o comienzos de sus cuarenta, no está sola. La madre mayor y su bebé enfrentan más riesgos, pero lo más probable es que ambos estén bien.

Algunas de mis pacientes de más edad que esperan a su segundo o tercer hijo me comentan que se sienten más cansadas ahora que con los embarazos anteriores. Es más difícil la gestación a los 35 que a los 25 años, pero en sí no significa nada malo, sino sólo que tiene menos tiempo y más que hacer.

Con tantas noticias sobre mujeres mayores que dan a luz, ¿cuál es la edad promedio del primer parto?
Según estudios recientes, la edad promedio en Estados Unidos es de 27 años, pero tenga presente que depende de la educación y la posición socioeconómica. En general, en las sociedades más atrasadas o tradicionales la edad es mucho menor.

Riesgo de síndrome de Down

Frecuentemente me preguntan sobre los riesgos de tener un bebé con síndrome de Down. Este peligro aumenta con la edad, según se observa en los datos siguientes:

- a los 25 años el riesgo es de uno de 1,300 nacimientos
- a los 30 es de uno de 965 nacimientos
- a los 35 es de uno de 365 nacimientos
- a los 40 es de uno de 109 nacimientos
- a los 45 es de uno de 32 nacimientos
- a los 49 es de uno de 12 nacimientos

Pero también es posible ver estos datos desde un ángulo positivo: incluso a los 49 años, usted tiene 92 por ciento de posibilidades de dar a luz un hijo *sin* síndrome de Down.

El síndrome de Down es un padecimiento en el que el bebé nace con incapacidades mentales y a menudo también deformidades físicas. La persona con síndrome de Down tiene frente inclinada, manos cortas y anchas, nariz aplanada y orejas de implantación baja. También presenta problemas cardiacos, defectos gastrointestinales o leucemia. El síndrome de Down es causado por un cromosoma de más.

El trastorno se diagnostica antes del nacimiento, por lo general mediante amniocentesis, aunque otros exámenes útiles son los de alfafetoproteína, detección triple, detección cuádruple, muestreo de vellosidades coriónicas y, en algunos casos, ultrasonido.

Exámenes para usted y su bebé

3

El embarazo es una época importante para prestar atención a su salud. Una forma de que su médico la vigile y usted esté al tanto es realizarse varios exámenes durante su embarazo. Los resultados de algunos de estos estudios le informan al doctor acerca de su salud; los de otros, revelan cierta información sobre el bebé.

Casi todos los exámenes son de rutina y se aplican a todas las gestantes. El médico ordena otros si considera que con ellos se informará mejor de su salud y de la del bebé.

Lo más probable es que su primer examen sea el de la confirmación del embarazo, que puede realizar en casa o bien dejar al cuidado del consultorio del médico. Los exámenes domésticos de embarazo son muy confiables.

En cuanto se confirme su embarazo, le practicarán numerosos exámenes en su primera o segunda visita al médico. Estos exámenes muestran el estado de su salud en el momento y si hay aspectos que conviene prever o vigilar. Si es necesario, en el transcurso de la gestación se repiten algunos exámenes.

Como los exámenes del embarazo son importantes, coopere con su doctor practicándoselos. Respete las citas del laboratorio y verifique los resultados en el consultorio.

Pruebas de embarazo

Las pruebas de embarazo son muy sensibles y a veces logran dar un resultado positivo (es decir, muestran que está embarazada) incluso antes de la ausencia de la menstruación. En general, los exámenes de sangre, orina y los de aplicación en casa dan positivo a los siete o 10 días de la concepción. Los médicos recomiendan esperar hasta que no se presente un periodo menstrual para hacer el examen, pues se ahorra dinero y energía emocional.

Me realicé anoche una prueba de embarazo que dio positivo. ¿Cuándo debo avisar a mi médico? Muchos médicos prefieren ver a sus pacientes en el plazo de unas semanas, ocho en promedio, salvo si tiene problemas y debe asistir de inmediato. Un buen cuidado prenatal es importante para tener un bebé sano. No espere demasiadas semanas o meses para visitar a su doctor; empezar pronto es esencial para su salud y la del bebé.

Examen cuantitativo de GCH

El examen cuantitativo de GCH (gonadotropina coriónica humana) es un examen de sangre que se practica en el primer trimestre si hay preocupaciones de aborto o embarazo ectópico. El examen mide la hormona GCH, que se produce al comienzo del embarazo y aumenta rápidamente. Dos o más exámenes con días de diferencia son más útiles que uno, porque el cambio en las concentraciones de la hormona es notable. Cuando se aplica este examen, también suele ordenarse un ultrasonido.

Exámenes después de confirmado el embarazo

Es probable que en la primera o segunda visita su médico le ordene algunos de los exámenes siguientes:
- biometría hemática completa
- análisis y cultivo de orina
- examen de sífilis
- cultivos cervicales
- títulos de rubéola (inmunidad contra la rubéola)
- tipo de sangre
- factor Rh
- examen de anticuerpos de hepatitis
- examen de alfafetoproteína
- ultrasonido
- frotis de Papanicolaou
- mamografía (si tiene más de 34 años y no se la han realizado); muchos médicos no solicitan este examen durante el embarazo

En la tabla de la página 54 se encuentra una descripción de algunos de los exámenes comunes del embarazo.

Los resultados de los exámenes ofrecen al médico la información que necesita para cuidar mejor de usted; por ejemplo, si se muestra que nunca tuvo rubéola ni le aplicaron la vacuna, tendrá que evitar la exposición durante la gestación y vacunarse antes del siguiente embarazo. La rubéola es causa de aborto y defectos congénitos si la contrae una gestante.

Preguntas que formular al médico

Algunos exámenes son meramente rutinarios y quizá no tenga muchas preguntas al respecto; pero conviene enterarse más de los procedimientos más específicos. El objetivo de plantear las preguntas siguientes acerca de los exámenes es verificar que sus ventajas son mayores que los riesgos. Antes de cualquier examen, haga a su médico algunas de estas preguntas:

- ¿Cubre mi seguro el examen?
- ¿Por qué me ordena este examen?
- ¿Cómo se llevará a cabo?
- ¿Qué riesgos corro yo o el bebé?
- ¿Cuál es la experiencia de quien lo va a practicar?
- ¿Cuál es la experiencia del laboratorio encargado?
- ¿Qué tan confiables son los resultados?
- ¿Cuándo los obtendré?
- ¿Qué pasará cuando estén listos los resultados?
- ¿Cuál es la posibilidad de que sean falsos?
- ¿Qué ocurrirá si no me someto al examen?
- ¿Cuál será el efecto de los resultados en mi embarazo?
- ¿Hay otra manera de recabar la misma información?
- ¿Cuánto cuesta el examen?

Exámenes realizados o repetidos

Muchos médicos repiten algunos exámenes o solicitan nuevos en otras épocas del embarazo. Por ejemplo, la vigésimo octava semana de gestación es el mejor momento para descubrir problemas con las concentraciones de azúcar en la sangre. También en esta época se protege a la gestante Rh negativa para insensibilizarla.

Sinopsis de algunos exámenes comunes

Examen	Cómo se efectúa	Qué revela
Alfafetoproteína	Muestra de sangre tomada de la madre	Indicaría defectos del tubo neural (espina bífida) o riesgo de síndrome de Down
Amniocentesis	Muestra de líquido amniótico tomada del útero con una aguja	Al comienzo del embarazo, indica problemas cromosómicos (síndrome de Down), defectos de la médula (espina bífida), trastornos genéticos (fibrosis quística) y sexo del bebé. Más adelante, muestra la maduración de los pulmones
Perfil biofísico	Diversos exámenes que incluyen ultrasonido, para vigilancia y observación	Sirve para mostrar el buen estado del feto o detectar indicios de sufrimiento fetal
Muestreo de vellosidades coriónicas	Muestra de tejido placentario extraída por el abdomen o la vagina	Detecta muchas anomalías, como síndrome de Down, padecimientos bioquímicos, como enfermedad de Tay-Sachs, y otras condiciones, como fibrosis quística
Registro cardiotocográfico con estímulo / sin estímulo	Se vigila, mediante la gestante y un tocómetro, la actividad del feto	Sirve para mostrar el buen estado del feto o detectar indicios de sufrimiento fetal
Ultrasonido	Mediante ondas sonoras, se genera en una pantalla una imagen del útero, la placenta y el feto	Edad y posición fetal, ritmo cardiaco, movimiento, número de productos, algunos defectos congénitos y, a veces, el sexo

¿Qué tal la asesoría genética?

No todas las madres necesitan asesoría genética. Quienes la re-quieren son aquellas que ya tienen un hijo con anomalías, muestran antecedentes familiares de enfermedades hereditarias, han sufrido abortos recurrentes (tres o más) y tendrán 35 años o más en el mo-mento del parto.

Si usted es candidata para asesoría genética, usted y su pareja de-ben participar juntos. Se les formularán preguntas detalladas sobre sus antecedentes médicos, otros embarazos, uso de medicamentos y ante-cedentes familiares de ambos. Si se necesitan exámenes cromosómi-cos, les tomarán muestras de sangre. Asimismo, los aconsejarán sobre la posibilidad de problemas en el embarazo.

Ultrasonido

El ultrasonido es un examen que traza una imagen bidimensional del embrión o feto. Consiste en la emisión de ondas sonoras de fre-cuencia elevada aplicando una corriente alterna a un transductor colo-cado sobre el abdomen o en la vagina. Las ondas que proyecta atraviesan el cuerpo y regresan. Estas ondas reflejadas se convierten en una imagen borrosa (los aparatos de ultrasonografía más modernos y perfeccionados dan imágenes muy claras, pero como son máquinas nuevas no están muy difundidas en la actualidad).

Muchos médicos aplican ultrasonidos de rutina a sus pacientes, pe-ro no todos, pues algunos prefieren realizarlo sólo cuando hay una razón definida para hacerlo.

Pantalla donde se observa la imagen

Transductor

El examen por ultrasonido es una herramienta útil.
Su médico le ordenará que se lo practique.

Hay tres razones fundamentales para ordenar un ultrasonido:
- medir al bebé para confirmar o determinar la fecha de parto
- determinar si hay más de un bebé
- verificar que los rasgos generales del bebé son normales

¿A quién le ordenan un ultrasonido?

No le realizarán un ultrasonido automáticamente. Que la sometan a uno durante el embarazo dependerá de varios factores, entre ellos:
- problemas en la gestación, como hemorragias
- problemas con embarazos anteriores
- su médico
- su aseguradora

La mayoría de los doctores prefieren solicitar por lo menos un ultrasonido durante el embarazo, pero no todos están de acuerdo. Si su embarazo es de "alto riesgo", es posible que le practiquen varios.

No entiendo la diferencia entre ultrasonido y sonograma.
Ultrasonido, sonograma y sonografía se refieren al mismo examen.

Otras razones para un ultrasonido. Otras razones para efectuar un ultrasonido son:
- identificar un embarazo en sus primeros momentos
- mostrar el tamaño y el crecimiento del embrión o feto
- medir la cabeza, el abdomen o el fémur para determinar el tiempo de gestación
- identificar algunos fetos con síndrome de Down
- identificar anomalías fetales, como hidrocefalia
- medir la cantidad de líquido amniótico
- identificar ubicación, tamaño y madurez de la placenta
- identificar anomalías de la placenta
- detectar un DIU (dispositivo intrauterino)
- distinguir entre aborto, embarazo ectópico y embarazo normal

•encontrar un sitio seguro para realizar una amniocentesis
•identificar un aborto

Qué tan pronto deba someterse al ultrasonido depende de los problemas de su embarazo, como hemorragias o calambres. Si tiene problemas, su médico preferirá hacer el ultrasonido al comienzo del embarazo.

El ultrasonido sirve para determinar la fecha probable de parto: se toman medidas del bebé que el doctor compara con las gráficas de promedios para aproximar esa fecha.

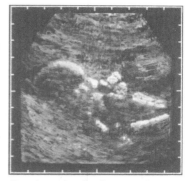

Esta imagen de ultrasonido muestra un bebé que se chupa el dedo en el útero.

¿Sabré con el ultrasonido si espero niño o niña?
Ésta es la pregunta que más me formulan mis pacientes embarazadas. Si tiene por lo menos 18 semanas de gestación en el momento del examen, *es probable* determinar el sexo del bebé, pero no lo dé por hecho. No siempre es posible saberlo si tiene las piernas cruzadas o está en presentación de nalgas.

Incluso si el médico hace un pronóstico del sexo del bebé, recuerde que el ultrasonido es un examen y que los exámenes a veces dan resultados equivocados. En general, los médicos recomiendan que no tome como base el ultrasonido para empezar a comprar ropa para uno u otro sexo. Si compra algo, guarde las notas.

Ultrasonido vaginal. Esta forma de ultrasonido es útil para evaluar problemas al comienzo de la gestación, como posible aborto o embarazo ectópico. El instrumento (una sonda o transductor) se coloca dentro de la apertura de la vagina. No toca el cuello uterino ni es causa de hemorragias o aborto. Este ultrasonido arroja en ocasiones información más fiel que el abdominal al comienzo del embarazo.

¿Es seguro el ultrasonido?

Sí. La posibilidad de que tenga efectos negativos ha sido estudiada muchas veces sin que haya pruebas de que origine problemas.

Beba agua antes

La vejiga se encuentra frente al útero. Cuando está llena, empuja el útero fuera de la pelvis con lo que es más fácil verlo en el ultrasonido. La vejiga llena es como una ventana entre el abdomen y el útero. Es probable que le pidan que beba alrededor de un litro de agua antes de hacerse el ultrasonido y que no orine. Para un ultrasonido vaginal no es necesario tener la vejiga llena.

Dónde se practica el ultrasonido

Algunos médicos tienen una máquina de ultrasonografía en su consultorio y están capacitados para operarla. Otros prefieren que vaya al hospital o laboratorio a que realice e interprete el examen un radiólogo. En ciertas situaciones de riesgo, su doctor la enviará con un especialista en ultrasonografía. Pregúntele dónde se lo ordenará.

Muchos ultrasonidos incluyen fotos en blanco y negro de su bebé antes de que nazca.

Video del ultrasonido

Cuando se programe su ultrasonido, pregunte si es posible obtener un video de la cinta. No todas las máquinas de ultrasonografía graban videos. Pregunte con antelación si necesita traer un casete y si se permite que su pareja lo grabe.

Costo

El costo de esta prueba varía dependiendo del lugar en el que se haga y de dónde viva. En muchos planes de seguros médicos, el ultrasonido es "extra" y no se incluye en la tarifa normal del cuidado prenatal. Pregunte acerca del costo y la cobertura de su seguro antes de hacerse un ultrasonido. Algunos planes de seguro requieren una aprobación previa antes de que se haga el ultrasonido.

Su pareja puede acompañarla

Es probable que su pareja quiera ver el ultrasonido, de modo que programe el examen para que asista. Si es posible y usted lo desea, considere llevar a su madre u otros hijos. Investigue cuando programe su cita.

Amniocentesis

La amniocentesis es un examen que revela ciertas anomalías fetales. Mediante una aguja, se extrae líquido amniótico que rodea al bebé para practicar estudios. Con un ultrasonido se localiza una bolsa de líquido donde no se encuentren el feto ni la placenta. La piel del abdomen se limpia y entumece con un anestésico local. Entonces, se hace pasar una aguja larga a través del abdomen hasta el útero y con una jeringa se extrae el líquido.

No se somete a amniocentesis a todas las mujeres, sino a aquellas que:

- darán a luz después de cumplir 35 años
- tuvieron un hijo con un defecto congénito
- tienen antecedentes familiares de defectos congénitos
- tienen ellas mismas un defecto congénito
- sus parejas tienen un defecto congénito

Este examen de evaluación prenatal se realiza entre las semanas 16 y 18 de gestación. Algunos médicos ordenan la amniocentesis a las 11 o 12 semanas, pero en este momento los riesgos son mayores. Un estudio de la revista médica *Lancet* informa que se ha observado mayor incidencia de bebés con pie zambo.

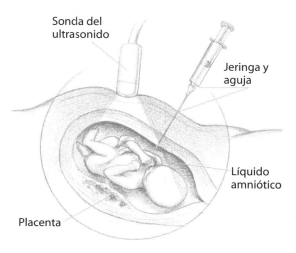

Sonda del ultrasonido

Jeringa y aguja

Líquido amniótico

Placenta

La amniocentesis se practica por lo regular entre las semanas 16 y 18 de gestación.

Líquido amniótico

Sólo se requieren alrededor de 30 mililitros de líquido amniótico para realizar los exámenes. Las células fetales que flotan en el fluido se cultivan y sirven para determinar anomalías o asegurarse de que el bebé está sano.

Sabemos de más de 400 anormalidades congénitas. La amniocentesis permite que el médico identifique alrededor de 40 problemas, entre los que se encuentran:

- problemas cromosómicos, en particular síndrome de Down
- enfermedades del esqueleto, como osteogénesis imperfecta
- infecciones fetales, como herpes o rubéola
- trastornos del sistema nervioso central, como anencefalia
- enfermedades de la sangre, como eritroblastosis fetal
- problemas o deficiencias químicas, como *cistinuria* o enfermedad del jarabe de maple

La amniocentesis también determina el sexo del bebé; sin embargo, el examen no se realiza con este objeto, salvo en los casos en que cabría pronosticar un problema relacionado con el sexo, como hemofilia. También se practica en etapas posteriores del embarazo para comprobar la maduración de los pulmones del bebé. Véase la exposición de la página 71.

Riesgos

Los riesgos son relativamente escasos; se calcula que la pérdida del feto por complicaciones oscila entre el 0.5 y el tres por ciento. Estudie los riesgos con su médico antes de someterse al examen.

¿Quién realiza la amniocentesis?

Sólo debe realizar el examen un profesional con experiencia, como un médico en un hospital. Si van a aplicarle el examen, su médico le dará mayor información.

Sobre el síndrome de Down

El síndrome de Down es un padecimiento causado por un cromosoma de más. El bebé padece retraso mental y tiene una apariencia un tanto achaparrada, con frente inclinada, manos anchas y cortas, nariz aplanada y orejas bajas. También sufre problemas cardiacos, defectos gastrointestinales o leucemia. El síndrome se diagnostica en el embarazo mediante amniocentesis.

Otros exámenes que sirven para diagnosticar el síndrome de Down son los de alfafetoproteína (AFP), triple detección, muestra de vellosidades coriónicas y ultrasonido (en algunos casos). La amniocentesis o la muestra de vellosidades coriónicas se practican para confirmar el diagnóstico cuando los "exámenes de detección" como el de AFP indican un problema importante.

Venga con alguien a sus citas prenatales

Es una buena idea llevar a su pareja a las citas prenatales, pues se percatará de lo que sucede con usted y se sentirá parte del embarazo, además de que es bueno que él y su médico se conozcan antes de que empiece el trabajo de parto.

También puede llevar a su madre o su suegra a la cita para que escuchen el corazón del bebé. Las cosas han cambiado desde que su madre la esperaba y seguro disfrutará la visita. Si quiere llevar a alguien más, hable primero con su médico.

Niños en las citas prenatales. En muchos consultorios no imponen restricciones a traer a los niños; en otros se pide que no vengan. Investigue las normas de su consultorio. Si tiene problemas y debe hablar con el médico, la consulta será difícil si además debe encargarse de un pequeño.

Sugerencias para llevar a los niños. Las siguientes son sugerencias para llevar a los niños al consultorio:

- Pregunte de antemano las normas del consultorio.
- No los traiga a su primera visita, cuando es probable que le practiquen un examen pélvico.
- Si quiere que escuchen el corazón del bebé, no los traiga la primera vez que el doctor la ausculta; espere hasta haberlo oído usted.
- Lleve uno o dos niños cada vez en lugar de un grupo.
- Traiga algo para entretenerlos en caso de que deba esperar: no todos los consultorios tienen juguetes o libros infantiles.
- Sea considerada con las demás pacientes. No traiga un niño resfriado o enfermo. He tenido pacientes que traen a sus niños y me dicen que tienen varicela o una infección de garganta. Esto puede ser muy grave para las otras gestantes de la sala de espera.
- No lleve a su cita niños que no sean suyos.

Examen de alfafetoproteína

El examen de alfafetoproteína en la madre se practica para detectar anormalidades en el bebé. La medición de las concentraciones de la sustancia en su sangre permite al médico pronosticar problemas, como síndrome de Down o espina bífida.

En la actualidad, no se aplica a todas las gestantes; sin embargo, en algunas jurisdicciones es obligatorio. Si no se le sugiere el examen, hable con su médico.

El examen de AFP se realiza entre las semanas 16 y 20 de gestación. Los resultados se relacionan con la edad y el peso de la encinta y la edad gestacional del feto. Si se detecta un problema, se ordenan otros exámenes.

El examen está destinado a detectar bebés con

• defectos de tubo neural
• insuficiencia renal grave
• insuficiencia hepática grave
• obstrucción esofágica o intestinal
• síndrome de Down
• obstrucción urinaria
• osteogénesis imperfecta (fragilidad de los huesos del bebé)

Índice de error elevado

El examen no es lo bastante específico para ser confiable. Por ejemplo, si se aplica a 1,000 mujeres, 40 arrojarán resultados anormales; pero de estas 40, sólo una tendrá realmente un problema. Si le practicaron un examen de AFP y resultó anormal, no se asuste. Se ordenará otro examen para comparar los resultados y se efectuará un ultrasonido.

Defectos de tubo neural

El examen de AFP detecta defectos de tubo neural (que son anormalidades en el hueso que rodea la médula espinal), el tallo cerebral y el propio cerebro. Uno de los defectos más comunes es la espina bífida, que consiste en la falta de arcos vertebrales, con lo que la membrana espinal sobresale. Otra anomalía es la anencefalia: el cerebro no madura y forma apenas un tallo cerebral rudimentario.

Exámenes de detección triple y cuádruple

Estos exámenes siguen al de AFP para que el médico determine si su hijo tiene probabilidades de sufrir síndrome de Down y que descarte otros problemas.

El **examen de detección triple** identifica problemas mediante tres componentes de la sangre: alfafetoproteína, una hormona del embarazo llamada *gonadotropina coriónica humana (GCH)* y una forma de estrógeno producida por la placenta, el *estriol sin conjugar*. Las concentraciones anormales de estos tres componentes pueden indicar síndrome de Down. En las madres de mayor edad, el índice de detección es superior al 60 por ciento, con un índice de positivos falsos de casi 25 por ciento. Los resultados anormales de un examen triple se verifican con ultrasonido y amniocentesis.

En la actualidad, el **examen de detección cuádruple** se practica en raras ocasiones y sólo algunos hospitales cuentan con laboratorios para aplicarlo. Es un examen similar al triple que añade una cuarta medida: la concentración en la sangre de inhibina A, una sustancia química producida por los ovarios y la placenta. Esta medida aumenta la sensibilidad del examen triple en 20 por ciento, pues identifica a casi el 80 por ciento de los fetos con síndrome de Down. Su índice de positivos falsos es del cinco por ciento.

Muestreo de vellosidades coriónicas

El muestreo de vellosidades coriónicas (también llamado biopsia de tejido trofoblástico) es un examen que detecta anomalías genéticas. Se practica al comienzo del embarazo, entre la novena y la undécima semanas.

Mediante ultrasonido se localiza al feto y la placenta. Con un instrumento colocado a través del cuello uterino o bien con una aguja a través del abdomen se retira un poco de tejido de la zona placentaria.

La ventaja del muestreo es un diagnóstico más temprano que la amniocentesis, si hay un problema. El examen detecta varios problemas fetales, como síndrome de Down, enfermedad de Tay-Sachs y fibrosis quística. Algunas mujeres optan por este examen, pues quieren tener antes los resultados para tomar decisiones sobre su embarazo.

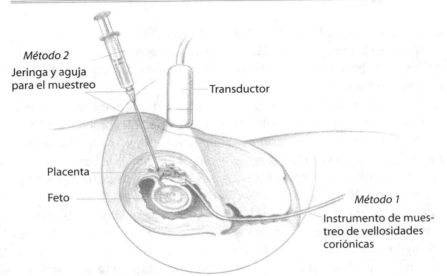

Método 2
Jeringa y aguja
para el muestreo

Transductor

Placenta

Feto

Método 1
Instrumento de mues-
treo de vellosidades
coriónicas

El muestreo de vellosidades coriónicas se realiza de dos maneras. El tejido se retira con una aguja o con un instrumento colocado a través del cuello uterino.

Riesgos

Hay un riesgo pequeño de aborto con este procedimiento. Sólo un profesional con experiencia debe realizar el examen.

¿Muestreo o amniocentesis?

El muestreo se realiza mucho antes que la amniocentesis y los resultados están listos en una semana. Si una mujer decide terminar el embarazo luego de conocer los resultados del examen, como el procedimiento se efectúa antes plantea menos riesgos. Por otro lado, el peligro de alterar un embarazo normal es ligeramente mayor con el muestreo que con la amniocentesis.

Cada embarazo es diferente. Discuta el muestreo con su médico, quien está en posición de determinar si su caso lo requiere.

Fibronectina fetal

El examen de fibronectina fetal (FNF) predice si la mujer tendrá un parto a corto plazo. La fibronectina es una proteína que se encuentra en el amnios y las membranas fetales durante las primeras 22 semanas de gestación. Si el doctor cree que va a tener un parto prematuro, ordena un examen de secreciones vaginales que, si detecta la proteína después de la vigésimo segunda semana, indicaría un riesgo mayor de parto pretérmino. Cuando no se encuentra la proteína, el riesgo es menor y no es probable que la mujer de a luz en las dos semanas siguientes.

Este examen se realiza como un frotis de Papanicolaou. Se toma un exudado de las secreciones en la parte posterior de la vagina, detrás del cuello uterino. El laboratorio entrega los resultados a las 24 horas.

Fetoscopía

La fetoscopía ofrece una imagen del feto y la placenta dentro del útero. El doctor observa al bebé a través del fetoscopio y está en posición de detectar anormalidades y problemas. Es un examen muy especializado que no se practica con frecuencia.

Se hace una pequeña incisión en el abdomen de la madre y se introduce hasta el útero una sonda óptica similar a la que se emplea en cualquier laparoscopia.

El riesgo de aborto que plantea este procedimiento es de tres a cuatro por ciento y debe estar a cargo únicamente de quien cuente con experiencia en la técnica.

Otros exámenes para la futura madre

Resonancia de Doppler

El aparato de Doppler amplifica el sonido del latido cardiaco lo suficiente para que sea posible oírlo. No es un estetoscopio. Usted escuchará el sonido del corazón de su bebé en la visita de la duodécima semana. Si su médico no lo ofrece, pregúntele.

Oí en el radio que unos investigadores preparan un examen que detectará el síndrome de Down en la orina de la embarazada. ¿Sabe algo al respecto?
Se trabaja para crear un examen de orina que detecte síndrome de Down. El examen medirá la gonadotropina urinaria (GTU) durante el segundo trimestre. Todavía se encuentra en la fase experimental y requiere más estudios.

Evite las radiografías

No se exponga a los rayos X durante el embarazo a menos que se trate de una emergencia. No se conoce cuál es la radiación segura para un feto. Los peligros son de mayor riesgo de defectos congénitos y de cáncer en años posteriores.

Mayor riesgo para el feto. Al parecer, los peligros para el feto son mayores entre la octava y la decimoquinta semana de gestación (a la edad fetal de seis a 13 semanas). En opinión de algunos, la cantidad segura de radiación es: *ninguna*.

Radiografías dentales. Si es posible, evite las radiografías dentales mientras esté embarazada. Si es imprescindible, asegúrese de proteger completamente con un delantal de plomo el abdomen y la pelvis.

Radiografías médicas. Hay razones médicas para tomar rayos X, pero su necesidad debe considerarse con el riesgo que plantea a su embarazo. Si se lastimó un pie o mano, es muy fácil resguardar el útero con un delantal de plomo mientras se irradia la zona afectada. En cambio, si la lesión es en la espalda o en una parte cercana a la pelvis, el riesgo aumenta. Hable con el médico antes de someterse a un estudio radiológico en el embarazo.

Hay otros problemas, aparte de las fracturas, que requieren rayos X; por ejemplo, neumonía y apendicitis. También en este caso trate primero la situación con su doctor.

Tomografías computarizadas. Las tomografías computarizadas (abreviadas TAC) son una forma muy especializada de rayos X combinados con análisis por computadora. Muchos investigadores creen que la radiación recibida en una tomografía es mucho menor que en una radiografía común; sin embargo, lo más prudente es evitar en lo posible incluso esta exposición.

RMN. Las imágenes de resonancia magnética (RMN) son una herramienta de diagnóstico muy difundida en la actualidad. No se trata de rayos X ni se han publicado informes de efectos nocivos en el embarazo; sin embargo, se aconseja a las gestantes que no se sometan a este examen durante el primer trimestre por la seguridad del feto.

Frotis de Papanicolaou

El frotis de Papanicolaou toma algunas células del cuello uterino y verifica si presentan anormalidades. Es posible que le ordenen un frotis en su primera cita prenatal y conviene hacerlo si ha pasado un año o más desde su último examen. Si tuvo un Papanicolaou normal en los últimos meses, no necesitará otro. El objetivo de este examen es detectar los problemas a tiempo para enfrentarlos más fácilmente.

Frotis de Papanicolaou anormal. Si le informaron que su examen de Papanicolaou dio un resultado anormal, quizá requiera una biopsia, dependiendo de la gravedad del problema. Las biopsias no se realizan durante el embarazo y es probable que su médico prefiera esperar al parto para ordenar mayores exámenes. En lugar de tomar una muestra de tejido para la biopsia, realizará una colposcopía (una observación atenta del cuello uterino). Un frotis de Papanicolaou anormal durante el embarazo debe manejarse cuidadosamente.

Vigilancia electrónica

El equipo de registro electrónico vigila las contracciones del útero de la gestante en su hogar. Este dispositivo se emplea cuando el doctor sospecha que haya algún problema de parto prematuro.

El registro de las contracciones uterinas se transmite por teléfono a un centro hospitalario donde son evaluadas. Enlazado por medio de una computadora personal, el doctor examina los registros en su casa o consultorio.

Las condiciones que requieren vigilancia electrónica de actividad uterina a domicilio son:
- parto prematuro anterior
- infecciones de la futura madre
- ruptura prematura de las membranas
- hipertensión del embarazo
- embarazo múltiple

Registro cardiotocográfico sin estímulo (prueba sin estrés)

El *registro cardiotocográfico* se realiza en el consultorio o la sala de labor. Mientras usted está recostada, se adhiere un receptor fetal a su abdomen. Cada vez que siente moverse al bebé, usted oprime un botón que traza una señal en una tira de papel del tocómetro. Simultáneamente, el aparato registra ahí mismo el latido cardiaco de su hijo.

La información que se obtiene por este procedimiento aumenta la seguridad de que el bebé está bien. En caso contrario, se practican otros exámenes, como un perfil biofísico o una prueba de tolerancia a las contracciones.

Nuevo examen pélvico

Hacia el final del embarazo se requiere otro examen pélvico porque revela, entre otras cosas:

- si el bebé se presenta de cabeza o de nalgas
- cuánto se ha dilatado el cuello uterino
- qué tanto se ha borrado el cuello uterino
- la forma y el tamaño del canal de nacimiento o los huesos de la
  pelvis
- cuánto ha descendido el bebé en el canal de nacimiento

**Después de mi examen pélvico, el doctor me dijo
que tenía "dos centímetros de dilatación y 50 por
ciento de borrado". ¿Qué significa eso?**

Esta información es importante por dos razones. Primera, señala que el cuello uterino se ha dilatado dos
centímetros y se ha acortado 50 por ciento, o la mitad
(esto no indica cuándo nacerá el bebé). Segunda, son
datos útiles si va al hospital creyendo que ya está de
parto. Como ahí la medirán de nuevo, conocer las medidas de su último examen pélvico ayudará a determinar si empezó el trabajo de parto.

Si su médico le practica un examen pélvico y le dice que el cuello
uterino no se ha dilatado ni borrado, no significa que tenga que esperar
mucho para que comience el trabajo de parto. El examen pélvico indica
en qué punto se encuentra en ese instante. Cualquiera que sea el estado del cuello uterino, el parto puede comenzar en cualquier momento.

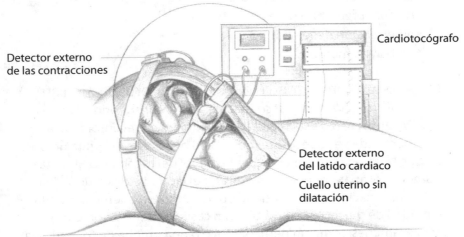

Cardiotocógrafo

Detector externo
de las contracciones

Detector externo
del latido cardiaco

Cuello uterino sin
dilatación

*Registro cardiotocográfico externo con las membranas intactas (no se ha roto la
bolsa de aguas).*

Vigilancia fetal electrónica (cardiotocografía)

En muchos hospitales, se vigila el latido cardiaco del bebé durante el trabajo de parto para detectar a tiempo los problemas y resolverlos. Hay dos clases de vigilancia fetal electrónica durante el parto: externa e interna. Véase las ilustraciones de esta página y la anterior.

Cardiotocografía externa. Se ajusta en el abdomen un cinturón con un receptor. Esta técnica se sigue antes de que se rompan las membranas. Véase la ilustración de la página 68.

Cardiotocografía interna. Éste es un método más confiable para vigilar al bebé. Se sitúa un electrodo en el cráneo del feto para obtener una lectura más exacta de la frecuencia cardiaca. Para este procedimiento, es necesario que se hayan roto las membranas. Véase la ilustración inferior.

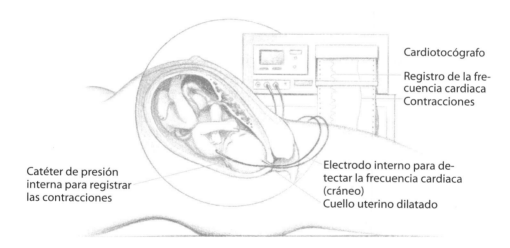

Cardiotocógrafo

Registro de la frecuencia cardiaca

Contracciones

Catéter de presión interna para registrar las contracciones

Electrodo interno para detectar la frecuencia cardiaca (cráneo)

Cuello uterino dilatado

Registro fetal interno durante el trabajo de parto. Las membranas (las aguas) se han roto.

Exámenes para su bebé

Perfil biofísico

Este examen exhaustivo revisa al feto en el útero y sirve para determinar su salud. El estudio es útil para evaluar al producto con retraso de crecimiento intrauterino, si la madre es diabética, en un embarazo en el que el bebé no se mueve mucho, en los embarazos de alto riesgo y en los que se pasaron de la fecha prevista de parto.

El examen mide y registra:

- los movimientos de respiración del feto
- los movimientos corporales del feto
- el tono del feto (tensión y contracción de los músculos)
- la frecuencia cardiaca reactiva (aumenta cuando el bebé se mueve)
- cantidad de líquido amniótico

Para realizar el estudio se aplican ultrasonografía, cardiotocógrafos externos y observación directa para tomar las diversas medidas.

Calificación. Cada parámetro recibe una calificación de 0, 1 o 2. La suma de las cinco calificaciones da el total. Cuanto más alta sea la calificación, mejor es la condición del bebé. Una calificación baja indicaría problemas.

Si un bebé obtiene una calificación baja, habrá que evaluar la situación y es probable que haya que proceder al parto de inmediato. Si la calificación es tranquilizadora, se repite el estudio a intervalos, acaso ya al día siguiente. Su doctor evaluará las calificaciones, su salud y el embarazo antes de tomar una decisión.

Prueba de la tolerancia a las contracciones

La *prueba de tolerancia a las contracciones* también evalúa el bienestar del bebé en el útero. Si una mujer ha tenido embarazos problemáticos o durante éste padeció dificultades médicas, el doctor ordenará el examen en las últimas semanas. Se practica cuando la cardiotocografía sin estímulo (sin estrés) no es tranquilizadora.

Se sitúa un detector en el abdomen para registrar la frecuencia cardiaca del bebé. En ocasiones se requiere estimulación de los pezones para que el útero se contraiga o se canaliza una IV y se pasan pequeñas cantidades de oxitocina para tal efecto. Los resultados indican qué tan bien tolerará el bebé las contracciones y el parto; si no responde bien, sería indicación de sufrimiento fetal.

Muestra de sangre fetal

Este examen es otra forma de evaluar qué tan bien tolera el bebé el parto. Para realizarlo, es necesario que se hayan roto las membranas y el cuello uterino debe estar dilatado por lo menos dos centímetros. Se introduce en la madre un instrumento para hacer un pequeño rasguño en el cráneo del bebé, cuya sangre se toma en un tubo y se verifica su pH (acidez).

El pH ayuda a determinar si el bebé tiene problemas durante el trabajo de parto y está sufriendo y permite al médico decidir si continúa el parto natural o se requiere una cesárea.

Exámenes de madurez pulmonar fetal

Un par de exámenes pueden evaluar la madurez de los pulmones del feto. Cuando un bebé es prematuro, un problema común es la falta de madurez de los pulmones, que es causa del síndrome de insuficiencia respiratoria. Esto significa que los pulmones no están totalmente maduros al nacer y que el bebé no es capaz de respirar sin asistencia.

El aparato respiratorio es el último en madurar. Si su médico sabe que los pulmones del bebé están maduros, tiene elementos para considerar la decisión de adelantar el parto si es necesario.

Dos exámenes arrojan esta información, ambos realizados mediante amniocentesis. La **proporción L/E** mide la relación de la *lecitina* a la *esfingomielina,* dos sustancias del líquido amniótico. Los resultados le dan al médico una indicación de la madurez de los pulmones del bebé.

El examen de **fosfatidil glicerol** da un resultado positivo o negativo. Si muestra la presencia de *fosfatidil glicerol,* hay mayores seguridades de que el bebé *no* padecerá el síndrome de insuficiencia respiratoria.

Si los exámenes revelan que los pulmones del bebé no están suficientemente maduros, la primera consideración es evitar un parto prematuro. Si es imposible prevenirlo, se realizan exámenes inmediatamente después del parto para determinar si los pulmones del bebé tienen *surfactante,* una sustancia esencial para la respiración. Si no está presente, el doctor la administrará para evitar el síndrome de insuficiencia respiratoria. De este modo, el bebé respirará por sí mismo y no habrá que colocarlo en un respirador.

Medicamentos y tratamientos

Uno de los consejos más importantes que puedo darle es que durante su embarazo sea *extremadamente cuidadosa* con todos los medicamentos. Por "medicamentos" quiero decir los que su médico le recete por escrito y también las preparaciones de venta libre, vitaminas, minerales y hierbas. Cualquiera de estas sustancias representa el peligro de alterar el crecimiento del bebé. Tal vez usted no le dé mucha importancia a algún medicamento que quizá atraviese la barrera placentaria y pase al feto.

Si es posible, hable con su doctor de los fármacos que debe tomar para algún tratamiento *antes* de embarazarse. En caso contrario, en la primera visita estudie todas las sustancias (recetadas y de venta libre) que toma regularmente. Quizá deba ajustar las dosis o suspender alguna. Comoquiera que sea, *nunca* deje de tomar ningún medicamento que necesite para un padecimiento crónico sin consultar primero al doctor, pues algunos no deben ser suspendidos durante el embarazo. Hable con su médico antes de tomar cualquier decisión sobre los medicamentos.

Existen muchos medicamentos que influyen en el bebé. En la tabla de la página 74 se anotan algunas de estas sustancias y sus efectos.

Sea extremadamente cuidadosa con todos los medicamentos que toma, no sólo los que su doctor le haya recetado, sino también las preparaciones de venta libre, vitaminas, minerales y hierbas. Todas estas sustancias pueden afectar el crecimiento del bebé.

Posibles efectos de algunas sustancias en el feto

Sustancia	Posibles efectos
Andrógenos (hormonas masculinas)	Desarrollo genital ambiguo (dependiendo de la dosis y el momento)
Anticoagulantes	Anomalías óseas y de manos, retraso del crecimiento intrauterino, anormalidades del sistema nervioso central y de los ojos
Fármacos antitiroideos (propiltiouracilo, yoduros, metilmazole)	Hipotiroidismo, bocio fetal
Quimioterapéuticos (metrotexate, aminopterín)	Aumento de riesgo de aborto
Isotretinoína	Aumento de riesgo de aborto, defectos del sistema nervioso y de la cara, paladar hendido
Litio	Enfermedad cardiaca congénita
Fenitoína	Retraso del crecimiento, retraso mental, microcefalia
Estreptomicina	Sordera, daño del nervio craneal
Tetraciclina	Hipoplasia del esmalte dental, decoloración permanente de los dientes
Talidomida	Defectos graves de los miembros
Trimetadiona	Paladar y labio hendidos, retraso del crecimiento, aborto
Ácido valproico	Defectos del tubo neural

Hay muchos medicamentos. ¿Cómo hago para recordar cuáles son seguros?
No tiene que recordarlos. Pregunte a su médico acerca de los que toma habitualmente. Es probable que mucha de la información de este capítulo no se aplique a usted, pero conviene tenerla a la mano. Lo importante es consultar con su médico antes de tomar algún medicamento. Y no deje de leer las etiquetas.

Las vitaminas durante el embarazo

(Véase también la sección de vitaminas en el capítulo 5)

Vitaminas prenatales

Es muy importante que tome sus vitaminas prenatales durante todo el embarazo. A veces, cuando la gestación está avanzada algunas mujeres deciden suspenderlas: se cansaron de tomarlas o decidieron que ya no las necesitan. Las vitaminas y el hierro de estos complementos son esenciales para el bienestar del bebé, así que tómelos hasta su nacimiento.

Ácido fólico

En general, las mujeres no necesitan tomar complementos de ácido fólico durante el embarazo si siguen una buena dieta y toman sus vitaminas prenatales de acuerdo con las instrucciones del médico. El ácido fólico se encuentra en las hortalizas de hojas verdes. Las vitaminas prenatales tienen de 0.8 a un miligramo de ácido fólico en cada pastilla, suficiente para un embarazo normal.

Los estudios señalan que una mujer que ha tenido un bebé con un defecto en el tubo neural, como espina bífida, puede reducir el riesgo de tener otro bebé con el mismo problema si toma ácido fólico adicional antes de y durante todo su embarazo.

Desde 1998, muchos productos están enriquecidos con ácido fólico como: alimentos básicos como pan, arroz, cereales, pastas, harina de trigo y de maíz. Lea las etiquetas.

Medicamentos de prescripción y venta libre en el embarazo

Medicamentos de prescripción

Durante su primera visita prenatal, consulte con su médico *todos* los medicamentos (de prescripción o de venta libre) que tome habitualmente. Es una parte importantísima de su atención prenatal, ya que quizá requiera un ajuste de las dosis, suspender alguna sustancia o en algunos casos agregar otros medicamentos.

Medicamentos para la tiroides. Es importante que tome su medicamento para la tiroides durante todo el embarazo. Informe al doctor cuál toma. La hormona tiroidea se sintetiza en la glándula tiroides, influye en todo su organismo y es indispensable para el metabolismo, además de que cumple una función

para que usted quede embarazada. No deje de tomarla ni modifique la dosis sin hablar con su médico.

La tiroxina (sustancia para el hipotiroidismo) es segura en el embarazo.

El propiltiuracilo (la sustancia para el hipertiroidismo) llega al bebé. Lo más probable es que le administren la dosis mínima durante su embarazo.

Medicamentos contra el lupus. El lupus se trata con glucocorticoides, de los cuales el de primera opción es la prednisona. Se han realizado muchos estudios sobre los efectos de esta sustancia en el embarazo y se ha encontrado que es segura.

Antidepresivos. Algunos antidepresivos son seguros; otros no. Unos pasan después a la leche materna y de otros se desconocen los efectos. Consulte cada caso con el médico.

Medicamentos para la piel. El ácido retinoico (isotretinoína) es un tratamiento común para el acné, pero las gestantes no deben tomarlo, pues aumenta la frecuencia de aborto y malformaciones del feto en el primer trimestre.

La tetraciclina, que también se usa para tratar el acné, no debe tomarse en el embarazo porque causa (al cabo del tiempo) cambios permanentes en la coloración de los dientes del bebé (por esta misma razón no se prescribe a menores de ocho años).

Todos los medicamentos que tome pasan al torrente sanguíneo y algunos llegan al bebé. La retin A, que algunas mujeres se aplican en la piel, debe evitarse durante el embarazo porque en la actualidad desconocemos sus efectos en el feto.

De vez en cuando me unto una crema para la piel con glucocorticoides. ¿Puedo hacerlo en el embarazo?
Consúltelo con su médico. Quizá haya otra preparación más segura que pueda aplicarse durante la gestación.

Medicamentos de venta libre

Aunque los medicamentos de venta libre no requieren una receta, deben tomarse con cuidado durante el embarazo. Muchos contienen ácido acetilsalicílico, cafeína o fenacetina, sustancias que debe evitar. Reduzca el uso de jarabes para la tos, que contienen hasta 25 por ciento de alcohol.

Tenga cuidado con los medicamentos que tienen ibuprofeno y absténgase de los nuevos hasta conocer más sobre sus efectos y su seguridad en el embarazo. Lea las etiquetas de las cajas y pregunte al médico o el farmacéutico antes de tomar cualquier medicamento.

Todos los medicamentos pasan al torrente sanguíneo y algunos llegan al bebé.

Preparaciones de venta libre seguras. Entre los medicamentos de venta libre que son seguros se encuentra el acetaminofén, algunos antiácidos (con base de leche de magnesia o hidróxido de aluminio), tabletas para la garganta, algunos descongestionantes y algunos jarabes para la tos.

Ácido acetilsalicílico. Casi todos los medicamentos que ingiere pasan al bebé o tienen algún efecto en su embarazo. Consulte con su médico el uso del acetilsalicílico.

¿No enloquecerán mi doctor o las enfermeras si les llamo para cada medicamento que quiero tomar?
No. Prefieren responder sus preguntas sobre cada sustancia antes de que la tome a tener que preocuparse por sus efectos en el bebé si ya la tomó.

**Tomo muchas vitaminas, pero el médico me acon-
sejó que sólo tomara el complemento prenatal.
¿Por qué?**
Mucho de lo bueno también llega a ser dañino. Algunas
vitaminas se acumulan en los tejidos cuando se toman
en dosis excesivas y tienen efectos negativos tanto para
usted como para el bebé. Los investigadores creen que
las sobredosis de vitamina A causan defectos congénitos. Además, también son nocivas las sobredosis de vitaminas D, E y K. Haga caso al consejo de su médico,
tómese las vitaminas prenatales y coma alimentos nutritivos y bien equilibrados para obtener las vitaminas y
los minerales que necesitan usted y su bebé.

¿Influyen en el embarazo los métodos anticonceptivos?

Algunas mujeres que se enteran de que están encinta han estado
practicando alguna forma de control natal y se sienten inquietas por
los efectos que puedan tener en su embarazo las píldoras, los DIU y los
espermicidas.

*Algunas mujeres
que se enteran
de que están encinta
han estado practi-
cando alguna forma
de control natal.*

Píldoras anticonceptivas

Si se embaraza mientras toma píldoras anticonceptivas, deje de tomarlas y notifique a
su médico. Cualquier método anticonceptivo
está sujeto a fallar; en el caso de la píldora, la
probabilidad de embarazo es de uno a tres
por ciento. Aunque hay un aumento mínimo
de problemas para el feto si las toma fecunda-
da, no es causa de mucha alarma; sin embargo, informe al médico.

DIU

Si usted se embaraza y lleva un DIU, notifique al médico de inmediato para analizar si deben retirarlo. Casi todos los médicos prefieren
extraerlo, de ser posible, pues si lo dejan aumenta el riesgo de sufrir un
aborto, además de que también se corren más peligros de tener un
embarazo ectópico.

Espermicidas

No se ha demostrado que los espermicidas sean perjudiciales para
el feto.

Inmunizaciones y vacunas en el embarazo

Tenga cuidado con inmunizaciones y vacunas durante el embarazo, pues algunas dañan al feto y no deben administrarse a las gestantes. El riesgo de exposición a diversas enfermedades debe tomarse muy en cuenta. No todas las vacunas dañan al feto; de ahí la importancia de comunicar a su médico sus inquietudes.

En ocasiones se requiere alguna forma de inmunización. Si su doctor determina que usted se expuso a una enfermedad o es posible que lo haga, sopesará el riesgo de la enfermedad frente a los efectos nocivos importantes de la inmunización.

Algunas vacunas no causan daño al feto y podrían utilizarse sin inconvenientes.

Hay vacunas que nunca deben aplicarle en el embarazo. No se administre la vacuna contra sarampión, paperas y rubéola (SPR), poliomielitis y fiebre amarilla. Debe recibir la primera vacuna contra la polio sólo si corre un riesgo grande de exposición; por ejemplo, si debe viajar a una zona donde prevalezca la enfermedad.

Pocas vacunas son seguras para las gestantes. Las únicas que se consideran viables en el embarazo son las de tétanos, difteria y rabia. Otras quizá sean seguras, pero como por ahora no lo sabemos, evítelas.

Si está embarazada y tiene dudas sobre si requiere una vacuna, hable con su médico. Si no cree que esté encinta, lo más prudente es hacerse un examen de embarazo y adoptar un método confiable de control natal antes de vacunarse.

Nutrición, ejercicio y manejo del peso

5

Comer en forma nutritiva, hacer ejercicio y controlar su peso durante el embarazo es un gran avance para darle a su bebé un comienzo sano en la vida. Los alimentos que coma servirán para que su hijo crezca y madure. Las comidas saludables le darán a su bebé los nutrientes que necesita para formar huesos y órganos. El ejercicio la mantiene en buena condición y lista para el trabajo de parto. Controlar su peso (es decir, no aumentar de más, sino lo suficiente) garantiza que su bebé recibe los nutrimentos que requiere.

Un estudio mostró que 95 por ciento de las mujeres con dietas buenas a excelentes dan a luz bebés con una salud que va de buena a excelente. En cambio, sólo el ocho por ciento de las que llevan malas dietas (con mucha comida chatarra) tienen bebés en tales condiciones. Uno de los principales objetivos que usted debe tener en el embarazo es dar a luz un hijo lo más sano posible. Su nutrición en esta etapa tiene un gran efecto en la salud de su bebé. El ejercicio y el control del peso contribuyen en la salud de usted y por ende en la del bebé.

Se dice que en el embarazo se "come por dos".
¿Qué significa?
El viejo dicho "la que está embarazada come por dos" significa que debe vigilar la buena nutrición de usted y su bebé, pero algunas piensan que quiere decir que tienen el derecho a comer lo doble, cosa que no es verdad.

Algunas mujeres tienen la idea equivocada de que pueden comer todo lo que quieran durante el embarazo. No caiga en la trampa. No es conveniente que aumente más del peso que su doctor le recomiende: es incómodo y se vuelve más difícil perder los kilos de más después del parto.

Los expertos están de acuerdo en que una gestante de peso normal debe aumentar su ingestión diaria de calorías de 300 a 800.

Incremente la cantidad de calorías que consume ahora que está embarazada. Los expertos están de acuerdo en que una gestante de peso normal debe aumentar su ingestión diaria de calorías de 300 a 800. Estas calorías adicionales son importantes para el crecimiento de los tejidos de usted y su hijo. El bebé emplea la energía de sus calorías en sintetizar y almacenar proteínas, grasas y carbohidratos y en sus procesos orgánicos. Es normal aumentar de peso en el embarazo.

Coma todos los días alimentos variados para recibir los nutrientes que necesita. Debe consumir productos lácteos, comidas con proteínas, frutas y verduras, panes y cereales.

Tengo 11 semanas de embarazo y me acaban de medir el colesterol. Según los resultados, es mayor que en el examen anterior. ¿Es normal?

Sí. Las concentraciones de colesterol se incrementan durante la gestación y la lactancia debido a los cambios hormonales.

Antojos

Los antojos del embarazo son normales y se presentan en muchas mujeres. Estas apetencias por determinados alimentos son a la vez buenas y malas. Si se le antojan alimentos nutritivos y saludables, cómalos en cantidades moderadas. Si quiere aquellos con mucha azúcar y grasas, llenos de calorías vacías, tenga mucho cuidado al consumirlos.

Nadie sabe por qué las mujeres tienen antojos en el embarazo, particularmente de comidas que no frecuentan; pero muchos opinan que se deben a los cambios hormonales y emocionales del periodo. No es raro que le despierten náuseas alimentos que en otras circunstancias le encantarían. Las hormonas del embarazo tienen un efecto notable en el conducto gastrointestinal, lo que influye en su reacción a ciertos alimentos.

Resulta que siento hambre en altas horas de la noche, cosa que nunca me había pasado. ¿Debo comer?

Unos bocadillos nutritivos a media noche son benéficos para algunas mujeres, sobre todo si deben tomar muchas comidas escasas a lo largo del día. Sin embargo, otras no deben comerlos porque no necesitan las calorías adicionales. Además, si tiene problemas de agruras, náuseas o vómito, tener alimentos en el estómago durante la noche también causa más trastornos.

Endulzantes artificiales

El aspartame y la sacarina son los dos endulzantes artificiales más usados. En los últimos tiempos ha habido polémicas sobre la seguridad del aspartame. Le aconsejo que sustituya los alimentos que no contienen endulzantes por otros que acostumbra tomar, ya que hasta ahora no tenemos conocimientos sobre su seguridad para las gestantes y sus bebés.

Asimismo, el aspartame es una fuente de fenilalanina en la dieta. Las gestantes que padecen fenilcetonuria deben seguir una dieta baja en fenilalanina, pues de otro modo corren el riesgo de que sus bebés sufran retraso mental o del crecimiento.

La sacarina ya no se emplea tanto como antes, pero todavía se encuentra en muchos alimentos, bebidas y otras sustancias. Las instituciones de salud informan que no es segura durante el embarazo. A falta de más pruebas, lo mejor es no consumir estos productos mientras esté encinta.

¿No hay peligro en usar el horno de microondas durante el embarazo?

No estamos seguros de si hay peligros para la gestación por estar cerca de esos hornos, así que siga las instrucciones del aparato. No se pare a un lado ni directamente enfrente mientras funcione.

Plan de comida saludable

Es una buena idea comer alimentos variados durante el embarazo. A continuación se encuentra una lista de las porciones diarias de seis grupos alimenticios.

Lácteos: cuatro a cinco porciones diarias
Verduras: por lo menos cuatro porciones diarias.
Frutas: dos a cuatro porciones diarias.
Fuentes de proteínas: tres a cuatro porciones diarias.
Carbohidratos (pan, cereales, pastas y arroz): seis a 11 porciones diarias.
Grasas y condimentos: tres a cinco porciones diarias.

Productos lácteos

Entre las comidas a escoger de este subgrupo se encuentran, con el tamaño de sus porciones:
- *3/4 de taza (336 g) de queso cottage*
- *56 g de queso procesado (como el tipo americano)*
- *42 g de queso natural (como el chedar)*
- *28 g de queso añejo (como parmesano o romano)*
- *1 taza de pudín o natillas*
- *1 taza de leche*
- *1 taza de yogur*

Para mantener bajo el contenido de grasa, escoja leche descremada y yogur sin grasa, en lugar de leche entera y helado.

Sé que los productos lácteos son una buena fuente de calcio, pero he oído también que producen algo llamado "listeriosis". ¿Es verdad?

Le aconsejo no consumir leche sin pasteurizar ni alimentos que se deriven de ésta. También evite los quesos frescos como el *brie, camembert* y *roquefort*. Estos productos son una causa común de una intoxicación llamada *listeriosis,* y lo mismo ocurre con otros alimentos mal cocidos: aves, carnes, mariscos y salchichas. Para evitar el problema, cueza bien todas las carnes y los mariscos.

Verduras

Entre las comidas a escoger de este subgrupo están:
- *3/4 de taza (180 ml) de jugo de verduras*
- *1/2 taza (120 ml) de brócoli, zanahorias u otras verduras cocidas o crudas*
- *media papa cocida*
- *1 taza (240 ml) de hortalizas crudas (ensaladas verdes)*

Comer una variedad de verduras le da un buen equilibrio nutricional. Coma todos los días por lo menos una verdura que contenga ácido fólico, como las hortalizas.

Fruta

Entre las comidas a escoger de este subgrupo se encuentran:
- *1/2 taza (120 ml) de fruta enlatada o cocida*
- *3/4 de taza (180 ml) de uvas*
- *1/2 taza (120 ml) de jugo de frutas*
- *medio plátano, naranja o manzana*
- *1/4 de taza (60 ml) de frutas secas*

Incluya una o dos porciones de frutas ricas en vitamina C, como naranja en jugo o gajos. Las frutas frescas son también una buena fuente de fibra, que es importante durante el embarazo si padece estreñimiento.

El jugo de naranja tiene mucho ácido fólico.

Proteínas

En el embarazo, necesita proteínas para el crecimiento y la maduración del embrión y el feto, así como para el crecimiento de la placenta, el útero y las mamas. La cantidad diaria recomendada de proteínas en este periodo es de 168 a 196 gramos.

Entre las comidas a escoger de este subgrupo se encuentran:
* *2 cucharaditas (30 ml) de mantequilla de cacahuate*
* *1/2 taza (120 ml) de frijoles cocidos*
* *56 a 84 g de carne cocida*
* *1 huevo*

Aves, pescado, cortes magros de carne roja, frijoles, huevos, nueces y semillas son buenas fuentes de proteínas.

Me encantan los alimentos proteínicos que tienen mucha grasa, como el tocino y el queso. ¿Con qué los sustituyo?
Escoja alimentos ricos en proteína pero con poca grasa, como pollo y pavo sin piel, atún enlatado en agua, bacalao, pavipollo y leche con poca grasa (uno por ciento) o nada (descremada).

Carbohidratos: pan, pastas, cereales y arroz

No hay una recomendación de consumo de carbohidratos en el embarazo. La mayoría de los médicos opinan que los carbohidratos deben comprender alrededor del 60 por ciento de las calorías totales de su dieta. Si consume en promedio 2,000 calorías diarias, debe ingerir aproximadamente 1,200 de carbohidratos.

Entre las comidas a escoger de este subgrupo se encuentran, con el tamaño de sus porciones:
* *1 tortilla grande*
* *1/2 taza (120 ml) de pasta cocida, cereal o arroz*
* *28 g de cereal listo para servir*
* *medio bollo*
* *1 rebanada de pan*
* *1panecillo*

Me encanta la comida chatarra. ¿Tengo que dejarla por completo?
Considere suprimir la comida chatarra durante el embarazo. Los alimentos que consideramos "chatarra" tienen demasiadas calorías y grasas y aportan pocos nutrientes a usted o su bebé. Quizá no sea indebido comer comida chatarra de vez en cuando, pero *no lo haga como parte habitual de su dieta.*

Grasas y condimentos

Entre las comidas a escoger de este subgrupo están:
* *1 cucharadita (15 ml) de azúcar o miel*
* *1 cucharadita (15 ml) de aceite de oliva o de otro tipo*
* *una untada de mantequilla o margarina*
* *1 cucharadita (15 ml) de jalea o mermelada*
* *1 cucharadita (15 ml) de aderezo para ensalada*

Todas las dietas deben ser bajas en grasas. No las excluya por completo, sólo tómelas en cantidades moderadas. Calcule cuánto consume de grasas y sea frugal.

Casi nunca vemos problemas por insuficiencia en el consumo de grasas, sino más bien por exceso. No hay una cantidad diaria recomendada de ingesta de grasas durante el embarazo.

Tómese su agua

Beba de seis a ocho vasos de líquido (1.9 litros) todos los días. El agua es la mejor opción.

Aconsejo a mis pacientes que tomen mucho agua todos los días. Algunas me dicen que no les gusta tanta, pero es *importante* durante el embarazo. El agua es necesaria para que su organismo procese los nutrientes, produzca células nuevas y sostenga el volumen de sangre. Se sentirá mejor si bebe más líquidos de lo normal. Su volumen sanguíneo aumenta durante el embarazo; los líquidos adicionales le ayudarán a sobrellevar este cambio.

Beber agua todo el día le trae también otros beneficios. Muchas mujeres que padecen jaquecas, contracciones uterinas y otros problemas del embarazo descubren que si toman más líquidos se reducen algunos de sus síntomas. El agua también ayuda a evitar las infecciones de vejiga.

Beba de seis a ocho vasos de líquido (1.9 litros) todos los días. El agua es la mejor opción. Si su orina es de color amarillo ligero a clara, está bebiendo lo suficiente. La orina oscura es una señal de que debe añadir líquidos a su dieta.

> **Si tomo muchas bebidas diuréticas, como el café, ¿contrarrestan el aumento de líquidos?**
> No.

No es muy difícil beber todo este líquido adicional. Algunas mujeres se beben vaso por vaso durante todo el día (reduzca los líquidos después del atardecer, para que no tenga que pararse al baño toda la noche).

Las comidas fuera

Muchas personas toman fuera por lo menos algunas de sus comidas de la semana. Está bien que vaya a restaurantes, pero tenga un poco más de cuidado con lo que pide. No coma carnes ni mariscos sin cocer, como el *sushi*. Verá que algunos alimentos no le caen bien; evítelos.

Lo más seguro son pescados, verduras frescas y ensaladas, pero tenga cuidado con los aderezos de muchas calorías si tiene problemas de exceso de peso. Absténgase de alimentos muy sazonados o que contengan mucha sal, como ciertos platillos chinos y la salsa de soya. Es posible que retenga líquidos después de comerlos.

Sobre la cafeína

Beber en el embarazo aunque sean sólo cuatro tazas de café al día (800 mg de cafeína) se ha relacionado con menor peso natal y menor tamaño de la cabeza. No se ha determinado la cantidad "tóxica" exacta de la cafeína, pero lo más sensato es limitar el consumo de la sustancia.

Algunos medicamentos, como los jarabes para la tos y los analgésicos para las jaquecas, contienen mucha cafeína. Es importante leer las etiquetas.

La cafeína se encuentra en muchas bebidas y alimentos, como café, té, refrescos de cola y chocolates. Algunas medicinas, como los jarabes para la tos y los analgésicos para las jaquecas también contienen mucha cafeína. Es importante leer las etiquetas.

La cafeína es un estimulante del sistema nervioso central. No se conocen beneficios para usted o el bebé. La cafeína también altera el metabolismo del calcio de ambos.

Restrinja su consumo de cafeína durante el embarazo y la lactancia. Lea las etiquetas de alimentos, bebidas y medicinas de venta libre para averiguar su contenido de la sustancia. Elimínela de su dieta en cuanto sea posible.

¿Dónde puedo obtener más información sobre nutrición durante el embarazo?
Puede encontrar información en libros sobre nutrición en general, además de las asociaciones locales o nacionales como los institutos de nutrición, los centros de investigación de los laboratorios y las instituciones gubernamentales.

Vitaminas y minerales

Como dijimos, es muy importante que se tome sus vitaminas prenatales *durante todo* el embarazo. Este complemento contiene las cantidades diarias recomendadas de vitaminas y minerales que necesita en la etapa. Se las recetan para garantizar su salud y la de su bebé. Sin embargo, no sustituyen la alimentación ni una buena dieta.

La principal diferencia entre las vitaminas prenatales y los multivitamínicos es que las primeras también contienen complementos de hierro y ácido fólico.

El *hierro* es el único mineral que hay que completar en el embarazo. La dieta de la mujer promedio casi nunca contiene suficiente hierro para satisfacer el aumento de los requerimientos de la gestación. El volumen de sangre se incrementa alrededor de 50 por ciento en un embarazo normal y el hierro es parte importante de la producción de sangre de su organismo.

Hierro

Es aconsejable que tome complementos de hierro durante el embarazo. Las vitaminas prenatales contienen algo del mineral, pero necesitará más. A comienzos del embarazo, su médico le ordenará un examen para saber si padece anemia. Si decide que requiere un complemento de hierro, debe tomarlo por su salud y la de su bebé. Casi todas las vitaminas prenatales contienen 60 miligramos de hierro elemental.

Algunas mujeres temen que el hierro les cause estreñimiento, ya que es un efecto secundario. Consulte con su médico la dosis correcta para aminorar este efecto.

Fluoruro

El uso de fluoruro y complementos de fluoruro durante el embarazo es materia de debate. Algunos investigadores creen que el compuesto favorece la dentadura de su hijo, pero no todos están de acuerdo. Ahora bien, no se ha demostrado que este complemento sea nocivo para el bebé. Algunas vitaminas prenatales contienen fluoruro.

Sodio

El sodio es un elemento químico que mantiene la cantidad correcta de líquidos en el organismo. Durante el embarazo, también afecta los sistemas de su bebé. El sodio se encuentra en las comidas saladas (como papas fritas y las conservas en vinagre) y en los alimentos procesados, de las sopas a las carnes. Hace falta algo de sodio, pero no demasiado. Lea las etiquetas de los empaques para saber cuánto consume.

Durante el embarazo, mantenga su consumo diario de sodio en menos de tres gramos diarios. Demasiado sodio hace que retenga líquidos, se hinche y aumente su tensión arterial, factores que llegan a ser problemáticos.

Es difícil evitar algo a menos que uno sepa dónde se encuentra. El sodio es una trampa. Está en el salero y en las comidas saladas, como ciertas galletas, las frituras y las nueces saladas (la sal de mesa está compuesta por sodio en casi la mitad). Se sorprenderá de la cantidad de sodio que tienen otros alimentos que no saben salados.

El sodio se encuentra en los productos enlatados y procesados, las comidas rápidas, los cereales, los postres e incluso en los refrescos y en algunos medicamentos. En la tabla de la derecha se ofrece una lista del contenido de sodio de diversos alimentos. Lea las etiquetas.

Contenido de sodio de algunos alimentos

Alimentos frescos o poco preparados

1 taza de jugo de manzana	.2 mg
3 albaricoques (frescos)	1 mg
medio plátano	.1 mg
225 g de pescado	.170 mg
1 pieza de lechuga	.15 mg
media zanahoria	.35 mg
un huevo grande	.70 mg
1 taza de chícharos congelados	.2 mg
85 g de carne de res	.60 mg
1 limón	.1 mg
1 taza de leche entera	.120 mg
1 taza de harina de avena (muy cocida)	.10 mg
1 taza de jugo de naranja	.2 mg
1 durazno	.1 mg
85 g de carne de puerco	.65 mg

Alimentos preparados

85 g de tocino	.1,400 mg
1 taza de frijoles cocidos	.100 mg
1 rebanada de pan blanco	.100 mg
1 comida de pollo	.1,400 mg
1 taza de sopa de pollo y fideos	.1,050 mg
1 rollo de canela	.630 mg
1 cucharadita de aceite de cocina	.0 mg
85 g de carne estilo *corned beef*	.1,500 mg
1 taza de hojuelas de maíz	.305 mg
1 taza de chícharos enlatados	.320 mg
1 taza de harina de trigo	.2 mg
1 taza de harina con levadura	.1,565 m
1 cucharada de catsup	.155
1 aceituna	.165 mg
1 pieza en vinagre	.1,930 mg
1 taza de pudín instantáneo	.335 mg
1 taza de arroz inflado	.1 mg
1 taza de jugo de tomate	.640 mg

Ejercicio

Los expertos concuerdan en que el ejercicio durante el embarazo es seguro y benéfico para la mayoría de las gestantes, si se hace en la forma apropiada. Sin duda, es un aspecto que debe examinar con su médico al comienzo del embarazo.

El ejercicio habitual y moderado durante el embarazo la beneficiará de muchas maneras. Sirve para:

- aliviar el dolor de espalda
- prevenir estreñimiento y venas varicosas
- estirar los músculos necesarios para el parto
- dejarla en mejor forma después del parto
- sentirse mejor consigo misma

El objetivo del ejercicio durante el embarazo es la buena salud en general. Hará que se sienta mejor físicamente y le dará un impulso emocional.

No siempre se aprobó el ejercicio para las gestantes. En el pasado, los médicos se sentían preocupados por el cambio del flujo sanguíneo del feto a los músculos de la mujer. Esto ocurre en una pequeña medida, pero no es dañino para el feto en un embarazo normal.

Comienzo de la rutina

Algunas mujeres se interesan en el ejercicio durante el embarazo para sentirse mejor. **Si nunca ha hecho ejercicio, debe hablar con su médico antes de empezar. El embarazo no es el momento para emprender una rutina de ejercicio vigoroso.**

Si nunca ha hecho ejercicio, caminar y nadar son formas excelentes de acondicionarse. También son disfrutables y benéficas la bicicleta fija y la banda caminadora estacionaria.

No tenga miedo de que el ejercicio la haga hacer algo que altere su embarazo. Es una buena idea estar en condición y ejercitarse en este periodo. Si está en buenas condiciones, llevará mejor el aumento de peso, será capaz de hacer con más facilidad el trabajo de parto y después del nacimiento se sentirá mejor más pronto.

La mayoría de los expertos recomiendan reducir el ejercicio de 70 a 80 por ciento del acostumbrado antes del embarazo. Si tiene problemas de hemorragias o contracciones o tuvo dificultades con embarazos anteriores, tendrá que modificar su ejercicio de acuerdo con el consejo de su médico.

Alguien me dijo que el ejercicio es causa de parto prematuro. ¿Es cierto?

Antes se creía que el ejercicio causaba partos prematuros porque después de cada sesión hay un aumento temporal de la actividad uterina. Sin embargo, en un embarazo normal no es ningún problema.

Ejercicio y ritmo cardiaco

Durante el embarazo, su ritmo cardiaco se acelera; no tiene que realizar ejercicios tan vigorosos para alcanzar su límite máximo. Tenga cuidado de no esforzar su sistema cardiovascular. Si su ritmo cardiaco es muy elevado, disminuya pero no suspenda por completo. Continúe con el ejercicio, pero con menor intensidad.

Si su ritmo cardiaco es lento y no se siente demasiado ventilada, apriete un poco sin excederse. Verifique su pulso de nuevo al cabo de unos minutos para asegurarse de que no abusa. Durante el embarazo, compruebe su pulso con mucha frecuencia cuando haga ejercicio. Se sorprenderá de cuánto aumenta en una sesión durante esta época.

Leí que el ritmo cardiaco del bebé aumenta con el mío durante el ejercicio. ¿Puede causar problemas?

El ritmo cardiaco fetal aumenta un tanto durante el ejercicio e inmediatamente después, pero se mantiene en los márgenes normales de 120 a 160 pulsaciones por minuto. No debe causarle problemas a usted ni al bebé.

Hable del ejercicio con su médico en la primera visita. Si más adelante decide empezar o modificar su rutina, consulte al doctor antes de empezar. Algunas mujeres no deben hacer ejercicio durante el embarazo. Si presenta cualquiera de los síntomas siguientes, no haga ejercicio:

- antecedentes de cérvix incompetente, parto prematuro o abortos repetidos
- tensión arterial elevada al comienzo del embarazo
- embarazo múltiple
- enfermedad cardiaca diagnosticada
- preclampsia
- hemorragia vaginal

A medida que su embarazo avance y su cuerpo cambie, tendrá que modificar sus hábitos de ejercicio. Su centro de gravedad se desplaza, por lo que deberá adaptar sus esquemas de ejercicio para compensar. Como su abdomen es más grande, no se sentirá cómoda con ciertas actividades y deberá suspender completamente otras.

¿Cómo verifico mi ritmo cardiaco?
Cuando está embarazada, su ritmo cardiaco (el pulso) no debe exceder las 140 pulsaciones por minuto más de 15 minutos en una sesión de ejercicio. Compruebe su pulso con los pasos siguientes:
- Observe un reloj con segundero.
- Coloque los dedos índice y medio de una mano al lado de su cuello, donde sienta el pulso.
- Después de encontrarlo, observe el segundero hasta que llegue a las 12.
- Comience a contar las pulsaciones hasta que el segundero llegue a las 2 (10 segundos).
- Multiplique el número de pulsaciones por seis para saber su ritmo cardiaco.

Falta de aliento

Su abdomen en crecimiento ejerce presión en su aparato respiratorio, por lo que se queda sin aliento antes que lo normal. Cuando haga ejercicio, no se esfuerce al punto en que no pueda hablar y tenga dificultades para respirar. Esto indica que se fatigó de más; reduzca su sesión de entrenamiento.

Sensación de calor

Cuando está embarazada, se siente más acalorada que de costumbre y se sentirá todavía más al hacer ejercicio, así que no se agobie en las sesiones. Practique su rutina en un lugar bien ventilado y beba mucha agua en el transcurso de la sesión.

Tengo nueve semanas de embarazo y no he hecho ejercicio en años. ¿Puedo empezar ahora?
Es posible empezar a ejercitarse ahora, pero tómelo con calma. Hable con su médico de sus deseos de hacer ejercicio antes de iniciar una rutina. Si no tiene problemas con su embarazo, no debería haber objeciones mientras se sienta cómoda. La clave es no tratar de hacer demasiado muy pronto. Para usted, los mejores ejercicios son caminar y nadar.

Deportes

Si acostumbra practicar un deporte competitivo, como el tenis, no hay motivo para suspenderlo pero reduzca su nivel de competencia. Lo que hay que recordar es que *no se entusiasme ni se exceda.*

Los mejores ejercicios durante el embarazo son caminar y nadar.

En la lista siguiente se encuentran algunos deportes menos extenuantes, que por lo regular se consideran seguros en un embarazo normal de bajo riesgo:

- caminar
- nadar
- ejercicios aeróbicos de bajo impacto para embarazadas
- aeróbicos en agua
- bicicleta fija
- bicicleta normal (si tiene práctica)
- trote (si lo hacía antes de embarazarse)
- tenis (moderadamente)
- caminata en una banda estacionaria
- escaladora
- bicicleta inclinada
- aparato de esquí fijo
- ejercicios con pesas, si los practicaba antes de embarazarse

El embarazo es una época para mantener su ritmo de ejercicio, no para aumentarlo. Después de la primera mitad de la gestación, cuando el útero ha crecido, lo mejor es no acostarse de espaldas.

No practique los deportes peligrosos de la siguiente lista:

- buceo
- esquí acuático
- surfismo
- cabalgata
- esquí de montaña
- todos los deportes de contacto

Ejercicios aeróbicos

Las clases de ejercicios aeróbicos destinadas en particular a las gestantes son una buena opción. Se concentran en las necesidades peculiares de estas mujeres, como el fortalecimiento de los músculos abdominales y el mejoramiento de la postura. Cuando elija una clase, asegúrese de que el instructor esté capacitado y que el lugar sea un establecimiento serio que cumpla con los requisitos legales.

Comida y ejercicio

Sus necesidades de nutrición aumentan durante el embarazo, y como durante el ejercicio quema más calorías, debe consumir las suficientes para tener una dieta equilibrada. Como ya mencionamos, una mujer de peso normal antes del embarazo necesita asimilar entre 300 y 800 calorías adicionales diarias durante el embarazo. El ejercicio aumentaría sus necesidades.

Efectos del ejercicio en el trabajo de parto

El ejercicio durante el embarazo le ayudará a sobrellevar mejor el trabajo de parto. Muchos piensan que las mujeres que hacen ejercicio durante la gestación pasan por un tiempo menor de recuperación después del nacimiento. El ejercicio la mantiene en buena condición para que recupere su figura más rápidamente.

Lineamientos para el ejercicio

Como siempre, no deje de consultar a su médico antes de comenzar cualquier rutina de ejercicio. Siga estas sugerencias para mantenerse sana y en buena forma:

- Deténgase de inmediato y consulte al médico si experimenta cualquier problema.
- Haga ejercicio por lo menos tres veces a la semana durante 20 o 30 minutos cada sesión.
- Comience su rutina con cinco minutos de calentamiento y termine con cinco minutos de enfriamiento.
- Lleve ropas cómodas y útiles, incluyendo un sostén de embarazo y unos buenos tenis.
- Beba mucha agua durante el ejercicio.

- No se ejercite vigorosamente más de 15 o 20 minutos.
- Verifique su ritmo cardiaco; manténgalo a menos de 140 pulsaciones por minuto.
- No haga ejercicio si el tiempo es cálido y húmedo.
- Después de 16 semanas de embarazo, evite los ejercicios que requieran estar de espaldas.
- Nunca permita que su temperatura sobrepase los 38°C.

¿A qué problemas debo poner atención durante el ejercicio?

Esté al pendiente de acontecimientos desusuales e informe al médico de inmediato. Tenga cuidado con lo siguiente:

- dolor
- hemorragia
- vértigo
- falta exagerada del aliento
- palpitaciones cardiacas
- desvanecimiento
- ritmo cardiaco anormalmente acelerado
- dolor de espalda
- dolor en la región púbica
- dificultad para caminar

Manejo del peso

Casi todas mis pacientes se interesan por su peso durante el embarazo. Muchas tienen dificultades para ver su aumento de manera positiva, pero el incremento de peso en este periodo es vital para la salud del bebé (y de usted). A continuación anoto algunos de los hechos más importantes e interesantes en cuanto al manejo del peso durante el embarazo. No dude en hablar con su médico y "sopesar" todas las preguntas que tenga.

Aumento normal de peso

El aumento durante el embarazo de una mujer de peso normal es de 11.25 a 15 kilos. Esto suena a mucho, pero si suma el peso del bebé, la placenta, el líquido amniótico y los cambios en su propio cuerpo, no es tanto. En la tabla inferior se muestran los lineamientos generales para el aumento de peso en la gestación.

Algunas pacientes me preguntan que cómo pretendo que vigilen su peso y además consuman de 300 a 800 calorías diarias adicionales.

Procesos generales de aumento de peso en el embarazo

Peso actual	Aumento aceptable
Bajo	12.6 a 18 kg
Normal	11.25 a 15.75 kg
Excedido	6.75 a 11.25 kg

Algunas pacientes me preguntan que cómo pretendo que vigilen su peso y además consuman de 300 a 800 calorías diarias adicionales. La respuesta es que no todas las mujeres necesitan aumentar su ingesta alimenticia en esas calorías; no es más que un proceso general. Tome en cuenta su situación personal. Si le faltaba peso cuando se embarazó, quizá deba consumir más de 800 calorías diarias adicionales. Si tiene sobrepeso, quizá necesite menos.

Bajo peso antes de embarazarse. Si comenzó su embarazo con bajo peso, el aumento normal es de 12.6 a 18 kilos. Es importante que coma en forma nutritiva y a sus horas, aunque no esté acostumbrada.

Sobrepeso antes de embarazarse. Si tenía exceso de peso antes de embarazarse, lo más probable es que no aumente tanto como otras mujeres. El incremento aceptable es de 6.75 a 11.25 kilos. Es una situación individual que debe tratar con su médico. Es importante que haga comidas nutritivas y bien equilibradas durante la gestación. No se ponga a dieta.

La clave para la buena nutrición y el manejo del peso es seguir una dieta equilibrada todo el embarazo. Consuma los alimentos que necesita para el crecimiento y la maduración de su bebé, pero haga elecciones sensatas. Por ejemplo, si tiene sobrepeso, no coma mantequilla de

La clave para la buena nutrición y el manejo del peso es seguir una dieta equilibrada todo el embarazo.

cacahuate ni otras nueces como fuente de proteínas; en cambio, prefiera el atún enlatado en agua o los quesos bajos en grasa. Si le falta peso, opte por los helados y las malteadas como productos lácteos.

Distribución del peso aumentado durante el embarazo:

Peso	Ubicación
3.38 kg	Bebé
3.15 a 4.5 kg	Reservas maternas (grasas, proteínas y otros nutrientes)
1.8 kg	mayor volumen líquido
0.9 kg	Útero
0.9 kg	Líquido amniótico
0.9 kg	Crecimiento de las mamas
0.68 kg	Placenta

Miedo a las grasas

Subirse a la báscula y ver que aumentó de peso es duro para algunas mujeres, en particular las que lo vigilan atentamente. Recuerde que es una parte normal del embarazo y que es necesario para la salud de su bebé.

Para controlar su peso, coma en forma consciente y nutritiva; no tiene que aumentar 22 kilos, sino sólo lo suficiente para satisfacer las necesidades del embarazo. Prepárese para aumentar de peso en esta época.

Hace 30 años, era normal que se permitiera que las gestantes aumentaran apenas siete u ocho kilos en todo el embarazo. Hemos aprendido mucho sobre el tema gracias a los avances de la tecnología y la información de los estudios y otras fuentes. Ahora sabemos que es bueno que las mujeres aumenten lo suficiente durante el embarazo. El incremento normal actual (11.25 a 15.75 kilos) es todo un cambio de los seis kilos de antes.

Usted dice que debo aumentar de 11.25 a 15.7 kilos en el embarazo. A mí me parece mucho si el bebé pesará unos 3.15 kilos. ¿Adónde va todo ese peso?
El peso que aumenta se distribuye según la tabla de la izquierda. Como se aprecia, parte se pierde durante el nacimiento y también se reduce más cuando su cuerpo se adapta al estado posterior al embarazo.

Aumento por semana

Como promedio para las gestantes de peso normal, muchos médicos sugieren que aumenten unos 300 gramos por semana hasta la vigésima y a partir de entonces 450 gramos hasta la cuadragésima. Sin embargo, este lineamiento varía con cada mujer. Su doctor la orientará.

Es bueno aumentar de peso: se trata de la salud del bebé.

Una excepción: es común no aumentar e incluso perder algo de peso a comienzos del embarazo. Su médico vigilará los cambios de su peso durante el embarazo.

El peso en cada visita al consultorio

A muchas de mis pacientes no les gusta pesarse cuando vienen a mi consultorio. Algunas me preguntan si pueden hacerlo en casa y luego darme la cifra en su cita. Debo negarme. Es mejor pesarlas en el consultorio. Es la forma en que el doctor se asegura que todo marcha normalmente en su embarazo. Aunque se sienta incómoda al ser pesada, es una parte importante de su visita al médico. El equipo de su doctor la pesa para verificar que todo está en orden.

Lo mejor es pesarse en el consultorio. Es la forma en que el doctor se asegura que todo marcha normalmente en su embarazo.

Fatiga, trabajo y embarazo 6

Con frecuencia escucho este comentario: "Me siento exhausta. ¿Volveré a sentirme normal?". Permítame asegurarle que la fatiga que siente al comienzo del embarazo cederá y pronto se sentirá mucho mejor. *La fatiga es una parte normal del embarazo;* no está sintiendo nada anormal.

Se sentirá fatigada todo el embarazo, pero para la mayoría de las mujeres es peor al principio, luego mejoran. Le ayuda hacer las comidas correctas, tomar sus vitaminas prenatales y descansar mucho.

También es posible que se sienta preocupada por el trabajo durante el embarazo. Antes se decía que las gestantes no podían trabajar, pero eso ha cambiado. Con tantas mujeres trabajadoras, hemos logrado estudiar el efecto de esta actividad en el embarazo. Las investigaciones muestran que trabajar en circunstancias normales no lastima al bebé en crecimiento, siempre que no tenga un empleo que la obligue a estar de pie lapsos excepcionalmente prolongados o que le exija que cargue o acarree objetos pesados.

Sueño y descanso

Las embarazadas necesitan dormir más que antes. En la mayor parte de los casos, ocho a 10 horas de sueño nocturno la harán sentir mejor. Cuando vea a su médico, uno de los primeros exámenes que hará es una biometría hemática (un examen de sangre) para verificar que no tiene anemia, que también es una razón de sentirse cansada.

Póngase cómoda

A las mujeres se les dificulta encontrar posiciones cómodas a medida que avanza su embarazo. No es buena idea recostarse sobre el estómago, pues impone mucha presión al útero en crecimiento, lo que traerá más adelante nuevos problemas de incomodidad. Cuanto más crezca, más difícil será yacer boca abajo.

Experimente varias posiciones de descanso. Recuéstese de costado con una almohada bajo el abdomen. Eleve la cabeza y los hombros. Trate de encontrar una posición cómoda. Véase el recuadro de esta página.

Si ensayar varias posiciones no sirve de mucho y no consigue dormir lo suficiente para sentirse recuperada, trate de tomar algunas siestas durante el día. Si tampoco es posible, siéntese y relájese; si le ayuda, escuche música o lea. Cuando se relaje, intente colocar los pies por arriba del pecho, para que se desinflamen y se alivien las molestias de las piernas.

¿Cuál es la mejor postura para dormir?

Aprenda a dormir de costado (se sentirá contenta de haberlo hecho cuando el abdomen le crezca más). Ponga más almohadas como respaldo para no yacer de espaldas. Repose la pierna superior en otra almohada. Quizá le convenga una almohada de embarazo que da apoyo a todo el cuerpo.

Mi hermana dice que no es bueno acostarse de espaldas durante el embarazo. ¿Tiene razón?
Lo mejor es que no se acueste de espaldas para dormir o descansar después de 16 semanas de gestación. Cuando el útero crece, al colocarse en esa posición oprime algunos vasos sanguíneos importantes (la vena cava inferior y la aorta) que pasan por la región inferior del abdomen. Esto restringe la circulación al bebé y a partes de su propio cuerpo. También se dificulta la respiración.

Manejo de la tensión (estrés)

Las sensaciones de tensión no son extrañas durante el embarazo y en ocasiones dificultan el sueño o el descanso. Hay medidas que emprender para manejar la tensión. El siguiente ejercicio de respiración la ayudará a relajarse.

- Inhale lentamente mientras cuenta hasta cuatro. Saque el abdomen mientras respira.
- Relaje sus hombros y cuello mientras exhala lentamente contando hasta seis.
- Repita según lo necesite.
- *Sugerencia:* ponga una música suave y apaciguadora cuando practique este ejercicio.

Otro medio de aliviar la tensión que recomiendo es relajar cada grupo muscular con cada respiración profunda. Comience con los pies y ascienda por las piernas, manos, brazos, torso, hombros, cuello y cara. Continúe durante 10 a 20 minutos. Este ejercicio también funciona cuando tiene problemas para dormir.

Hinchazón y dolor de espalda

Casi todas las mujeres sufren dolores de espalda en algún momento del embarazo, por lo regular cuando aumentan de volumen, pero también después de caminar, inclinarse, alzarse, estar de pie o hacer mucho ejercicio. Tenga cuidado al agacharse y levantarse. Para hacerlo correctamente, flexione las rodillas al tiempo conserva la espalda recta.

Trate su dolor de espalda con calor, descanso y analgésicos como acetaminofén. Las fajas de embarazo ofrecen algún soporte. Controle su peso y practique algún ejercicio ligero, como nadar, caminar o pedalear en una bicicleta fija. Recuéstese de costado para descansar y dormir.

Tengo los pies tan hinchados que no me quedan los zapatos. ¿Qué puedo hacer?

Es normal que se hinchen un poco los pies durante el embarazo. Use calzado de lona, sandalias o zapatos de tacón bajo (no más de cinco centímetros). Si la inflamación es exagerada, en particular durante el primer trimestre, consulte a su médico pues quizá indica algún problema. Descanse de costado con tanta frecuencia como sea posible. Prepárese para comprar zapatos más grandes al final del embarazo.

El dolor lumbar es común durante el embarazo, pero también indica algún problema más serio, como pielonefritis o cálculos renales. Si el dolor se vuelve constante o se agudiza, es importante que hable con su médico.

La ciática también es un problema del embarazo. Es un dolor a veces intolerable en las nalgas y en la parte posterior o lateral de las piernas. Se experimenta a veces conforme avanza el embarazo. El nervio ciático pasa por la pelvis, detrás del útero, hacia las piernas. Creemos que el dolor obedece a la presión que ejerce sobre el nervio el útero al crecer. El mejor remedio es recostarse del lado *contrario* para aliviar la presión del nervio.

¿Es cierto que acostarme de lado en el tercer trimestre sirve para controlar la hinchazón?

Sí. En el tercer trimestre, el útero es grande y oprime mucho los vasos sanguíneos, lo que obstruye el flujo. Descansar o dormir de lado en el tercer trimestre alivia esta condición.

El trabajo durante el embarazo

Muchas mujeres trabajan fuera de casa y muchas de ellas están embarazadas. Si se siente inquieta en cuanto a si su trabajo es seguro para su embarazo, analice su caso particular con el médico. Quizá sea difícil conocer los riesgos peculiares de su empleo para usted y su bebé, así que el objetivo es reducirlos al mínimo sin impedirle trabajar. La mujer sana promedio debe ser capaz de realizar casi todos los trabajos durante todo el embarazo.

Mi mamá dice que no debo trabajar mientras estoy embarazada. ¿Es cierto?

Antes, las mujeres eran exhortadas y aun obligadas a dejar de trabajar cuando estaban embarazadas. Hoy muchas trabajan hasta el momento de dar a luz. Que usted trabaje durante toda la gestación depende de sus circunstancias particulares. Si está preocupada, hable con su médico.

Si continúa trabajando, es posible que deba aminorar el ritmo. También debe facilitárselo, pues quizá no será capaz de hacer lo mismo que hacía antes de embarazarse. Tal vez deba pedir que alguien le ayude con las tareas que debe desempeñar.

Si es posible, descanse durante su día laboral. Trate de recostarse en los descansos o a la hora de comer. Incluso es bueno sentarse en un lugar tranquilo, como en su automóvil. Diez o 15 minutos de descanso la harán sentirse mejor y restaurarán sus energías.

¿Representa algún peligro mi trabajo para el embarazo?

Ciertos factores aumentan el riesgo de trabajar durante el embarazo. Hable con su médico si su trabajo comprende una o más de las situaciones siguientes:
- estar de pie mucho tiempo (más de tres horas al día)
- trabajar en una máquina industrial, sobre todo si vibra mucho o se requieren grandes esfuerzos para operarla
- tareas extenuantes, como levantar objetos o hacer limpieza pesada
- trabajo repetitivo y tedioso, como los puestos en las líneas de producción
- factores ambientales, como niveles elevados de ruido o temperaturas extremas
- largas horas de trabajo
- cambios de turno

Estire las piernas

Si realiza su trabajo sentada ante un escritorio, haga cada hora ejercicios de estiramiento de piernas y pies. Quítese los zapatos antes de hacer este ejercicio: extienda las piernas al frente, flexione los pies y estire los dedos. Repita cuatro o cinco veces. Mejora la circulación en los pies y evita algo de la hinchazón de las piernas.

Beneficios de las medias de maternidad

Las medias de maternidad ofrecen soporte para las piernas, ya sea que trabaje sentada o de pie (y son útiles incluso si no trabaja). Son preferibles las medias de maternidad a las medias de soporte normales porque no constriñen el abdomen ni la cintura. Si está preocupada, hable con su médico. Las medias de maternidad se compran en las tiendas de aparatos ortopédicos, donde puede medírselas y ajustarlas. Quizá necesite una receta para que su seguro cubra el costo.

Mantenga la calma

Las hormonas elevadas y la tensión de estar embarazada llegan a originar oscilaciones del estado de ánimo, además de sentirse más cansada; es normal. Dése un respiro si una situación rebasa lo que puede tolerar.

Todas mis compañeras del trabajo tienen consejos que darme. ¿Cómo manejo la situación?
Los consejos no solicitados, las preguntas injustificadas e incluso los contactos físicos son comunes durante el embarazo. Recurra al sentido del humor para desviar algunas preguntas. Lo mejor es escuchar, asentir juiciosamente y dar las gracias sin comprometerse a seguir el consejo oficioso. Usted manda.

Situaciones especiales

Estar de pie. Los estudios muestran que las mujeres que están de pie todo el día tienen bebés más pequeños. Si usted trabaja parada, quizá al final del embarazo tenga problemas de pies y tobillos hinchados. Es probable que deba modificar su trabajo, descansar un par de veces durante el día o laborar menos horas.

Empleos activos. Si tiene un puesto activo —por ejemplo, si trabaja en un taller— evite las actividades que requieran trepar o mantener el equilibrio, sobre todo durante el tercer trimestre. Hable con su supervisor para suprimir estas actividades por ahora.

Sé que mi centro de gravedad cambia. ¿Cuál es la mejor manera de levantar un objeto?
Sostenga la mayor parte del peso con las piernas. Doble las rodillas para levantarlo; no se incline por la cintura. Cuando su abdomen crezca, no levante nada que pese más de 13.6 kilos, incluyendo a sus hijos.

Terminal de computadora. Algunas mujeres se sienten inquietas por el efecto que tenga en el bebé trabajar frente a una pantalla de computadora. A la fecha, no hay pruebas de que este trabajo dañe al feto; sin embargo, si trabaja con una computadora, fíjese cómo se sienta y durante cuánto tiempo.

Levántese y camine cada tanto para estimular su circulación (más o menos cada 15 minutos). Dé paseos cortos con frecuencia. Siéntese en una silla que ofrezca apoyo conveniente para la espalda y los pies. Al sentarse, no deje caer los hombros ni cruce las piernas.

Sustancias nocivas. De acuerdo con algunos expertos, ciertas sustancias dañan al feto. En la tabla de la página 108 se anotan diversos compuestos, su origen y los efectos posibles en el bebé en crecimiento.

Usted o su pareja pueden traer a casa sustancias a las que se exponen en el trabajo, lo que plantea un peligro potencial. Las sustancias vienen adheridas a la ropa de trabajo de usted u otro miembro de la familia. Si cree que está expuesta a sustancias peligrosas, examine el tema con su médico.

Viajar y conducir durante el embarazo

Los viajes durante el embarazo son fatigosos y frustrantes, pero si su embarazo es normal, no hay razón para no viajar sin demasiadas contrariedades en el primer y segundo trimestre. Consulte a su médico si planea viajar en el tercer trimestre.

Haga altos frecuentes para estirar las piernas durante los viajes. No se exceda y descanse cuando sea posible. No visite sitios donde no hay buena atención médica o cuyos cambios de clima, alimentos o altura puedan causarle algún problema.

Se le permite ir en auto, pero póngase el cinturón de seguridad.

¿Se permite volar?

Volar no debe ser causa de ningún problema. Reserve un asiento de pasillo para que estire las piernas y se pare a caminar más fácilmente. Beba muchos líquidos, como agua y jugo, porque el aire recirculado de los aviones es muy seco. Estudie todos sus planes de vuelo con su médico. Algunas aerolíneas se rehúsan a llevar gestantes sin el consentimiento por escrito de su doctor.

Viajes en el primer y segundo trimestre

Pregunte a su doctor *antes* de emprender un viaje. Lo más seguro es que le diga que no hay inconveniente, pero cada situación es distinta. Las siguientes son algunas consideraciones generales sobre los viajes durante el embarazo:

- No planee un viaje para el último mes de gestación.
- Si tiene problemas, como hemorragias o contracciones, no viaje.
- Si no se siente cómoda o tiene problemas de inflamaciones, viajar, sentarse en el auto o caminar mucho

empeorarán las cosas (además de que tampoco será muy divertido).

- Si su embarazo se considera de alto riesgo, no es una buena idea emprender un viaje.
- Cuando planee un viaje, recuerde que está embarazada. Recurra al sentido común y no se precipite.

Viajes en el tercer trimestre

En el tercer trimestre, puede empezar en cualquier momento el trabajo de parto, romperse las aguas o surgir cualquier otro problema. Su médico sabe lo que ha sucedido durante su embarazo y tiene el expediente de sus exámenes: este conocimiento es importante. Si usted ingresa a un hospital en un lugar desconocido, los médicos locales no la conocen ni usted a ellos. Algunos no la aceptarán como paciente en estas condiciones, lo que sería muy inconveniente. No tiene sentido tentar la suerte.

Nadie puede predecir cuándo comenzará el parto ni garantizar que si se va de viaje no dará a luz o tendrá algún problema. Es imposible garantizarlo incluso si se queda en casa. Haga sus planes de antemano y coméntelos con su doctor *antes* de comprar los boletos del avión.

¿Cuáles son los mayores riesgos que corro si me decido a viajar embarazada?

El mayor riesgo es la aparición de complicaciones estando lejos de casa y de quienes tienen el expediente de su embarazo. Otras preocupaciones son las molestias o dificultades para dormir, en particular si estuvo encerrada horas en un auto o se encuentra en una cama extraña. Piense en todo esto y hable con su médico antes de hacer sus planes o comprar los boletos.

Los mismos argumentos se aplican a los planes de viaje de su pareja. Si se encuentra a un mes de la fecha programada, su doctor la revisará, pero esto sólo indicará cómo está *en ese mismo momento*. No es una buena época para que ninguno de los dos viaje.

Manejo y uso del cinturón de seguridad

No hay razón para que no maneje su auto si su embarazo es normal y se siente bien. No se olvide de ponerse el cinturón de seguridad en este periodo, lo mismo que en cualquiera otro.

¿Es seguro conducir durante el embarazo?

Sí. Quizá sea molesto entrar y salir del coche cuando el embarazo avance, pero estar encinta no interfiere con su capacidad de conducción.

Muchas mujeres se sienten confundidas sobre el uso del cinturón de seguridad y las hombreras; se preguntan si la constricción sobre el abdomen no causarían un problema. *Es importante ponerse el cinturón cada vez que se suba a un auto.* Estas medidas de seguridad son tan necesarias en el embarazo como en cualquier otra época. Los cinturones son tan importantes que algunos centros de investigación han diseñado maniquíes "embarazadas" para las pruebas de impacto. En los choques simulados, los maniquíes sirven para observar los efectos de un accidente en la gestante y su neonato.

No hay pruebas de que el uso de restricciones de seguridad aumente la posibilidad de daño fetal o uterino. En un accidente, tiene más probabilidades de sobrevivir si lleva puesto el cinturón.

Uso adecuado del cinturón

Hay una forma correcta de ponerse el cinturón de seguridad. Coloque la parte de las piernas bajo su abdomen y sobre los muslos para que esté cómodo y bien aparejado. Ajuste su posición para que el cinturón pase por el hombro sin lastimarle el cuello. Ponga la parte superior del cinturón entre sus pechos. No libere el hombro.

Es extremadamente importante ponerse el cinturón de seguridad durante el embarazo. Abróchelo siempre.

Peligros laborales y posibles efectos en el feto

Agente	Fuentes	Posibles efectos
Citomegalovirus	Hospitales, guarderías	Malformaciones congénitas
Citotóxicos	Preparación en hospital o farmacia de quimioterapéuticos	Aborto
Óxido de etileno	Esterilización de instrumental quirúrgico	Aborto
Radiación ionizante	Rayos X y radioterapia, implantes radiactivos, plantas de energía nuclear	En dosis muy elevadas, malformaciones congénitas; en dosis menores, incrementa el peligro de cáncer infantil
Plomo	Pinturas domésticas, de auto y de arte fabricadas antes de 1980; plantas de manufactura de acumuladores y talleres de reparación de radiadores; fabricantes de cerámica y vidrio; cabinas de peaje en carreteras muy transitadas	Parto prematuro, retraso en la maduración cognoscitiva
Solventes orgánicos	Tíner, lacas, adhesivos; plantas de electrónicos e impresoras	Malformaciones congénitas
Isómeros clorados	Capacitores y transformadores eléctricos; desechos tóxicos industriales	Retraso en la maduración cognoscitiva

Agente	Fuentes	Posibles efectos
Virus de rubéola	Guarderías, escuelas	Malformaciones congénitas
Toxoplasmosis	Clínicas veterinarias, refugios de animales, operaciones de empacado de carne	Malformaciones congénitas

Más de un bebé

7

Casi parece común que las mujeres actuales estén embarazadas de más de un bebé. Esto lo vemos con frecuencia en periódicos y revistas; se escucha en la radio y la televisión. Algunas mujeres dan a luz más bebés de los que hubiéramos imaginado hace algunas décadas. Esto se debe a muchas razones, entre ellas:

- tratamientos de fertilidad
- fecundación *in vitro*
- embarazos a mayor edad
- algunas mujeres tienen más hijos

¿Qué significa esto para la mujer promedio? Diversos factores, como mayor edad, aumentan las probabilidades de tener más de un niño. Si usted se sometió a la técnica de fecundación *in vitro,* también se incrementan sus probabilidades de tener un embarazo múltiple.

Comoquiera que haya ocurrido, estar embarazada de dos o más bebés la afecta de muchas maneras. En este capítulo veremos los cambios que deberá hacer y qué adaptaciones requerirá para enfrentar un embarazo múltiple, en aras de su salud y la de su bebé. Si llega a su vida este feliz acontecimiento, colabore con su doctor y otros profesionales de la medicina para que su gestación sea sana y segura.

¿Cómo ocurre un embarazo múltiple?
Los bebés proceden de un solo huevo que se divide después de la fecundación (gemelos idénticos) o bien son fecundados dos óvulos (gemelos fraternos).

¿Cuál es la frecuencia de los embarazos múltiples?

Se presentan gemelos de un solo huevo en uno de cada 250 nacimientos en todo el mundo. Uno de cada 100 nacimientos de madres blancas y uno de cada 79 de negras son de gemelos de dos huevos. En Latinoamérica son frecuentes los nacimientos de gemelos. En ciertas regiones de África, uno de cada 20 nacimientos es de gemelos. En los pueblos asiáticos, los gemelos son menos comunes: alrededor de un nacimiento de cada 150.

Los trillizos son mucho menos comunes: apenas un nacimiento de 8,000. He tenido la suerte de atender dos casos de trillizos; la mayoría de los médicos no traen al mundo ni siquiera uno en toda su carrera.

Los medicamentos para la fertilidad y las mujeres que cada vez más tienen hijos a mayor edad son las dos razones principales de la mayor ocurrencia de gemelos. Dichos medicamentos estimulan los ovarios para que liberen más de un óvulo, lo que aumenta la probabilidad de tener un embarazo múltiple.

El nacimiento de gemelos es más frecuente entre mujeres de 35 a 39 años. Este incremento se atribuye a las concentraciones superiores de *gonadotropina,* la hormona que estimula la maduración y liberación de óvulos. Con el aumento de edad, se acrecientan las concentraciones de gonadotropina en las mujeres y es más probable que produzcan dos óvulos en cada menstruación.

Los gemelos unidos, los que hasta hace poco se llamaban *siameses,* están unidos por alguna parte del cuerpo. Es una complicación grave, pues suelen compartir órganos internos, como el corazón, los pulmones o el hígado. Algunas veces es posible separarlos; otras no. Es muy raro el nacimiento de gemelos unidos. Cuando ocurre, casi siempre es necesario practicar una cesárea.

¿Cuál es la diferencia entre los gemelos idénticos y los fraternos?

Los gemelos idénticos *(monocigóticos)* proceden de un solo huevo que se divide después de la fecundación. Los bebés son del mismo sexo y muy parecidos. Cuando se fecundan dos óvulos, los bebés serán tan diferentes como otros hermanos y hermanas; se denominan gemelos fraternos *(dicigóticos).* Casi todos los bebés de madres mayores son fraternos (de dos óvulos).

Viene de familia

Es verdad que el nacimiento de gemelos predomina en ciertas familias (del lado de *la madre*). Un estudio demostró que si una mujer es gemela, las posibilidades de que alumbre gemelos son de más o menos una en 58. Si es hija de una gemela también aumentan sus probabilidades. Otro estudio publicó que una de 24 madres de gemelos (el cuatro por ciento) era también gemela, en comparación con uno de 60 padres (el 1.7 por ciento).

Más común en familias grandes

Las investigaciones muestran que cuantos más embarazos tenga una mujer, mayores son sus probabilidades de dar a luz gemelos. Conozco una mujer que tuvo tres nacimientos únicos, luego unos gemelos y unos trillizos.

Fecundación *in vitro*

En la fecundación *in vitro,* se depositan varios embriones en la cavidad uterina con la esperanza de que por lo menos uno se implante y prospere. En ocasiones se implanta más de un embrión, y el resultado es un embarazo múltiple.

El embarazo múltiple

El embarazo de gemelos se confirma durante el segundo trimestre. El ultrasonido es la mejor manera de determinar si una mujer lleva más de un bebé.

Quizá sepa de alguien que le dijo al comienzo de su embarazo que esperaba gemelos, pero algún tiempo después uno "desaparece". Ocurre a veces. Los exámenes ultrasonográficos iniciales revelaron dos bebés, pero los posteriores muestran que uno desapareció pero que el otro está bien. Pensamos que uno de los fetos murió y fue absorbido por el cuerpo de la madre. Por esta razón, muchos médicos prefieren abstenerse de declarar gemelos antes de la décima semana de embarazo.

La protección de este embarazo

La posibilidad de sufrir problemas aumenta ligeramente cuando la gestación es de más de un bebé. Entre lo más importante que hay que recordar con un embarazo múltiple es la necesidad de tomárselo con calma desde el comienzo hasta el parto.

Prepárese para los gemelos

La duración promedio de la gestación de gemelos es de 36 semanas; de los trillizos, 33. Les aconsejo a mis pacientes que no demoren mucho tiempo sus preparativos para el nacimiento de los bebés. En esta sección se ofrecen sugerencias para que se aliste.

Artículos para los bebés

Muchas madres en ciernes esperan hasta que se acerque la fecha del parto para comprar los artículos de sus bebés. No aguarde demasiado si tiene un embarazo múltiple; el segundo trimestre no es muy pronto para adquirir lo que haga falta. Lo mejor es comprar los artículos mientras sea capaz de movilizarse con facilidad y no dejarlos hasta que esté demasiado voluminosa para circular cómodamente o incluso hasta después del nacimiento.

Sugerencia: si espera gemelos, compre los efectos necesarios en el segundo trimestre, cuando todavía se desplaza fácilmente.

Permiso de maternidad

Los médicos aconsejan a las mujeres en espera de gemelos que dejen de trabajar por lo menos ocho semanas antes de la fecha prevista. Idealmente, debe irse de permiso a las 28 semanas o a las 24 si su empleo le exige estar de pie o le exige esfuerzos físicos.

¿Cuándo es más común que se detecte un embarazo de gemelos?

Por lo regular, el embarazo de gemelos se diagnostica en el segundo trimestre porque la gestante crece más y más rápidamente que lo esperado.

Tratamos de retrasar el nacimiento de gemelos hasta la trigesimoséptima semana y el de trillizos hasta la trigesimoquinta. En muchos casos, estos embarazos culminan antes.

Clases de preparación para el parto

Es una idea excelente tomar un curso de preparación para cualquier embarazo. Ahora bien, programe el comienzo de las clases dos o tres meses antes de la fecha calculada del parto si espera más de un bebé. Si tiene tiempo, un cursillo sobre nacimiento por cesárea también es provechoso, si es que se imparte uno cerca de donde vive.

Parto

Cómo sea el alumbramiento de un embarazo múltiple depende de la posición que adopten los bebés en el útero. Se dan todas las combinaciones. Algunos médicos piensan que dos o más bebés deben nacer *siempre* por cesárea. Cuando ambos gemelos están presentados de cabeza, cabe intentar un parto vaginal. También, el primero nace naturalmente en tanto que el segundo requiere cesárea si se movió, si el cordón umbilical salió primero o si da muestras de sufrimiento después del parto del primero.

La alimentación de más de un bebé

Muchas de mis pacientes que esperan gemelos me preguntan si serán capaces de amamantar a dos bebés. Sí, es posible. Será más pesado, pero muchas logran dar el pecho a los dos.

Sabemos que la leche materna es valiosísima para los bebés pequeños o prematuros, que es lo que suele ocurrir con los gemelos. Si quiere amamantarlos, haga la prueba.

Es posible amamantar a dos bebés, pero será más pesado para usted.

Si tiene trillizos, también es posible amamantarlos. Será todo un reto, pero si lo desea, es importante que lo intente. Una manera de hacerlo es amamantar un poco a cada uno y luego completar su alimentación con fórmula láctea. También puede extraerse la leche y repartirla entre los tres. Como los trillizos son pequeños y prematuros, su leche es especialmente valiosa para ellos.

Las agruras

Las mujeres que esperan más de un bebé sufren agruras con más frecuencia que otras gestantes. La causa es que el útero crecido ocupa el espacio que normalmente pertenece al estómago.

Cuidarse usted es la mejor manera de cuidar de sus bebés. Un embarazo múltiple impone más presiones a su cuerpo que el único y sus necesidades aumentarán en muchos aspectos.

Coma más. La mujer que espera varios bebés tiene que comer más: por lo menos 300 calorías diarias adicionales *por bebé*. La gestante requiere más proteínas, minerales, vitaminas y los ácidos grasos esenciales.

Vigile su peso. Aumentará más de peso con su embarazo múltiple. Para una mujer de peso normal que espera gemelos se recomienda un incremento de 15.75 a 20.25 kilos. Sin embargo, algunas no aumentan tanto por el esfuerzo que se pide a su cuerpo.

Obtenga más hierro. Es esencial un complemento de hierro. A menudo, las mujeres que esperan más de un bebé padecen anemia por deficiencia de hierro.

Pregunte antes de hacer ejercicio. Si su embarazo es múltiple, quizá se le permita caminar o nadar. Estudie con su médico cualquier rutina de ejercicio antes de intentarla. No haga nada extenuante y deténgase de inmediato si siente que se sobrepasa. Por mucho que quiera mantenerse en forma, lo más probable es que deba renunciar a todo ejercicio hasta que los bebés hayan nacido.

La atención en el último trimestre

La mayor parte de las complicaciones de los embarazos múltiples surgen en el último trimestre, cuando los bebés han crecido. El mayor problema con los gemelos es el trabajo de parto y el nacimiento prematuro. Si espera gemelos, se pone "voluminosa" antes y en mayor medida que las gestantes de un producto. Esto tiene sus problemas, como dificultades para respirar, dolor de espalda, hemorroides, venas varicosas y presión y dolor pélvico.

Ubique a quienes van a ayudarla

Necesitará más ayuda después del nacimiento de sus bebés. El momento de mayor necesidad será inmediatamente después del parto. Pida la asistencia de sus familiares, vecinos y amigos para las primeras cuatro a seis semanas de la vuelta a casa. Es probable que se sienta agotada, así que conviene disponer de otras manos hasta que su nueva familia se haga de una rutina. Lo mejor es organizar la ayuda con anticipación al nacimiento de los bebés.

En algunas ciudades hay grupos de apoyo y recursos para familias de bebés múltiples. Pida informes a su médico.

Los cambios de su bebé

8

Durante el embarazo notará muchos cambios en su cuerpo (los cuales estudiaremos en el capítulo siguiente), pero los cambios más increíbles ocurren en su bebé. En apenas nueve meses, su bebé crece de ser sólo algunas células hasta convertirse en un pequeño ser completo y maduro, capaz de vivir por sus propios medios fuera del cuerpo de su madre, cuyo cuerpo, durante nueve meses, lo ha protegido, nutrido y cuidado mientras madura y se prepara para la vida. Aunque usted no logre ver más que el crecimiento de su abdomen, en el interior ocurren cosas insospechadas.

En este capítulo trataremos de darle una idea de los acontecimientos fascinantes que ocurren a medida que su bebé crece y madura. Después de leerlo, estará de acuerdo en que la evolución de su bebé es un verdadero milagro.

La fecha del nacimiento
Dos formas de calcular la fecha del parto

En general, las mujeres no saben la fecha exacta en que concibieron a su bebé, pero saben cuándo comenzó su última menstruación. El doctor resta dos semanas de esta fecha como estimación del momento de la concepción. La fecha prevista del parto es a las 38 semanas de la concepción (40 semanas después del primer día de la última menstruación).

Hay otra forma de calcular la fecha del parto. Sume siete días a la fecha del inicio de la última menstruación y reste tres meses. Con esto tiene una fecha aproximada del parto. Por ejemplo, si su último periodo menstrual comenzó el 20 de enero, la fecha estimada es el 27 de octubre.

Edad gestacional y de fecundación

La edad gestacional, también llamada _edad de menstruación,_ fecha el embarazo a partir del primer día del último periodo. Es dos semanas mayor que la edad de fecundación.

La **edad de fecundación,** también llamada _edad ovulatoria,_ es dos semanas más corta que la gestacional y parte de la fecha concreta de la concepción. Es la edad real del feto.

Estas técnicas para calcular las fechas son confusas. Si mi doctor dice que tengo 12 semanas de embarazo, ¿cuál es la edad de mi bebé?

Casi todos los doctores cuentan el tiempo del embarazo en semanas. Si su médico dice que usted tiene 12 semanas de embarazo, se refiere a la edad gestacional. Su último periodo menstrual comenzó hace 12 semanas, pero usted concibió en realidad hace 10, por lo que el feto tiene 10 semanas.

El crecimiento de su bebé

Su hijo crece y cambia de ser un pequeño grupo de células a un bebé totalmente formado y listo para la vida. El nombre entre "embrión" y "feto" es un tanto arbitrario. Durante las primeras ocho semanas (10 semanas de gestación), el bebé se llama _embrión_. Desde ese momento y hasta el parto se denomina _feto_. Los grandes cambios por los que pasa su hijo para convertirse en un bebé son fáciles de seguir si los dividimos en trimestres.

¿Cómo se determina el sexo del bebé?

El sexo del bebé se determina en el momento de la fecundación. Si un espermatozoide con un cromosoma Y fecunda al óvulo, el resultado es un varón; si tiene un cromosoma X, es una hembra. Todo se determina cuando el espermatozoide fecunda al óvulo.

Tamaño real

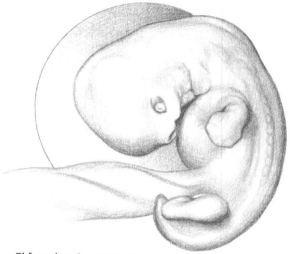

El feto de seis semanas parece
más un renacuajo que un bebé.

Trimestres

La duración del embarazo se divide en tres trimestres de unas 13 semanas cada uno.

Crecimiento en el primer trimestre. El primer trimestre representa el mayor cambio para el feto en crecimiento. En las primeras 13 semanas, su bebé crece de un grupo de células del tamaño de la cabeza de un alfiler a un feto con las dimensiones de una pelota de softball. Comienzan a formarse los órganos y su hijo adquiere un aspecto más parecido al de un bebé.

Después de la duodécima semana de embarazo han aparecido pocas o ninguna estructura. Esto significa que se forman los principales órganos y sistemas en su bebé hacia el final del primer trimestre. Estas estructuras crecen y maduran hasta el nacimiento.

Crecimiento en el segundo trimestre. Al comienzo del segundo trimestre (decimocuarta semana), su bebé pesa menos de 28 gramos y mide alrededor de 10 centímetros.

Crecimiento en el tercer trimestre. Su bebé pesa alrededor de 0.7 kilos al comienzo del tercer trimestre y su talla fetal es de 22 cm (medida de la parte superior de la cabeza al trasero). Cuando nazca, pesará cerca de 3.4 kilos y medirá unos 53 centímetros.

Talla y peso del bebé

El peso natal varía enormemente; sin embargo, el peso promedio de un bebé a término es de 3.3 a 3.4 kilos.

El ultrasonido es el estudio por excelencia para calcular el peso fetal. Se ha establecido una fórmula para estimarlo mediante esta tecnología. Se toman varias medidas: diámetro de la cabeza, circunferencia del abdomen y longitud del fémur, entre otras. Una desventaja del ultrasonido para estimar el peso fetal es que tiene un margen de error de 225 gramos en ambas direcciones, sin embargo la exactitud de las mediciones ultrasonográficas mejora constantemente.

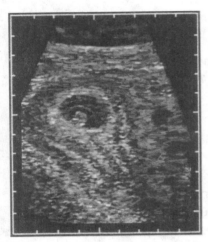

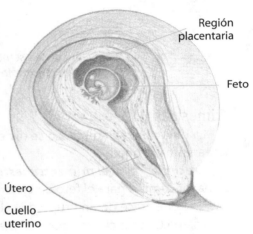

Región placentaria

Feto

Útero

Cuello uterino

Ultrasonido a las seis semanas.

Ilustración de lo que muestra el ultrasonido de las seis semanas.

El tamaño de la cabeza del feto sorprende a muchas de mis pacientes. A las 13 semanas de embarazo, alcanza hasta la mitad de la talla fetal (medida de la parte superior del cráneo a los glúteos). En dos meses, cuando cumpla 21 semanas de embarazo, la cabeza tendrá dos tercios del cuerpo del feto. Al nacer, será de una cuarta parte.

¿Es posible calcular cuánto pesará el bebé tomando en cuenta mi tamaño?
Es difícil estimar el peso de un bebé antes de nacer. Muchos doctores harán una conjetura con un margen de algunos gramos. Algunas de mis estimaciones han resultado muy malas. No es raro calcular que un bebé pesará 3.8 kilos y al final el peso sea de 3.1.

El corazón de su bebé

El corazón del bebé comienza a latir muy pronto. Para la sexta semana de embarazo (cuando la edad del feto es de cuatro semanas), las cavidades del corazón se unen y empiezan las contracciones del músculo cardiaco, que se aprecian en el ultrasonido.

¿Cuándo escucharé las pulsaciones de mi bebé?
Con el ultrasonido, es posible escuchar el corazón del bebé ya desde la duodécima semana y con el estetoscopio hacia la vigésima. Si no lo escucha, no se preocupe; no siempre es fácil detectarlo, ni siquiera para un médico.

En ocasiones, al escuchar el ritmo cardiaco del bebé en el consultorio percibirá que se salta un latido. El ritmo irregular se llama *arritmia,* que en el feto no es raro, así que no se inquiete demasiado. Quizá el equipo falle o exista algún otro problema en la transmisión del sonido.

Las arritmias no suelen ser graves antes de nacer y muchas desaparecen después del parto. Si antes del nacimiento se descubre una arritmia, tal vez sea necesario vigilar el ritmo del bebé durante el embarazo. Cuando se descubre en el trabajo de parto, es posible que el médico decida solicitar la presencia de un pediatra.

Su bebé en el vientre

Algunas de mis pacientes se asombran cuando al ver el ultrasonido del bebé observan que tiene la boca abierta. Además de girar y mover las manos y los pies, los bebés antes de nacer también abren y cierran la boca e incluso se chupan el dedo.

Se forma el aparato digestivo

Hacia la vigesimoprimera semana, el aparato digestivo del bebé está tan maduro que le permite tragar líquido amniótico y absorbe buena parte del agua. Para ese momento, en el aparato digestivo del feto se encuentran pequeñas cantidades de ácido clorhídrico y enzimas de adulto.

Los investigadores creen que tragar líquido amniótico contribuye al crecimiento y la maduración del aparato digestivo, además de que lo acondiciona para que funcione después del parto. Al nacer, el bebé ha tomado hasta 500 mililitros de líquido en 24 horas.

Los ojos se abren

Su bebé abre los ojos dentro del útero. Hacia la undécima o duodécima semana, aparecen los párpados unidos, y así se mantienen hasta alrededor de la semana vigesimoséptima o vigesimoctava, cuando se abren.

Comienza la audición

Los bebés oyen dentro del útero antes de nacer. La vida dentro del vientre es como morar cerca de una calle muy transitada. El feto escucha constantemente en el fondo los ruidos digestivos y el latido cardiaco de su madre. También escucha la voz de ella, aunque no perciba los sonidos agudos.

La vida en el útero es como morar cerca de una calle muy transitada.

Hay pruebas de que en el tercer trimestre el bebé responde a los sonidos que escucha. Los investigadores han observado que el ritmo cardiaco aumenta en respuesta a los sonidos que oye a través del vientre de su madre. Se ha visto que los recién nacidos prefieren la voz de su madre a la de desconocidos, lo que indica que la reconocen. También se sabe que prefieren el idioma materno y que responden vigorosamente a una grabación del ritmo cardiaco intrauterino.

Problemas del bebé en crecimiento

Las primeras 10 semanas de embarazo (ocho de crecimiento fetal) se denominan *periodo embrionario;* es una época extremadamente importante para la maduración del bebé. El embrión es más susceptible a factores que interfieren con su crecimiento. En este periodo se produce la mayor parte de los defectos congénitos.

Defectos congénitos

Cuando hay un defecto congénito, queremos saber a qué se debe. Es frustrante, porque casi nunca somos capaces de determinar la causa. La *teratología* es el estudio del crecimiento fetal anormal. Las sustancias que causan estos defectos se llaman *teratógenos* o se dice que son *teratogénicas*. Algunas tienen efectos nocivos (teratogénicos) en una etapa del embarazo y son seguras en otra.

La época crítica es el comienzo del embarazo, durante el primer trimestre o las primeras 13 semanas. Un ejemplo es la rubéola. Si el feto se contagia durante el primer trimestre, se presentan anomalías como defectos cardiacos. Cuando la infección es posterior, los problemas son menos graves.

¿Cuáles son las probabilidades de que mi bebé tenga un defecto congénito grave?
Todas las parejas que esperan bebé se preocupan por los defectos congénitos. El riesgo es muy bajo, de apenas uno o dos por ciento.

Efectos de los medicamentos en el bebé

Los medicamentos se agrupan en tres categorías: seguros, inseguros o inciertos. Lo mejor es evitarlos todos durante el embarazo, salvo si lo indica el doctor. Algunos, como las medicinas para la tiroides, son necesarios e importantes durante la gestación.

Es más fácil y conveniente estudiar con el doctor de antemano el uso de los medicamentos que tomarlos y después investigar si son seguros o podrían dañar al bebé. En la página 74 se encuentra una tabla de algunos fármacos que influyen en el crecimiento del feto.

Aparte de los medicamentos anotados en esa tabla, también hay otros que son dañinos. Si usted toma alguno de los que verá en la página siguiente, no se asuste. La exposición *no* significa un daño irremediable para el feto. Su efecto depende de cuándo lo tomó, en qué dosis y durante cuánto tiempo. Hable con su médico si piensa que tomó cualquiera de las sustancias de esta lista:

- inhibidores de la enzima convertidora de angiotensina (ECA)
- aminopterina
- anticonvulsivos
- benzodiacepinas
- etanol
- etretinato
- vacunas vivas
- metimazol
- penicilamina (no penicilina)
- ribavirina
- vitamina A (en dosis grandes)

Cataratas

Las cataratas congénitas (presentes al nacer) son raras y por lo regular de origen genético. El padecimiento consiste en que el cristalino del ojo está enturbiado. Los hijos de madres que tuvieron rubéola hacia la sexta o séptima semana de embarazo nacen a veces con cataratas.

Contaminación atmosférica

Se cree que la exposición al humo del cigarro es nociva para el neonato.

Con frecuencia me preguntan si el smog que respiran las madres daña al bebé que esperan. Casi nunca es un problema y sería muy difícil probarlo. Sus pulmones y vías aéreas filtran el aire que respira, lo que protege al bebé. Sin embargo, el humo del cigarro —de la madre o de un tercero— *es nocivo para el crecimiento del bebé.*

Nacimiento prematuro

Parecería increíble, pero muchos bebés nacidos a la vigesimoquinta semana sobreviven. Parte de los mayores avances en la medicina se han dado en la atención de los bebés prematuros. Ahora bien, no comience a desear que empiece el parto enseguida: los bebés nacidos tan pronto pasan mucho tiempo en el hospital y suelen tener problemas graves. Por si fuera poco, los gastos son enormes.

Para el bebé, es muy peligroso nacer demasiado pronto. El parto prematuro aumenta el riesgo de sufrir deterioros físicos o mentales, y hasta el de muerte fetal.

Que tan pronto es "demasiado" depende de su situación en concreto. En muchos casos, una o dos semanas no es gran diferencia para su bebé: sólo nacerá ligeramente más pequeño. Sin embargo, cuanto más pronto nazca, mayores son los riesgos.

Para evitar un parto prematuro

Algunas actividades aumentan el riesgo de entrar en un trabajo de parto prematuro. Las siguientes precauciones le ayudarán a reducir el peligro de dar a luz demasiado pronto.

- **Siéntese cuando sea posible.** Estar de pie llega a causar contracciones, pues el cuerpo se esfuerza por restaurar la circulación en la región uterina.
- **No levante ni transporte objetos pesados.** Cuando acarrea algo pesado, hace que se tensen sus músculos abdominales, lo que aumenta la presión en el útero.
- **No fume.** Las investigaciones demuestran que quienes fuman durante el embarazo corren de 20 a 50 por ciento más riesgos de tener un parto prematuro.
- **No beba.** Incluso en cantidades pequeñas, el alcohol es capaz de dañar al feto.
- **Aumente el peso suficiente.** Las mujeres con bajo peso que no aumentan lo necesario corren mayores peligros de dar a luz demasiado pronto.
- **Descanse lo suficiente.** El descanso, en particular sobre su costado izquierdo, mejora su circulación y la del bebé.
- **No se agote en el ejercicio.** Si hace ejercicio muy intenso o prolongado, perderá la sangre del útero que nutre sus músculos.
- **No se incline, tuerza o suba escaleras cuando pueda evitarlo.** Estas actividades aumentan su presión sanguínea y hacen que el útero pierda sangre.
- **Limite el consumo de cafeína.** Aumentan sus riesgos si bebe cinco o más tazas de café al día.
- **Asista a todas las citas prenatales.** Las citas de rutina con su médico le ayudarán a identificar cualquier problema a tiempo, con lo que será más fácil tratarlo.

Se han logrado grandes adelantos en el cuidado de los bebés prematuros.

Hoy sobreviven más bebés prematuros que en el pasado. Gracias a los avances de la tecnología, ocurren menos de 10 muertes por 1,000 nacimientos prematuros. Sin embargo, la supervivencia se gana; la estancia promedio en el hospital de un prematuro va de 50 a más de 100 días.

Los bebés muy prematuros tienen tasas mayores de discapacidades físicas o mentales, y algunas son graves. Por esta razón los médicos procuran prolongar el embarazo cuanto sea posible.

Hidrocefalia

La hidrocefalia es un problema del crecimiento que incrementa el tamaño de la cabeza. Se presenta en aproximadamente uno de 1,000 bebés y es la causa de alrededor del 12 por ciento de las malformaciones fetales graves que se encuentran al nacer.

La hidrocefalia ocurre con el desarrollo del cerebro y el sistema nervioso central al comienzo del embarazo. El líquido cefalorraquídeo circula por el cerebro y la médula espinal y debe hacerlo libremente. Si los conductos están obstaculizados y se restringe el flujo, se produce la hidrocefalia. El líquido se acumula y hace que la cabeza del bebé se agrande.

La hidrocefalia es un síntoma que tiene muchas causas: espina bífida, meningomieloceles u onfaloceles. En ocasiones es posible aplicar un tratamiento intrauterino (con el feto dentro del útero).

Hay dos formas de tratamiento intrauterino. Un método consiste en insertar una aguja a través del vientre de la madre hasta la zona afectada del cerebro del bebé para extraer el líquido. El otro consiste en colocar un pequeño tubo de plástico en la zona de líquido del cerebro fetal para que éste drene continuamente fuera del cráneo del bebé.

Meconio

El *meconio* son los restos sin digerir del líquido amniótico traga-
do en el aparato digestivo del feto. Es una sustancia oscura que su
bebé excreta del intestino en el amnios. Esto ocurre antes o en el momento del parto. El meconio se aprecia cuando se rompe la bolsa de
aguas. Antes de esto, la única forma de detectarlo es mediante amniocentesis.

¿Es importante el meconio?

La presencia de meconio puede ser importante en el
momento del parto. Si el bebé tiene evacuaciones intestinales y ello causa que haya meconio en el líquido
amniótico, quizá trague líquido antes o durante el
parto. Si inhala meconio a los pulmones, puede causar neumonía o neumonitis.

Si se detecta meconio durante el parto, para que el bebé no lo trague, se le retira de la boca y garganta con un diminuto aspirador. El
meconio en el líquido amniótico puede ser causado por sufrimiento
fetal; esto no ocurre siempre, pero debe tomarse en cuenta.

Retraso del crecimiento intrauterino

El retraso del crecimiento intrauterino (RCIU) ocurre cuando un
bebé no aumenta de talla en la forma adecuada y es demasiado pequeño. Es una circunstancia grave, porque cuando el peso es bajo, aumentan los riesgos de sufrir problemas. Las investigaciones han
mostrado que un parto anterior de un bebé con retraso de crecimiento hace más probable que ocurra de nuevo en embarazos posteriores.

La palabra "retraso" genera preocupaciones
en algunas personas. En este sentido, no se aplica a la maduración ni al funcionamiento del cerebro. *No* significa que el bebé tendrá retraso
mental, sino que su crecimiento y su talla son
anormalmente escasos y se considera que sufren un retraso o disminución.

*Cuando el bebé
pesa poco, aumen-
tan los riesgos de
sufrir problemas.*

Muchas condiciones aumentan la probabilidad de sufrir retraso del crecimiento intrauterino:
- anemia materna
- tabaquismo materno durante el embarazo
- poco aumento de peso de la madre
- enfermedades vasculares de la madre, incluyendo hipertensión arterial
- insuficiencia renal de la madre
- alcoholismo o drogadicción de la gestante
- embarazo múltiple
- infecciones del feto
- anomalías del cordón umbilical o la placenta
- talla pequeña de la madre en el comienzo (casi nunca es de alarmarse)

El doctor descubre el problema cuando observa el crecimiento de su útero durante cierto tiempo y no aprecia cambios. Si mide 27.4 centímetros en la vigesimoséptima semana y en la trigesimoprimera alcanza apenas los 28 centímetros, su médico empezará a preocuparse por un retraso de crecimiento. Es otra buena razón para asistir a todas las consultas prenatales.

Si se diagnostica RCIU, su doctor le aconsejará que evite todo aquello que lo empeore. Deje de fumar; suspenda el consumo de drogas y alcohol. Coma en forma nutritiva. Descanse según las instrucciones del doctor. Con lo anterior, su bebé tendrá un mejor aporte de sangre y recibirá toda la nutrición que sea posible.

El mayor riesgo del RCIU es la muerte fetal (la muerte del bebé antes del parto). Para prevenirla, quizá sea necesario inducir el nacimiento antes del término. El bebé estará más seguro fuera del útero que dentro. Como los niños con RCIU no toleran bien el parto, se incrementa la posibilidad de una cesárea.

Problemas del cordón umbilical

Creemos que los nudos del cordón umbilical se forman cuando el bebé se mueve a comienzos del embarazo. Se forma una lazada en el cordón y, cuando el bebé lo cruza, se hace un nudo. En algunos casos, el bebé se enreda en el cordón umbilical, no obstante, no suele ser un problema.

El cordón enredado causa problemas si oprime el cuello u otra parte del cuerpo o si el nudo se aprieta. Es imposible prevenirlo, pero tenga la tranquilidad de que no se forman nudos con frecuencia.

Cambios en usted

Durante el embarazo, observará muchos cambios en su cuerpo. Sus pechos crecerán, quizá tenga antojos y es probable que deba ir al baño más seguido. También experimentará cambios en sus emociones. Todo esto es natural. Si sabe qué esperar, se sentirá más cómoda con los cambios que presente.

En la primera parte de su embarazo, no notará mucho la diferencia e incluso pasará un tiempo para que se de cuenta de que espera un bebé. En este periodo no aumentará mucho de peso, no más de unos 2.25 kilos en los primeros meses. Su abdomen crecerá un poco y por mucho que lo desee no sentirá movimientos del bebé, pues no ocurren hasta el cuarto mes.

Aumento de dimensiones

La duración del embarazo se divide en tres etapas, o trimestres, cada una de alrededor de 13 semanas. Los trimestres permiten agrupar en etapas el progreso de usted y el bebé. No tiene por qué inquietarse si su aspecto no es igual al de otra mujer embarazada que se encuentre en la misma etapa que usted.

Trimestres

Sus cambios en el primer trimestre. Observará pocas diferencias en usted, pero su bebé crece y cambia rápidamente. Quizá ni siquiera sepa que está embarazada hasta la mitad o cerca del final del trimestre. Aumentará poco de peso, no más de 2.25 kilos en las 13 semanas. Su abdomen se abultará poco (puede sentir el útero a unos 7.5 centímetros debajo del ombligo). En esta época no percibirá movimientos del feto.

Sus cambios en el segundo trimestre. El vientre comenzará a crecer; los demás advertirán que está embarazada. Hacia el final del trimestre, sentirá el útero a unos 7.5 centímetros sobre el ombligo.

El aumento promedio de peso en el trimestre es, en total, de 7.65 a 10.8 kilos. Comenzará a sentir que el bebé se mueve.

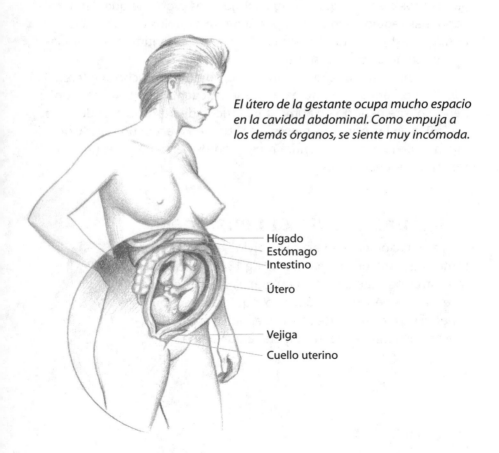

El útero de la gestante ocupa mucho espacio en la cavidad abdominal. Como empuja a los demás órganos, se siente muy incómoda.

Hígado
Estómago
Intestino

Útero

Vejiga
Cuello uterino

**Tengo 18 semanas de embarazo y no he aumenta-
do ni dos kilos. ¿Debo preocuparme?**
El aumento de peso varía mucho. Si se sintió enferma
y con náuseas durante los primeros meses, habrá
perdido peso al principio y por eso está retrasada. Si
tenía kilos de más antes de embarazarse, quizá no
aumente tanto. A partir de ahora, debe aumentar
constantemente de peso. Si algo le preocupa hable con
su médico.

Sus cambios en el tercer trimestre. Sufrirá muchos cambios físicos
durante esta etapa porque su bebé ha crecido mucho. En el momento
del parto, el útero se encuentra a 16.5 o 20.3 centímetros arriba del
ombligo.

Su bebé ganará mucho peso durante este tiempo, aunque usted
no lo haga. El aumento total hasta el parto es de 11.25 a 15.75 kilos en
la mujer promedio.

Cómo se ve y se siente

Su cuerpo sufre muchos cambios en el embarazo. Asegúrese de
que su atención prenatal sea buena y siga las recomendaciones del
médico en cuanto a nutrición, medicamentos y ejercicio. Acuda a todas las citas. Establezca una buena comunicación con su doctor. Hága-
le cualquier pregunta que tenga sobre cómo se ve y se siente.

Todavía no se ve embarazada. No se preocupe si está por terminar el primer trimestre y no se nota. Dentro de usted ocurren acontecimientos muy importantes en la formación de los órganos y aparatos
de su bebé, pero sus amistades no se dan cuenta de nada. Quizá usted
sienta el útero en la zona púbica o sus ropas comiencen a apretar.

Si es su primer embarazo, tardará más en notar el cambio de su
abdomen, tal vez no se aprecie hasta el segundo trimestre. No se de-
sespere: pronto crecerá y todos verán que está embarazada. Si ya tuvo
otros embarazos, éste se notará rápidamente.

Ya se ve embarazada. Si tiene otro hijo, observará cambios en la
forma en que se adapta su cuerpo a este nuevo embarazo. Los embarazos previos influyen en la respuesta del cuerpo femenino a la gestación. La piel y los músculos se estiran para dar cabida al crecimiento

del útero, la placenta y el bebé. La piel y los músculos nunca se estiran de la misma manera. Quizá cedan más rápidamente para abrir espacio al útero y el bebé en embarazos sucesivos, con lo que el embarazo se aprecia antes y usted se siente más voluminosa. Otras razones por las que se puede ver más voluminosa son que ha avanzado más de lo que cree o bien que espera gemelos.

Todos me dicen que estoy demasiado voluminosa. ¿Hay algo malo?

Antes de que se preocupe, hable con su médico. Sus amistades le dirán que está demasiado voluminosa o delgada, pero lo más probable es que no haya nada malo. Las mujeres y los bebés tienen complexiones diversas y crecen a su propio ritmo. Lo más importante es el cambio y el crecimiento continuos del feto.

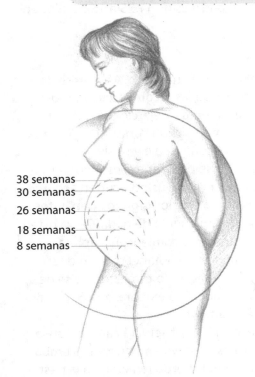

38 semanas
30 semanas
26 semanas
18 semanas
8 semanas

Esta ilustración muestra el crecimiento del útero en el embarazo. Las líneas punteadas representan el aumento del volumen desde la octava semana hasta el final del tercer trimestre (unas 38 semanas).

Cambios en la piel

Las alteraciones hormonales del embarazo producen cambios en su piel. La mayoría no son graves, pero algunos requieren atención médica.

Línea negra

Quizá observe que la línea media del abdomen se colorea. Es la llamada *línea negra* y aparece en muchas mujeres durante el embarazo. Suele desvanecerse notablemente después del parto, pero nunca desaparece por completo.

Cloasma

En algunas mujeres surgen manchas en el rostro durante el embarazo. Se denominan *cloasma* o *paño del embarazo*. Se cree que el cloasma es causado por los cambios hormonales que origina la gestación. Las manchas desaparecen o se aclaran después del nacimiento del bebé (a veces los anticonceptivos orales causan manchas parecidas).

No uso bloqueador solar, pero una amiga me dijo que es importante que me aplique alguno durante el embarazo. ¿Por qué?
Los bloqueadores solares (en crema loción, etc.) reducen la probabilidad de sufrir el "paño del embarazo", que es un oscurecimiento de los pigmentos de la piel en las mejillas, la frente y el mentón. Aplíquese productos con un factor de protección de 15 o más. Si es propensa a episodios de acné, compre los que son a base de agua y no de aceite.

Manchas rojas

Durante el embarazo se producen cambios vasculares en la piel que adoptan la forma de pequeños nódulos rojos con ramificaciones y que se denominan *telangiectasias* o *angiomas*. Se presentan en el rostro, cuello, pecho y brazos y desaparecen después del parto.

Palmas rojas

Algunas mujeres muestran un color rojo en las palmas de las manos, lo cual resulta inofensivo. Se llama *eritema palmar* y es muy común, pues ocurre hasta en el 65 por ciento de las gestantes. Probablemente se debe al aumento de los estrógenos en el sistema. Puede aplicar lociones, pero el enrojecimiento no desaparecerá hasta que dé a luz. Telangiectasias y palmas rojas suelen presentarse juntas.

Lunares y nódulos cutáneos

El embarazo origina muchos cambios en su piel. Es posible que aparezcan lunares por primera vez o que los que ya tenga se agranden y se oscurezcan. Si tiene un lunar que cambia, pídale al doctor que lo revise.

Si el médico le dice que tiene una mancha precancerosa, conviene eliminarla. Esto se hace en el mismo consultorio y no tiene que esperar a que nazca el bebé.

Las verrugas son pequeñas protuberancias o hinchazones que aparecen por primera vez en el embarazo. Si ya los tenía, quizá aumenten de tamaño. No se preocupe mucho. Si están en una zona, como la cintura, donde se rozan con la ropa constantemente, lo mejor es eliminarlos.

Comezón

La comezón, también llamada *prurito gravídico,* es un síntoma común durante el embarazo. Ocurre en la parte final y aqueja más o menos al 20 por ciento de las gestantes. No es indicación de ningún problema en su embarazo.

Por lo general, es en la piel del abdomen donde más se siente el prurito. A medida que el útero crece y llena la pelvis, la piel y los músculos abdominales deben estirarse para abrirle paso. Esta estiramiento de la piel es la causa de la comezón.

Rascarse suele empeorar el prurito, así que no lo haga. Las lociones reducen la comezón y en ocasiones se recetan cremas de cortisona. Pregunte a su médico sobre algún paliativo.

Espinillas

Casi todas las mujeres experimentan cambios en la piel durante el embarazo. En algunas, la piel se agrieta con más frecuencia; en otras, afortunadas, se vuelve menos grasosa y más suave. Estos cambios se deben a las hormonas del embarazo. Cuando nazca el bebé, su piel volverá a la normalidad.

Estrías

Las *estrías* son zonas de la piel estirada que se decoloran. Se presentan en el abdomen cuando el crecimiento del útero estira la piel y también en las mamas, las caderas y los glúteos.

Las estrías se desvanecen y no se notan después del embarazo, pero no desaparecen por completo.

No hay un método confiable para evitar las estrías. Las mujeres han ensayado muchas clases de lociones con pocos resultados. No le hará daño aplicarse estos productos, pero lo más probable es que no sirvan.

Venas varicosas

Las venas varicosas (también llamadas *várices)* son vasos sanguíneos dilatados y sinuosos. Por lo común aparecen en las piernas, pero también se ven como hemorroides o en el canal del nacimiento y la vulva. La presión del útero y los cambios del flujo sanguíneo las empeoran.

Mi madre tuvo várices durante el embarazo. ¿Las tendré yo?

Las venas varicosas aparecen en algún grado en todas las gestantes. Si su madre las tuvo, es más probable que usted también.

Cómo se ven

Los síntomas varían. En algunas mujeres, las venas varicosas son apenas una mancha o moretón en las piernas que causan pocas molestias o ninguna, salvo por las noches. En otras, las várices son venas protuberantes que requieren elevar las piernas por la noche y medias de compresión durante el día; llegan a ser muy incómodas.

Las venas varicosas también empeoran durante el embarazo. En la mayor parte de los casos, se hacen más notables y dolorosas conforme pasa el tiempo. El aumento de peso (del bebé), ropa que oprime la cintura o las piernas y estar de pie mucho tiempo hace que se agraven.

Qué sirve

Muchas mujeres usan medias de maternidad para aliviar el problema. Estas medias se consiguen de varias clases. También ayuda la ropa que no restringe la circulación en las rodillas o las ingles. No permanezca mucho tiempo de pie. Eleve los pies sobre el nivel de su corazón o recuéstese de costado cuando sea posible para que refluya la sangre de las venas. Calce zapatos bajos. No cruce las piernas cuando se siente. Si los problemas continúan después del parto, quizá requiera cirugía.

Medias de maternidad

Las medias de maternidad, también llamadas *medias de compresión*, no son las prendas de sostén que se compran en las tiendas. Un especialista debe adaptarle unas. Ensaye estas dos sugerencias para ponérselas más fácilmente.

Primera, enróllelas. Comenzando en los dedos de los pies, desenvuélvalas hasta las piernas.

Segunda, póngaselas antes de levantarse de la cama por las mañanas, pues las piernas comenzarán a hincharse en cuanto se ponga de pie.

Precaución

Hay varias cosas que hacer para reducir las probabilidades de padecer venas varicosas en el embarazo. Si sufriera de várices, siga las siguientes indicaciones.

- Haga ejercicio.
- No cruce las piernas por las rodillas.
- No permanezca de pie ratos largos.
- Si debe pararse, mézase con suavidad sobre la base de los dedos y hágalo constantemente.
- Recuéstese de lado varias veces al día.
- Mantenga su aumento de peso dentro de los límites normales: de 11.25 a 15.75 para una mujer de peso promedio.

Cambios emocionales

Llorar con facilidad, oscilaciones del estado de ánimo, caídas de energía y fatiga son aspectos normales del embarazo. Durante el primer trimestre, su cuerpo experimenta un aumento en las hormonas que se requieren para sustentar la gestación. Algunas mujeres son más sensibles a estos cambios, en particular las que son propensas a alteraciones hormonales parecidas en la menstruación. Si se siente llorosa o nerviosa en los ciclos menstruales, es probable que tenga emociones parecidas a medida que su cuerpo se adapta al embarazo.

También requiere tiempo acostumbrarse a la idea del feto como su propio bebé. El momento en que ocurre varía con cada mujer. Algunas comienzan a sentirlo en cuanto se enteran de que están embarazadas. Para otras, sucede cuando escuchan el latido del corazón de su hijo hacia la duodécima o decimotercera semana o bien cuando lo sienten moverse por primera vez, entre la decimasexta y la vigésima semanas.

Sentimientos contradictorios sobre el embarazo

Es muy normal tener sentimientos contradictorios acerca de su embarazo. Estos sentimientos surgen de sus adaptaciones a su estado: son sus primeros pasos hacia un cambio increíble de funciones que atañen a muchos aspectos de su vida. Estos sentimientos son el resultado de todas sus preguntas e inquietudes.

Medicamentos y depresión

No se prescriben antidepresivos durante el embarazo; sin embargo, cuando es necesario, los médicos prefieren recurrir a los antidepresivos tricíclicos, como amitriptilina o desipramina, así como a la fluoxetina. Debe establecerse un tratamiento para cada caso. Su doctor y quizá un psiquiatra o psicólogo analizarán la situación con usted.

Carga emocional

Conforme avanza su embarazo, sus emociones también se vuelven más pronunciadas. Para el tercer trimestre, es posible que se sienta muy vulnerable casi todo el tiempo. Es normal. Quizá se esté poniendo un poco nerviosa por la llegada del parto y el nacimiento. Los cambios del estado de ánimo son más frecuentes y tal vez se sienta más irritable. Relájese y no se centre en sus sentimientos. Hable con su pareja acerca de ellos y de lo que experimenta.

Me fastidia que los demás (incluyendo absolutos desconocidos) me palmeen el vientre. ¿Cómo lo impido?

Dígales que miren pero no toquen. Si alguien se estira para tocar su abdomen, es válido que le diga que no le gusta.

Dolores y molestias

A medida que crece el útero, sentirá contracciones e incluso dolor en la región baja del abdomen, hacia los costados. El útero se extiende y se contrae durante el embarazo. Si no las siente, no se preocupe; pero si estas contracciones van acompañadas de hemorragia vaginal, llame al médico de inmediato.

Contracciones de Braxton-Hicks. Las contracciones de Braxton-Hicks son indoloras e inconstantes. Se sienten si coloca las manos sobre el abdomen y también en el mismo útero. Estas contracciones se inician desde el comienzo del embarazo y aparecen en intervalos irregulares. No son señal del verdadero trabajo de parto.

Sensación de hormigueo. A veces, mis pacientes me dicen que sienten un "hormigueo" en la zona pélvica. Es otra sensación relacionada con el aumento de la presión conforme el bebé desciende al canal del parto. En esta época son comunes el hormigueo, la presión y el entumecimiento.

Para aliviar las molestias, recuéstese de lado para que disminuya la presión en la pelvis y en los nervios, las venas y las arterias de la región.

Dolor de ligamentos redondos. Hay ligamentos en ambos lados del útero. Cuando éste crece, los ligamentos se estiran y engruesan. Los movimientos súbitos los jalan y se produce dolor. No es dañino para usted ni el bebé, pero resulta incómodo.

Tenga cuidado de no hacer movimientos rápidos. Si tiene molestias, se sentirá mejor si se recuesta y descansa. Si el dolor es intenso, muchos doctores recomiendan acetaminofén. Informe a su médico si la situación empeora.

Los movimientos del bebé

El momento en que se sienten por primera vez los movimientos del bebé es diferente para cada mujer y de un embarazo al otro. Unos bebés son más activos que otros y su movimiento se percibe antes.

Una amiga me habló de "movimientos". ¿Qué son?
Los "movimientos" son las sensaciones del movimiento de su bebé. Ocurren entre la decimosexta y la vigésima semana de embarazo.

Muchas mujeres describen los primeros movimientos de su bebé como una sensación de gases o de palpitación en el vientre. Quizá lo haya percibido varios días antes de darse cuenta de lo que es. Los movimientos se vuelven más comunes y bastante frecuentes, por eso sabe que lo que siente es el bebé que se mueve. Se siente debajo del ombligo. Si es su primer bebé, pasarán 19 o 20 semanas para que lo sienta claramente.

Nivel de actividad del bebé

Después de un periodo inicial de actividad, el feto suele volver a la calma. Lo más probable es que no haya nada malo. Al principio, no es habitual que el bebé se mueva todos los días. A medida que crece, sus movimientos se hacen más intensos y ocurren más a menudo. Entre la vigésima y la trigesimosegunda semana de embarazo, el feto se mueve entre 200 y 500 veces al día: patea, rueda y se agita.

Cada bebé es diferente. En ocasiones mis pacientes me preguntan con qué frecuencia debe moverse el bebé, sobre todo después de comparar sus notas con una amiga gestante cuyo hijo se mueve mucho. Su sensación de los movimientos del bebé será diferente que la de otras así como la propia actividad de su hijo es distinta. No es raro que un bebé se mueva menos que otro. Si el suyo ha sido muy activo y de pronto pasa un tiempo quieto, hable con su médico.

No pasa nada si no ha sentido movimientos de su bebé en la primera parte del segundo trimestre. La época más común en que se sienten es entre la semana 16 y la 20.

Activo de noche. Quizá descubra que su bebé es extremadamente activo de noche y la mantiene despierta. No hay mucho que hacer al respecto. Trate de cambiar de posición y no haga ejercicio antes de acostarse, pues esto provoca que el bebé se mueva más. Si estas sugerencias no funcionan, tendrá que ser paciente y resistir hasta el nacimiento.

Si su bebé patea mucho, cambie de posición o recuéstese de costado. Si de todos modos se siente incómoda, ayudaría tomar acetaminofén o darse un baño tibio (no caliente).

El crecimiento del bebé también produce un dolor ligero o presión bajo las costillas. No hay mucho que hacer en cuanto al dolor o la presión que se sienten con los movimientos del bebé. Acuéstese de lado o descanse un rato. Por ejemplo, si siente presión bajo las costillas de la derecha, recuéstese sobre el costado izquierdo.

Supervisión de los movimientos del bebé

Si una gestante tiene un embarazo difícil, tuvo un mortinato o sufre algún padecimiento como diabetes, el médico le pedirá que vigile los movimientos del bebé hacia la vigesimosexta semana. Supervisar los movimientos a ciertas horas del día brindará al doctor información adicional sobre el estado del bebé.

El bebé "flota"

En algún momento, es posible que el médico le diga que su bebé "flota", lo que significa que lo siente en el inicio del canal de nacimiento pero todavía no desciende a la cavidad pélvica. Es decir, el bebé todavía no se "encaja" e incluso se escapa de las manos del médico cuando la examina.

¿Se puede caer el bebé?

No, el bebé no se cae, aunque lo sienta así. Lo que usted experimenta es la presión del bebé mientras desciende al canal del nacimiento. Si ocurre, señálelo al médico, pues querrá realizar un examen pélvico para verificar el descenso de la cabeza de su hijo.

Estreñimiento

El funcionamiento del intestino cambia durante el embarazo. La mayoría de las mujeres presentan más estreñimiento, acompañado de defecaciones irregulares y mayor frecuencia de hemorroides. Estos problemas son el resultado de que se vuelve lento el paso de los alimentos por el aparato digestivo y de los complementos de hierro en las vitaminas prenatales.

No tome laxantes para aliviar el estreñimiento (aparte de lo que anotamos en el recuadro inferior) sin consultar al médico. Si el estreñimiento se convierte en un problema constante, trátelo en la consulta.

Medios natureles de reducir el estreñimiento

Beba más líquidos y haga ejercicio tres o cuatro veces a la semana. Muchos doctores sugieren jugo de ciruela o un laxante suave, como leche de magnesia. Los alimentos con fibra, como el salvado y las ciruelas, aumentan el volumen de sus alimentos y alivian el estreñimiento.

El cuidado de sus dientes

Es importante seguir su calendario de visitas al dentista durante el embarazo. Las investigaciones recientes demuestran que las mujeres con enfermedades de las encías tienen siete veces más probabilidades de dar a luz un niño prematuro. Encárguese de cualquier problema de las encías que tenga durante la gestación.

Si requiere tratamiento dental, avise a su dentista que está embarazada antes de iniciar ningún procedimiento, pues algunos anestésicos dañan al bebé. Por principio, las gestantes no deben someterse a anestesia general.

Encías sangrantes

El embarazo causa inflamación, dolor y hemorragias en las encías a causa de los cambios hormonales. Sus encías son más susceptibles a las irritaciones y sangran con más frecuencia cuando se lava los dientes. Pídale a su dentista que practique una revisión. Las encías se alivian solas después del nacimiento. Si el problema se vuelve muy incómodo, hable con su dentista.

Es posible que observe algún nódulo pequeño en las encías. Se denomina *tumor del embarazo* o *granuloma piogénico* y a veces sangra con el cepillado o al comer. La condición se resuelve después del parto, pero si le causa problemas no la ignore.

Procedimientos especiales

Aconsejo a las gestantes que esperen a que nazca el bebé para someterse a tratamientos dentales cosméticos, como frenos. Sin embargo, si tiene un padecimiento oral, como un absceso o un diente picado, atiéndase de inmediato.

Radiografías. Si su dentista quiere tomar una placa de rayos X de sus dientes, no deje de decirle que está embarazada *antes* de iniciar el examen. Por regla general, evite las radiografías durante la gestación. Si por alguna razón son necesarias, hable con el dentista y con su médico antes de proceder. Si son imprescindibles, proteja su embarazo con un delantal de plomo.

Tratamiento con antibióticos. Antes de someterse a un tratamiento como una endodoncia, es posible que su dentista quiera que tome antibióticos para evitar una infección. Hable primero con él y con su médico para que decidan juntos las medidas pertinentes. Es importante ocuparse de estos problemas, pues las infecciones pueden dañar al bebé. El médico y el dentista planearán el tratamiento más seguro para usted y su hijo.

Buena higiene dental

Las siguientes son algunas sugerencias para que mantenga sus dientes en buena forma:

- Lávese los dientes después de cada comida.
- Aplique el hilo dental por lo menos una vez al día.
- Solicite por lo menos una consulta de revisión y una limpieza dental durante el embarazo, de preferencia después del primer trimestre.
- Vigile su dieta. Coma alimentos ricos en vitamina C (que es buena para las encías) y calcio (para mantener sanos los dientes).
- Si tiene náuseas matutinas, enjuáguese los dientes después de vomitar.

Molestias comunes

Micción frecuente

Uno de los primeros síntomas de embarazo es la micción frecuente. Es un problema que va y viene durante el embarazo. A diferencia de antes del embarazo, quizá ahora deba levantarse al baño por las noches. Por lo regular esta situación es menos frecuente durante el segundo trimestre y luego vuelve en el tercero, cuando el bebé presiona la vejiga.

No dejo de ir al baño desde que supe que estoy embarazada. ¿Es normal?
El aumento en la frecuencia de la micción es normal durante el embarazo.

Infecciones de vías urinarias

Es más común adquirir infecciones de vías urinarias durante el embarazo. También se llaman *infecciones de vejiga* o *cistitis*. Los síntomas son dolor al orinar, sensación de quemadura y de urgencia, sangre en la orina y micción frecuente.

Para evitar las infecciones de vías urinarias no retenga la orina: vacíe la vejiga en cuanto sienta que lo necesita. Beba muchos líquidos. El jugo de arándano acidifica la orina (mata las bacterias) y sirve para prevenir infecciones. Para algunas mujeres, las relaciones sexuales ayudan a orinar.

Una infección de vías urinarias puede ser causa de parto prematuro y bajo peso natal. Si piensa que tiene una infección, hable con su médico. Si se confirma, tome toda la serie de antibióticos que le prescriba.

Flujo vaginal

Es normal que durante el embarazo aumente el flujo o las secreciones vaginales llamadas *leucorrea*. Se trata de un flujo blanco o amarillo bastante espeso. Si no irrita, es poco probable que sea una infección.

Creemos que la secreción se debe al aumento del aporte sanguíneo a la piel y los músculos que rodean la vagina, lo que también produce el signo de Chadwick al comienzo del embarazo. Este síntoma es visible para el médico en la forma de una coloración violeta o azul de la vagina cuando practica el examen pélvico (es otra de las razones de realizar el examen al comienzo del embarazo).

No se aplique una ducha vaginal si tiene un flujo intenso durante el embarazo. Lleve toallas sanitarias como protección. No use pantimedias ni ropa interior de nailon; prefiera la ropa de algodón o con entrepierna de ese material.

Aprenda a distinguir entre el flujo vaginal y una infección. El flujo que acompaña a una infección suele ser maloliente, tiene un color verdoso o amarillento y causa prurito o irritación alrededor o dentro de la vagina. Si tiene cualquiera de estos síntomas, notifique a su médico. El tratamiento a base de cremas y ungüentos es seguro durante el embarazo.

Cambios en las mamas

Las mamas pasan por varios cambios durante el embarazo. Después de unas ocho semanas, es normal que comiencen a crecer. Quizá observe que tienen nódulos; son cambios normales de la gestación.

Sus mamas crecerán durante el embarazo; sin embargo, es poco probable un incremento grande. En promedio, las mamas aumentan entre 500 y 750 gramos cada una.

Sensibilidad y color de las mamas

Es común presentar sensibilidad, hormigueo o dolor en las mamas al comienzo de la gestación. Antes del embarazo, la areola, que rodea al pezón, es de color rosado. Se vuelve marrón o rojo marrón al tiempo que crece durante esta etapa y en la lactancia (cuando produce leche).

Me duelen mucho los pechos. ¿Es normal?
Los cambios en las mamas comienzan pronto en el embarazo; no es raro que hormigueen o duelan. También observará que crecen, que aparece una zona oscura o una elevación en las glándulas que rodean al pezón.

Su guardarropa de maternidad

Cuando no le queden sus ropas y no se sienta cómoda, llegó la hora de las prendas de maternidad, que será hacia el comienzo del segundo trimestre (alrededor de la decimocuarta semana). Si es su primer embarazo, quizá no las necesite hasta un poco más adelante.

Ahora que sé que estoy embarazada, me muero por usar ropa de maternidad. ¿Cuándo la necesitaré?

Es difícil predecir cuándo tendrá que empezar a usar ropa de maternidad. Tal vez cuente con algunas prendas que le queden lo bastante sueltas para usarlas un tiempo. También podría vestir camisas de su pareja. Cuando se sienta incómoda con su ropa habitual, es la hora de comprar prendas de maternidad.

Comodidad y talla correcta

Telas naturales. Siempre que sea posible, escoja telas naturales y evite las sintéticas. Durante el embarazo se acelera el metabolismo y se sentirá acalorada. Use telas que "respiren", como algodón en verano y lana en invierno. Agregue prendas en invierno.

Use telas que "respiren", como algodón en verano y lana en invierno.

Estilo cómodo. La moda es cuestión de gustos personales, pero compartiré con usted algunas sugerencias que me han dado mis pacientes. Descubrieron que los estilos siguientes son más cómodos:

- bandas o cinturones anchos y elásticos que pasen bajo el abdomen para ofrecer soporte.
- aberturas con cierres de contacto (velcro) que son fáciles de ajustar
- prendas con cintura elástica que se estira o, mejor, con bandas que se cruzan para sujetarse
- pretinas con botones o plisados ajustables
- pretinas con correderas ajustables

Ropa interior de maternidad. Las prendas interiores que añaden soporte al abdomen, pechos y piernas la harán sentirse más cómoda. Estas prendas son sostenes de maternidad y de lactancia, pantaletas de maternidad y medias de soporte. Elija las que tengan entrepierna de algodón.

Sostén de maternidad. Los sostenes de maternidad están diseñados para dar a sus mamas en crecimiento el soporte adicional que requieren durante el embarazo. Tienen lados más anchos y respaldos más estrechos que los sostenes normales. Tienen cuatro broches en la espalda, en lugar de dos o tres, para ajustarlos a medida que se necesite.

Se sentirá tentada a comprar un sostén común de talla mayor en lugar del de maternidad, pero lo más conveniente es optar por este último, pues brinda mayor soporte a sus pechos que pesan más.

Sostén de lactancia. Este sostén tiene copas que se abren para que amamante sin tener que desvestirse. Cómprelo sólo si piensa amamantar a su bebé, pues no lo necesitará si va a darle biberones. Espere hasta las últimas semanas para comprarlo: no lo adquiera antes de la trigesimosexta, pues antes de esa fecha es difícil dar la talla apropiada.

Elija un sostén de lactancia con un espacio del ancho de un dedo entre la copa y su pecho. Con esto se prevé el agrandamiento de las mamas cuando llega la leche.

Elija un sostén de lactancia con un espacio del ancho de un dedo entre la copa y su pecho. Con esto se prevé el agrandamiento de las mamas cuando llega la leche. Cuando vaya a comprarlo, lleve almohadillas de lactancia para que compruebe que ajustan. Escoja una prenda que sea cómoda al cerrarla en el broche

inferior, para considerar el encogimiento de la caja torácica después del embarazo.

Pantaletas de maternidad. Estas prendas le dan apoyo a su abdomen crecido. Algunas tienen paños para el vientre; otras, una banda elástica ancha para dar soporte. Estas pantaletas serán más cómodas en el último trimestre del embarazo.

Medias de soporte. Muchas mujeres no tienen que usar medias de soporte durante el embarazo; sin embargo, si tiene antecedentes familiares de venas varicosas o si las padece en esta etapa, tendrá que emplearlas. Quizá no logre conseguirlas sin receta. Si tiene que visitar a un especialista para que le adapte las medias de soporte, hable con su médico. Más arriba damos información adicional sobre las venas varicosas y las medias de compresión.

Si no tiene problemas de venas varicosas, está bien si usa pantimedias comunes. Seleccione las que tengan pretina ancha, firme y estirable y póngala sobre o bajo el abdomen, lo que sea más cómodo. También se venden pantimedias de maternidad.

Escurrimientos de las mamas

Durante el segundo trimestre, las mamas producen *calostro,* un líquido delgado amarillento que sale antes de la leche. A veces escurre de las mamas o sale al oprimir los pezones. Es normal. Lo mejor es dejar las mamas en paz; no trate de extraer el líquido. Si tiene molestias con los escurrimientos, use almohadillas protectoras.

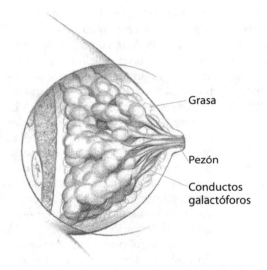

Grasa

Pezón

Conductos galactóforos

Las mamas de la gestante cambian mucho durante el embarazo. Uno de los cambios más grandes es el incremento en los conductos galactóforos, que preparan al órgano para la lactancia.

Pezones invertidos

Los pezones invertidos se encuentran planos o retraídos en la mama. Las mujeres con estos pezones tienen más dificultades para amamantar. Se venden dispositivos que preparan a los pezones para la lactancia, lo que permite que estas mujeres amamanten. Pregunte a su médico.

Para saber si tiene pezones invertidos, coloque el dedo índice y el pulgar en la areola, la zona oscura que los rodea. Comprima suavemente la base de cada pezón. Si se aplana o retrae, está invertido.

Un artículo conveniente para los pezones invertidos son las conchas de plástico para colocar sobre cada mama en las últimas semanas del embarazo. Situadas dentro del sostén, ejercen una presión ligera en la base de los pezones que ayuda a elevarlos. Pida más información a su médico.

Otros cambios del embarazo

Hacia la decimocuarta semana del embarazo, observará que su ropa no le queda muy bien. Tal vez no se note mucho que está encinta, pero es importante usar ropas con las que se sienta cómoda. En nuestros días, las gestantes disponen de mucha ropa para elegir, así que no tendrá dificultades para encontrar prendas cómodas que pueda usar conforme aumente su volumen. En las páginas 146 y 147 encontrará sugerencias para comprar ropa de maternidad.

Cabello y uñas

Las hormonas del embarazo que circulan por todo su cuerpo provocan cambios en su cabello. Quizá observe que se le cae menos que de costumbre. Por desgracia, el cabello que conservó se pierde después del nacimiento del bebé. No se preocupe si esto le ocurre: no va a quedarse calva.

Las mismas hormonas que estimulan el crecimiento del cabello también influyen temporalmente en sus uñas. Descubrirá que tiene problemas para mantenerlas parejas a una longitud práctica durante la gestación. Disfrútelas mientras esté embarazada.

Vello facial

Algunas mujeres notan que tienen más vello facial. Por lo regular no es un problema, pero si se siente inquieta, consulte a su médico. El vello facial desaparecerá o disminuirá después del parto, así que espere antes de decidirse por una depilación permanente.

Temperatura corporal

Durante el embarazo se incrementa su metabolismo, pues su cuerpo consume más energía. Se sentirá acalorada.

Las hormonas del embarazo elevan su temperatura, lo que produce mayor transpiración. Use talco absorbente para mantenerse seca, porque el exceso de humedad puede provocar un salpullido. No se acalore demasiado. Use varias prendas y retírelas según sea necesario. Si transpira mucho, no deje de tomar líquidos para evitar la deshidratación.

Otra protuberancia (que no es el bebé)

Cuando se recueste y mire su estómago, quizá observe una protuberancia que no tenía antes (y que no es el bebé). A medida que su hijo crece, oprime y separa los músculos abdominales. Los músculos ligados a la parte inferior de las costillas se separan en la línea media. Se denomina *diastasis,* no es dolorosa ni daña al bebé.

A veces, esta condición continua después del parto, pero la separación no se nota. El ejercicio fortalece los músculos, pero quedará una protuberancia o brecha pequeña.

La medición de su abdomen

Conforme su embarazo avance, su médico necesitará un punto de referencia para medir cuánto crece el útero y para ello medirá su abdomen en cada visita prenatal. Algunos doctores miden del ombligo a la parte superior del útero; otros, de la *sínfisis púbica,* donde los huesos del pubis se encuentran en la parte central e inferior del abdomen, hasta la parte superior del útero.

Estas mediciones revelan mucho. Si a las 20 semanas mide 28 centímetros, su doctor estará alerta ante la posibilidad de gemelos o una fecha prevista incorrecta. Si en ese momento mide 15 centímetros, la fecha calculada está equivocada o bien hay sospechas de retraso del crecimiento intrauterino u otro problema. Si hay dudas, su médico solicitará otra evaluación ultrasonográfica.

Dos amigas mías se embarazaron más o menos al mismo tiempo que yo, pero parece como si estuviéramos en etapas diferentes. ¿Hay algo malo?

No. Cada embarazo es distinto y cada mujer reacciona a la gestación a su manera. Buena parte de su aspecto depende de su complexión (su estatura y su peso) y el tamaño del bebé. No crea que debe verse igual que otras mujeres o tener las mismas experiencias que sus amigas.

Cuando llega el "encajamiento"

Unas semanas antes de que comience el trabajo de parto o en el momento en que se inicia, la cabeza de su bebé se introduce en el canal del nacimiento y parece que el útero "cae" un poco. Se llama "encajamiento" y es normal.

Una beneficio del encajamiento es que aumenta el espacio en la parte superior del abdomen, lo que le permite respirar mejor. Sin embargo, a medida que el bebé desciende sufrirá más presión en la pelvis, la vejiga y el recto, lo que la hará sentirse incómoda.

Cambios del centro de gravedad

El útero crece frente a usted, de modo que su centro de gravedad es adelante de sus piernas. Sus articulaciones están más sueltas y quizá sienta que se dislocan. Tendrá problemas con la postura, lo que le causará dolores de espalda.

Su pareja y su embarazo

10

El apoyo de su pareja antes, durante y después del embarazo es importante para usted. Tener alguien con quien hablar, compartir sus inquietudes y planear su futuro conforme crece la familia aumenta el gozo y la felicidad que siente a medida que avanza su embarazo. Mientras usted se siente emocionada, es posible que su pareja tenga algunas ansiedades. También es importante que él comparta sus sentimientos y preocupaciones con usted.

Su embarazo es el comienzo de grandes cambios en su vida. Después del nacimiento de su bebé, serán una familia. Tendrán experiencias maravillosas que compartir y quizá algunos tiempos malos que capotear. Saber que cuentan el uno con el otro es de ayuda cuando todo parece ir mal. Establecer la comunicación y cuidarse mutuamente durante esta época "embarazosa" fortalecerá los lazos de su relación y su futuro juntos.

La participación de su pareja

Embarazarse y tener un hijo es cuestión de *los dos*. Hablen sobre su decisión de procrear y sobre la salud de ambos antes de intentarlo.

Durante el embarazo, su pareja es una fuente importante de apoyo. Es bueno hacerlo participar tanto como él esté dispuesto a hacerlo. Haga que se sienta parte del proceso.

¿Es correcto que mi esposo me acompañe a las consultas prenatales?
Es una gran idea que la acompañe. Servirá para que esté consciente de lo que le sucede y para que se involucre en su embarazo. También es bueno que su esposo y el doctor se conozcan antes de que comience el trabajo de parto.

Su cónyuge se sentirá cada vez más inquieto a medida que avance el embarazo. Tendrá preocupaciones sobre la salud de usted y del bebé, su sexo, el parto y el nacimiento y su capacidad de ser un buen padre. Comparta sus inquietudes con él, pues se tranquilizará al oírla contarle cómo se siente. Explíquele cómo ayudar y cómo participar en el embarazo (véase el recuadro inferior).

Muchos padres primerizos padecen algún problema orgánico durante el embarazo; es una condición llamada "incubación" en varios países. Se observó por primera vez en una tribu del Caribe en la que todos los padres en espera practican ritos que les permiten comprender lo que siente su esposa. En nuestras culturas, los futuros padres tienen náuseas, jaquecas, dolores de espalda y musculares, insomnio, fatiga y depresión.

Cómo ayudar a la esposa embarazada

Señores: ustedes pueden ser de gran ayuda para sus esposas embarazadas. Las siguientes son algunas ideas que mis pacientes me han dicho que les sirven mucho.
- Mantengan la tensión al mínimo.
- Hablen de todo.
- Sean pacientes y brinden su apoyo.
- Favorezcan la buena nutrición.
- Fomenten el ejercicio.
- Ocúpense de los quehaceres domésticos siempre que sea posible y hagan las faenas más agotadoras.
- Asistan a las consultas prenatales cuanto puedan.
- Hagan planes para la llegada del bebé.
- Estudien la secuencia del nacimiento.

Si no está muy entusiasmado con el embarazo

No todos los padres se emocionan con el inminente nacimiento tanto como las madres. Las mujeres experimentan directamente el embarazo pues son las que llevan al bebé. El esposo lo siente menos, así que tienen que adaptar sus esperanzas. Si ésta es su situación, deberá poner manos a la obra para alentar la participación de su pareja; por ejemplo, pídale que la acompañe a sus consultas prenatales. Escuche sus sentimientos sobre el embarazo. Quizá tiene miedos o incertidumbres que no le ha contado. Sean abiertos y directos en cuanto a lo que sienten: será bueno para ambos.

Hemos pensado en nombres para el bebé y algunos son poco comunes. ¿Debemos hablar de nuestras elecciones con otras personas?

Una paciente me contó que ella y su esposo escogieron juntos un nombre y no se lo dijeron a nadie hasta que el bebé nació. Decía que es muy fácil que la gente critique un nombre cuando apenas se están decidiendo, pero pocos dirán que no les gusta si ya se lo pusieron al bebé.

¿Cómo hago para que mi esposo participe más en mi embarazo?

Como la gestante es el centro de atención durante el embarazo, a veces el hombre se siente marginado. Instrúyalo para que entienda lo que sucede con usted y el bebé. Comparta con él este libro y otros, así como la información que obtenga. Llévelo con usted al consultorio del médico.

El nacimiento del bebé

Su esposo puede ser de mucha ayuda durante el trabajo de parto y el nacimiento de su bebé. Lo más conveniente es que decidan qué tanto va a participar antes de que empiece el parto. Algunos hombres prefieren no participar en el nacimiento; es una decisión personal. Otras parejas consideran que el parto y la llegada de su hijo es una experiencia especial que compartir. En la página anterior y la siguiente, los recuadros inferiores incluyen sugerencias sobre lo que puede hacer su esposo antes y después del nacimiento de su bebé.

¿Quién corta el cordón umbilical?

En la actualidad, muchas parejas consideran la posibilidad de que el padre corte el cordón umbilical después del parto. Muchos hombres lo disfrutan. Hable de antemano con su médico acerca de la participación de su esposo en el parto y el nacimiento.

Mi doctor dice que mi esposo puede ser muy importante durante el parto. ¿En qué sentido?

Su esposo ayudaría de varias maneras: a prepararla para el nacimiento y a apoyarla en el trabajo de parto. También pueden asistir juntos a las clases de preparación. Puede compartir la alegría del nacimiento de su bebé. Su respaldo emocional es muy importante para usted y su hijo.

Cómo ser útil en casa

Lo mejor es que los dos compartan las responsabilidades y las tareas de la paternidad. Forme una asociación equitativa con su esposo. Aliéntelo a que asuma las mismas responsabilidades en la atención al nuevo bebé. Disfrutará mucho más su papel de padre si se ocupa del cuidado y la toma de decisiones acerca de su hijo.

También papá se apega al bebé

El papá del bebé puede comenzar a vincularse con él antes de que nazca y después. Invite a su pareja para que ponga a prueba las siguientes sugerencias.

- Pídale que hable con el bebé en el útero.
- Incítelo a que hable con su hijo inmediatamente después de nacido.
- Haga que lo cargue y que se miren. Los bebés se relacionan con los demás por medio de la vista y el olfato.
- Permita que su esposo alimente al bebé. Es fácil si toma biberón.
- Si amamanta, deje que le dé un biberón lleno con su leche.
- Aliéntelo a que ayude con las tareas cotidianas, como cambiar pañales, cargar al bebé cuando está inquieto, vestirlo y bañarlo.
- Pídale que, de vez en cuando, se levante en las noches a atender a su hijo.

La salud del padre

Los estudios muestran que si el hombre se expone a diversas sustancias llega a influir en la concepción y el crecimiento fetal. La exposición del padre al alcohol, el tabaco, ciertas drogas y algunos peligros ambientales causan en el nonato problemas como aborto, muerte en el parto, defectos congénitos, bajo peso natal, mayor riesgo de sufrir cáncer infantil e incluso sutiles dificultades de aprendizaje. Estas sustancias también afectan la capacidad reproductiva del hombre.

Tales exposiciones del hombre son dañinas si ocurren antes y hacia la concepción. Sin embargo, sabemos que a un padre que fuma durante el embarazo de su esposa se le relaciona con varios problemas.

Alcoholismo

Los investigadores han demostrado que el alcoholismo del padre produce en el bebé una condición llamada *síndrome de alcoholismo fetal*. Vea el capítulo 12 para mayor información. El consumo de alcohol del padre también se ha relacionado con retraso del crecimiento intrauterino (vea la página 129).

Drogadicción

Si su esposo ingería drogas "recreativas" al momento de la concepción, puede haber un efecto en la gestación. Si es su caso, hable con el médico y hagan lo necesario para tranquilizarse en cuanto al bienestar del bebé.

Peligros ambientales

Debe preocuparse si su esposo está expuesto a sustancias químicas nocivas en el trabajo, que quizá haya llevado a casa en las ropas. Si cree que ha estado expuesta a sustancias peligrosas de esta manera, analice el problema con su esposo y su médico.

Él fuma, usted no

Cuando una gestante no fumadora y su bebé se exponen a ser "cofumadores", entran en contacto con sustancias químicas dañinas. Es recomendable pedirle a su esposo que deje de fumar durante el embarazo o, por lo menos, que no fume en casa.

La edad de su esposo

Ahora contamos con información que indica que la edad y la salud del padre influyen en la salud del bebé. Algunos investigadores piensan que hay un ligero aumento en el riesgo de padecer síndrome de Down si el padre tiene más de 50 años.

El sexo durante el embarazo

Cuando el esposo acompaña a la gestante a las citas prenatales, con frecuencia me pregunta si es seguro tener relaciones sexuales durante el embarazo. Me encanta que me hagan esta pregunta porque me da la oportunidad de tratar algo muy importante para la pareja. Como todos sabemos, la intimidad sexual es una forma maravillosa de que las parejas se expresen su amor. El hecho de que esperen un bebé no significa que esta cercanía tenga que detenerse.

En la mayor parte de los casos, mi respuesta es "sí, pueden tener relaciones sexuales". Salvo en muy contadas situaciones, el coito y otras formas de actividad sexual no presentan problemas para la mujer ni el bebé. Sin embargo, ocasionalmente hay que tomar precauciones. Su propio médico, que la conoce bien, estará en posición de aconsejarle lo mejor para usted.

Preocupaciones comunes

Si usted y su esposo están preocupados por las actividades sexuales durante el embarazo, hablen con su médico. Deben descartar todas las complicaciones y solicitar consejo específico. Casi todos los médicos concuerdan en que el sexo es parte de un embarazo normal.

La actividad sexual frecuente no es nociva para un embarazo sano y la pareja puede sostener su ritmo habitual. Si tienen inquietudes, consulten con su doctor.

Miedo por el bebé

Es común que las parejas se preocupen de que tener relaciones sexuales "lastime al bebé". Pero la actividad sexual no es dañina para su hijo. Ni el coito ni el orgasmo tienen por qué causar problemas si su embarazo es sano. El bebé está bien protegido en el amnios y el líquido amniótico. Los músculos del útero son fuertes y también lo resguardan, además una capa gruesa de moco taponea el cuello uterino para defenderlo de infecciones. Por lo común, es el hombre el que pregunta sobre el sexo en el embarazo. Si lo prefiere, hable del tema con su médico cuando su esposo asista a la consulta de rutina. Si no la acompaña, tranquilícelo en cuanto a que no debe haber problemas si el embarazo es normal.

Si siente que el bebé se mueve después del coito, no significa que lo hayan perturbado ni que esté incómodo o en peligro. Su bebé se mueve mucho, lo que usted haga no importa.

Deseo sexual

Impulso sexual acentuado. Los investigadores señalan que el embarazo aumenta el impulso sexual de algunas mujeres. Es posible que experimenten orgasmos (u orgasmos múltiples) por primera vez en el embarazo. Esto se debe al aumento de la actividad hormonal y al incremento en el aporte sanguíneo a la zona pélvica.

Menor deseo. Durante el primer trimestre, quizá se sienta cansada y con náuseas. En el tercero, el aumento de peso, el crecimiento del abdomen, la sensibilidad de los pechos y otros problemas hacen que disminuya su deseo de tener relaciones sexuales. Es normal. Explique a su pareja cómo se siente y traten de encontrar una solución que funcione para los dos.

> *El sexo es algo muy personal: no se puede seguir ningún patrón.*

Sentirse "menos sensual". Es posible que se sienta menos atractiva durante el embarazo, pero para muchos hombres las gestantes son muy atractivas. Si tiene estos sentimientos, hable con su pareja.

El sexo es individual: no van a encajar en ningún patrón. La sensibilidad y la comprensión los ayudarán a ambos.

Molestias físicas al hacer el amor

Quizá sea necesario que encuentren nuevas posiciones para hacer el amor, pues el volumen de su abdomen hará que algunas sean incómodas. Además, los médicos aconsejan a las mujeres que no se recuesten de espaldas desde el comienzo del tercer trimestre hasta el nacimiento: el peso del útero restringe la circulación. Póngase de costado o usted arriba.

Repitamos que estudie con su médico todas las complicaciones e inquietudes en el transcurso del embarazo. Si tiene síntomas poco comunes durante o después de la actividad sexual, hable con él antes de repetir.

Aborto espontáneo y parto prematuro

Si tiene antecedentes de aborto, es posible que su doctor le aconseje evitar el sexo y el orgasmo; sin embargo, en la actualidad no hay datos que relacionen la actividad sexual con el aborto espontáneo.

Una amiga me dijo que el sexo adelanta el parto. ¿Es verdad?

El orgasmo produce contracciones uterinas ligeras, así que si tiene antecedentes de parto prematuro quizá su médico le advierta en contra del coito y el orgasmo. Las sustancias químicas del semen también estimulan las contracciones, así que no es aconsejable que su esposo eyacule dentro de usted. No obstante, en un embarazo normal, incluso cerca de la fecha de parto, no suele ser un problema.

Qué evitar

No inserte en la vagina ningún objeto que pueda causar daños o infecciones. También es peligroso soplar en la vagina pues podría introducir un émbolo gaseoso mortal (una burbuja de aire) en el torrente sanguíneo. La estimulación de los pezones libera oxitocina, la sustancia que induce las contracciones uterinas. Lo mejor es que lo discuta con su médico.

¿Existen situaciones en que debamos evitar el sexo durante el embarazo?

Evite la actividad sexual si tiene cualquiera de los siguientes problemas:

- placenta previa o caída
- cérvix incompetente
- parto prematuro
- embarazo múltiple
- ruptura de la bolsa de aguas
- dolor
- hemorragia o flujo vaginal inexplicado
- no encuentra una posición cómoda
- usted o su esposo tienen una lesión de herpes sin sanar
- ha comenzado el trabajo de parto

Enfermedades de transmisión sexual

11

Anteriormente no era común que una gestante se presentara con el médico inquieta por tener una enfermedad de transmisión sexual (ETS), o sea, una enfermedad venérea. En la actualidad veo más mujeres con esta preocupación. Quizá no esté segura de qué es una enfermedad venérea: se trata de una enfermedad contraída durante el contacto sexual, sea éste coito, sexo oral o anal.

Las mujeres están expuestas a muchas enfermedades venéreas y sabemos que también dañan al bebé en crecimiento. En este capítulo nos ocuparemos de las enfermedades de transmisión sexual más comunes y le daremos información para que sepa qué observar si cree que estuvo expuesta. Si tiene una de estas enfermedades, acuda al médico de inmediato.

Infecciones micóticas

La candidiasis o moniliasis es una infección causada por un hongo levaduriforme que afecta la vagina y la vulva. Estas infecciones son más comunes en las gestantes que en otras mujeres. No tiene grandes efectos negativos en el embarazo, pero suele causar molestias.

Las infecciones micóticas son más difíciles de controlar si está encinta. Requieren tratamientos más prolongados (10 a 14 días en lugar de tres a siete) o repetidos. Las cremas y los supositorios que se aplican son seguros en el embarazo, aunque la mayoría de los médicos recomiendan evitar el tratamiento durante el primer trimestre. No hay que tratar a su esposo, a menos que presente síntomas.

161

La sustancia antimicótica fluconazol se toma en forma de pastilla una sola vez para acabar con la infección. Por desgracia, no se recomienda durante el embarazo o la lactancia porque no se ha demostrado que sea segura.

¿Qué problemas traen al bebé las infecciones micóticas?
El recién nacido puede adquirir *algodoncillos* en la boca al pasar por el canal de nacimiento infectado. El tratamiento del neonato con nistatina es eficaz.

Tricomona vaginal

Esta forma de vaginitis es una infección venérea causada por parásitos llamados *tricomonas*. Los síntomas son sensación de quemadura y prurito en la zona de la vulva, acompañada de flujo espumoso blanco o amarillo. La infección no tiene efectos importantes en el embarazo.

El tratamiento de la vaginitis durante la gestación es problemático, pues la sustancia usada, metronidazol, no debe tomarse durante el primer trimestre y sólo se prescribe después de este lapso.

Verrugas venéreas

Las verrugas venéreas (o genitales) son causadas por el papilomavirus humano (PVH) que se contagia durante el acto sexual. Se trata de abultamientos de la piel y se denominan *condilomas acuminados*.

Las verrugas venéreas pueden causar problemas en el embarazo, pero por lo regular no lo hacen. A veces, en este periodo crecen. Si una mujer tiene muchas verrugas, se prefiere recurrir a la cesárea para evitar hemorragias excesivas y otras complicaciones. Se ha sabido de bebés nacidos por la vía natural infectada de verrugas que tienen pequeños tumores benignos en las cuerdas vocales *(papilomas laríngeos)*.

Por lo regular, las verrugas venéreas no se tratan durante el embarazo. Si crecen tanto que interferirían con el parto, el doctor recomendará extirparlas, que es el único tratamiento empleado en la gestación.

Herpes simple genital

Esta infección por herpes afecta la zona genital. Presenta problemas en el embarazo, porque el bebé corre riesgos de infectarse en el momento del parto.

Los síntomas del herpes genital son grupos dolorosos de ampollas pequeñas en la región genital y en la apertura de la vagina. Al principio, las ampollas causan hormigueo y comezón. Entonces, se vuelven sensibles y revientan dejando úlceras dolorosas. Entre los síntomas, que duran de una a tres semanas, se incluyen también dolores, fatiga y fiebre. Es posible que se presenten nuevos accesos en cualquier momento, pero son más cortos y benignos que el primero.

A la infección de herpes al comienzo del embarazo se le relaciona con el aumento del riesgo a sufrir aborto espontáneo o parto prematuro, pero no es frecuente. La infección de la madre se relaciona con bajo peso natal. Pensamos que el bebé puede contraerla al pasar por el canal de nacimiento infectado. Cuando se rompen las membranas, la infección también asciende al útero y afecta al bebé.

No hay cura definitiva contra el herpes. El aciclovir disminuye la intensidad y la duración de los síntomas, pero no se ha establecido la seguridad de la sustancia en el embarazo. Cuando una mujer tiene una infección activa de herpes hacia el final del embarazo, se practica una cesárea para evitar que el bebé se infecte al nacer.

Para no contraer una infección de herpes, debe asegurarse de que su esposo no la padece. Si él sospecha que tiene herpes, debe solicitar tratamiento médico. Si padece herpes o pudo haber estado expuesto al virus, la mejor manera de evitar el contagio es abstenerse de contactos sexuales durante los accesos y, en otras épocas, pedirle que use condones.

Clamidia

La clamidia es una enfermedad de transmisión sexual común. Se estima que cada año la contraen varios millones de personas. Los síntomas son flujo vaginal y dolor pélvico, aunque a veces es asintomática (es decir, usted no sabe que tiene la infección). Entre el 20 y el 40 por ciento de todas las mujeres estadounidenses sexualmente activas han estado expuestas en algún momento.

Una de las complicaciones más importantes de la clamidia es la enfermedad pélvica inflamatoria (EPI). Es una enfermedad grave de los órganos sexuales de la mujer que hace más difícil la fecundación. Si ha tenido EPI, sus probabilidades de tener un embarazo ectópico aumentan.

Durante el embarazo, la madre en ciernes transmite la infección a su hijo cuando pasa por el canal de nacimiento. El bebé tiene de 20 a 50 por ciento de probabilidades de adquirir clamidia, que originaría infecciones oculares o neumonía.

Los exámenes de detección de clamidia son el pélvico y un frotis cervical. El tratamiento consiste en la administración de tetraciclina, que *no* debe darse a la gestante: en el embarazo, el antibiótico que se recomienda es la eritromicina.

Gonorrea

La gonorrea es una infección venérea que se transmite por contacto sexual. En la mujer, afecta la uretra, la vulva, la vagina y las trompas de Falopio. Sin embargo, en ocasiones no se manifiestan síntomas de la enfermedad.

El bebé se contagia al pasar por el canal del nacimiento y presenta una inflamación ocular. Para prevenir el problema, se aplican rutinariamente gotas a los ojos de los neonatos. También es posible que adquieran otras infecciones.

Las infecciones gonorreicas se tratan con penicilina y otros fármacos seguros durante el embarazo.

Sífilis

La sífilis es una enfermedad de transmisión sexual que produce lesiones en cualquier órgano o tejido. El padecimiento puede estar latente durante años sin mostrar síntomas.

La sífilis afecta el embarazo de varias maneras. Aumenta la probabilidad de un mortinato y causa diversas infecciones en el recién nacido. Cualquier etapa de sífilis puede dar lugar a un bebé infectado.

La sífilis se trata eficazmente en el embarazo con penicilina y otros medicamentos seguros.

SIDA

El SIDA (síndrome de inmunodeficiencia adquirida) aqueja hoy a más mujeres que en el pasado. El embarazo oculta algunos síntomas de la enfermedad, con lo que es más difícil descubrirla. Algunos tratamientos no se emplean durante la gestación.

Es posible que una mujer transmita a su bebé el VIH, el virus que causa el SIDA, antes durante o incluso después del nacimiento, y si amamanta. La tasa de sobrevivencia de los niños diagnosticados con SIDA en los primeros seis meses es baja.

Para determinar si la persona padece esta enfermedad o es cero positiva al VIH se practican dos exámenes de sangre: ELISA y la Western Blot. Si el examen ELISA da positivo, se confirma con uno de la Western Blot. Ambos estudios miden los anticuerpos del virus de la inmunodeficiencia humana que causa el SIDA, no el propio virus. Se piensa que el examen para detectar la Western Blot es 99 por ciento sensible y específico.

Las investigaciones han probado que el tratamiento AZT reduce las probabilidades de que la madre infectada contagie el virus al bebé. El riesgo para la salud del bebé con VIH es grave e importante, pero siguen habiendo avances en la investigación del SIDA. Si le preocupa el VIH o SIDA, platique con su médico. Se están probando combinaciones de medicamentos y los resultados arrojan algunos éxitos.

Drogas y otras sustancias

12

Me siento sorprendido cuando una gestante no da importancia a lo que come, bebe, fuma o ingiere con la esperanza de que no pasará a su bebé. En capítulos anteriores nos ocupamos de fármacos y otras sustancias y de su efecto en el embarazo. En este capítulo quiero prestar atención en particular a las sustancias más dañinas en la gestación. Pienso que *toda* mujer encinta y todos los que la rodean deben conocer sus peligros. Muchas personas no están al tanto del efecto destructivo de incluso un consumo ocasional de tales sustancias.

En este capítulo conocerá los daños que causan a usted y al bebé el tabaco, el alcohol y varias drogas y sustancias. La información sobre sus efectos procede de casos de exposición ocurridos antes de conocerse el embarazo y han servido a los investigadores para conocer las posibilidades de daños, pero no nos ayudan comprender todo el cuadro. Por esta razón, es imposible hacer afirmaciones precisas sobre determinadas sustancias y sus efectos en la madre y el bebé en gestación.

No pretendo asustarla con esta información; sin embargo, es importante que todas las gestantes conozcan los efectos que el tabaquismo, el consumo de alcohol y la drogadicción tienen en ellas y en sus bebés.

Su bebé no puede defenderse. Está en manos de usted protegerlo como se merece.

¿Qué actividades afectan a mi bebé?
Todo lo que haga puede tener un efecto en su hijo. El humo del cigarro, el alcohol, las drogas, los tranquilizantes e incluso la cafeína llegan a influir en el feto. Algunas sustancias que usted toma y que en circunstancias normales no representan un peligro tienen efectos adversos en el feto. Otras son malas para ambos. Nunca es demasiado pronto para pensar en la repercusión que tienen sus actos en el bebé que crece dentro de usted.

Tabaquismo

El tabaquismo es nocivo porque el humo que inhala la madre contiene muchas sustancias tóxicas, entre ellas nicotina, dióxido de carbono, cianuro de hidrógeno, alquitrán, resinas y algunos cancerígenos. Cuando una gestante aspira el humo del cigarro, estas sustancias cruzan la barrera placentaria y alcanzan al bebé.

La gestante que fuma una cajetilla de cigarros al día (20 cigarrillos) inhala humo de tabaco más de 11,000 veces durante el embarazo promedio. Repetimos, este humo afecta el crecimiento del bebé.

Las embarazadas corren mayores riesgos de padecer complicaciones si fuman. El peligro de desprendimiento placentario aumenta casi 25 por ciento en las que fuman poco y 65 por ciento en las empedernidas. La frecuencia de placenta previa es 25 por ciento mayor en las fumadoras moderadas y 90 por ciento en las inveteradas (para mayor información sobre estos problemas, véase el capítulo 14).

Los hijos de madres fumadoras pesan menos que otros bebés.

Además, el tabaquismo durante el embarazo aumenta el riesgo de aborto, muerte del feto o muerte del bebé después de nacer. Este riesgo guarda una relación directa con los cigarrillos fumados al día y aumenta hasta 35 por ciento en las que consumen más de una cajetilla diaria.

¿Qué efectos tiene mi tabaquismo en el bebé?
Los hijos de madres fumadoras pesan menos que otros bebés, lo que trae complicaciones. Se ha observado que los hijos de mujeres que fumaron en el embarazo tienen menores puntuaciones de coeficiente intelectual y mayor incidencia de dificultades de lectura. También son mayores los casos de hiperactividad. Las investigaciones han demostrado que el tabaquismo en el embarazo interfiere con la absorción de vitaminas B y C y ácido fólico. Un estudio reciente vinculó el tabaquismo de una madre con el retraso mental de su bebé. Además, los hijos de fumadoras sufren el síndrome de abstinencia de la nicotina. En los adultos, se manifiesta con calambres, nerviosismo e irritabilidad.

Métodos para dejar de fumar

Los parches y los chicles de nicotina contienen muchas de las mismas sustancias que los cigarrillos. No se conocen sus efectos en el crecimiento fetal. Si está embarazada, los investigadores aconsejan no recurrir a estos métodos, que quizá la exponen a usted y su bebé a las sustancias nocivas que se trata de evitar.

¿Qué puedo hacer si fumo?
Lo mejor que puede hacer por usted es dejar de fumar completamente antes y durante su embarazo. Si no lo logra —es difícil abstenerse de golpe— disminuya el número de cigarrillos, lo que ayudaría a reducir los peligros.

¿Afecta el tabaquismo del esposo a la madre y el bebé?

Algunas investigaciones señalan que las no fumadoras y sus nonatos están expuestos a carboxihemoglobina y nicotina en el humo de un tercero. Estas sustancias son nocivas para usted y su bebé. Pídale a su pareja que deje de fumar durante su embarazo e incluso sugiera que abandone el hábito en definitiva. Como mínimo, pídale que no fume junto a usted ni en la casa. También es buena idea evitar los lugares llenos de humo, como los bares.

Consumo de alcohol

El consumo de alcohol plantea riesgos considerables para la gestante. Incluso el consumo moderado se ha relacionado con la probabilidad de abortar. El consumo excesivo da lugar a anormalidades en el bebé y el alcoholismo crónico es causa del síndrome de alcoholismo fetal, que consiste en un crecimiento anormal.

Síndrome de alcoholismo fetal (SAF)

El síndrome de alcoholismo fetal es un conjunto de problemas que afectan a los hijos de mujeres que tomaron cantidades excesivas de alcohol durante el embarazo. Se caracteriza por retraso del crecimiento antes y después del parto. También han observado en estos niños defectos cardiacos y de miembros, rasgos faciales peculiares (como nariz corta y alzada), mandíbula superior aplanada y ojos "diferentes". Los niños también tienen problemas de conducta, dificultades para hablar y deterioro en el uso de articulaciones y músculos.

Para hacer un diagnóstico definitivo de síndrome de alcoholismo fetal es preciso cumplir con ciertos criterios. La madre debe tener antecedentes de consumo de alcohol en el embarazo y el bebé debe presentar tres criterios médicos: anomalías del rostro o el cráneo, retraso del crecimiento y daño del sistema nervioso central, por lo general en la forma de una deficiencia mental.

Exposición fetal al alcohol

Si no se cumple con el criterio anterior de consumo de alcohol de la madre, decimos que esta condición es de *exposición fetal al alcohol,* o *EFA.* Es posible que se diagnostique un bebé con un defecto congénito ligero si la madre bebió algo durante el embarazo.

¿Cuánto alcohol es demasiado?
En la actualidad, creemos que *cualquier* cantidad de alcohol es demasiado. Los estudios indican que se requieren cuatro, cinco o más copas diarias para causar el SAF, pero se han relacionado anomalías ligeras con tan poco como dos copas al día. Lo mejor es abstenerse por completo del alcohol durante la gestación.

No hay acuerdos sobre si está bien que las mujeres tomen una copa "social" ocasional durante el embarazo porque no conocemos el nivel "seguro" de consumo. Le recomiendo que no beba nada en la gestación. ¿Para qué se arriesga?

La posibilidad de defectos congénitos es la razón de que las bebidas alcohólicas tengan en las etiquetas leyendas que advierten a las gestantes que se abstengan del consumo por el riesgo de causar problemas en el feto como SAF o EFA.

Bebidas ocasionales antes de la concepción

Con frecuencia me preguntan si es correcto que las mujeres tomen una bebida alcohólica ocasional mientras tratan de concebir. Si es su caso, lo más probable es que no sepa exactamente cuándo concibió. ¿Para qué dejarlo a la suerte? Es aconsejable dejar de beber cuando trate de embarazarse, así estará segura de evitar problemas.

Algunos investigadores creen que si el padre bebe mucho próximo a la concepción, puede dar por resultado SAF en el producto. El consumo de alcohol del padre también se ha relacionado con retraso en el crecimiento intrauterino.

Medicinas y alcohol

Si se toman medicinas con alcohol, aumentan las probabilidades de dañar al feto. Los fármacos de mayor preocupación son los analgésicos, los antidepresivos y los anticonvulsivos.

Otras precauciones

Tenga mucho cuidado con las sustancias que contienen alcohol. Los medicamentos de venta libre y los remedios para el resfriado contienen hasta 25 por ciento de alcohol.

Consumo de drogas y fármacos

No siempre es fácil discernir entre drogas y fármacos. Algunos incluyen entre las drogas al alcohol y el tabaco, que vendrían a ser las "drogas legales". Por lo demás, el abuso de ciertos fármacos (es decir, no tomarlos como fueron prescritos sino en exceso) los convierte también en drogas.

Dependencia de las drogas

La **dependencia física** consiste en que es preciso tomar la sustancia para evitar los síntomas desagradables de la abstinencia; no siempre significa abuso ni drogadicción. Por ejemplo, muchos bebedores de café presentan tales síntomas cuando dejan su bebida, pero no son considerados drogadictos.

Por **dependencia psicológica** se entiende que el consumidor sufre una necesidad emocional de la droga o medicamento. Esta necesidad es a veces más apremiante que la física y es el estímulo para continuar con el hábito.

¿El consumo de drogas afecta mi embarazo?
Sí. Algunas drogas y fármacos dañan al feto. Además, la mujer que abusa de estas sustancias corre el riesgo de tener más complicaciones en el embarazo.

Los problemas del embarazo son más frecuentes

Son más comunes las deficiencias de nutrición entre las gestantes que abusan de las drogas. También se presentan anemia y retraso del crecimiento fetal. Estas mujeres tienen más probabilidades de sufrir preclampsia.

Marihuana

La marihuana contiene tetrahidrocanabinol (THC). Las investigaciones han demostrado que el consumo de marihuana de la madre futura, en años posteriores causa problemas al niño como deficiencia de atención, trastornos de la memoria e incapacidad de tomar decisiones. Estos problemas aparecen entre los tres y los 12 años. El hashish también contiene tetrahidrocanabinol. Evite el consumo en el embarazo.

Anfetaminas

Los investigadores han probado que el uso en el embarazo de estimulantes del sistema nervioso, como las anfetaminas, se relaciona con un aumento en los defectos cardiovasculares de los bebés.

Barbitúricos

El consumo de sedantes y somníferos se asociaría con defectos congénitos, pero no se ha probado en definitiva. Comoquiera que sea, hemos observado retraimiento, mala alimentación, ataques y otros problemas en los hijos de madres que abusaron de estas sustancias en el embarazo.

Otros tranquilizantes

En esta sección se incluyen los tranquilizantes de la familia de las benzodiazepinas y otras sustancias nuevas. Varios estudios han relacionado el uso de estos fármacos con un aumento en los defectos congénitos.

Narcóticos opioides

Estos opioides se derivan del opio y de compuestos sintéticos con propiedades similares. Producen euforia, modorra o adormilamiento y disminuyen la sensibilidad al dolor. El consumo habitual origina dependencia física. Entre estas sustancias se encuentran la morfina, la heroína y la codeína.

Estas sustancias están vinculadas a varias anomalías congénitas y complicaciones del embarazo. Las gestantes que las consumen corren más riesgos de tener parto prematuro, retraso del crecimiento intrauterino y preclampsia. Después de nacer, el bebé sufre síntomas de abstinencia.

Si la madre se inyecta drogas, está en peligro de padecer otros problemas, como SIDA, hepatitis y endocarditis (inflamación del revestimiento del corazón), que son muy graves en el embarazo.

Alucinógenos

El uso de alucinógenos, como el LSD, la mezcalina y el peyote, no es tan común como hace varios años. Sin embargo, aumenta el consumo de fenciclidina, que es también un alucinógeno potente.

La fenciclidina, conocida como "polvo de ángel", causa en la madre enfermedades mentales graves y pérdida del contacto con la realidad. Las investigaciones han revelado casos de crecimiento anormal en algunas personas, por lo que creemos que tiene ese efecto en los bebés, aunque no se haya probado en definitiva.

Cocaína y crac

En la actualidad, el consumo de cocaína es una complicación más común en el embarazo. Con frecuencia, la mujer toma la droga durante cierto periodo que llega a extenderse a varios días. En ese lapso, come y bebe muy poco, lo que de por sí tiene consecuencias graves para el crecimiento del feto.

La cocaína se ha relacionado con convulsiones, arritmia, hipertensión e hipertermia en la gestante. El consumo ininterrumpido afecta la nutrición de la madre y su control de la temperatura, lo que daña al feto. Produce aborto espontáneo, desprendimiento placentario y defectos congénitos. El crac es una forma más potente de cocaína y por tanto se le aplican también los mismos efectos y las mismas advertencias.

Oí que el consumo de cocaína a comienzos del embarazo causa problemas graves. ¿Es cierto?
La mujer que toma cocaína en las primeras 12 semanas del embarazo corre más riesgos de abortar. El daño al producto ocurre incluso al tercer día de la concepción.

Los hijos de mujeres que consumen cocaína o crac tienen un CI menor y deficiencias mentales a largo plazo. El síndrome de muerte súbita del lactante (SMSL) también es más común en estos bebés. Muchos nacen muertos.

Una última reflexión

Tal vez conozca a alguien que probó drogas unas cuantas veces mientras estaba encinta y al cabo dio a luz un bebé de aspecto sano. Se preguntará si acaso se exageran los peligros del consumo de estas sustancias en el embarazo. No. *No se exageran*. Cualquier mujer que toma drogas y le ocurrió que de todos modos tuvo un hijo sano es afortunada. El feto depende por completo de su madre para satisfacer hasta la última de sus necesidades, así que *todo* lo que hace ella lo afecta. Lo que parecería una cantidad pequeña de cierta sustancia para una mujer adulta puede tener efectos graves en el feto, cuyos órganos aún están en formación. La salud de su bebé está en sus manos. Haga cuanto pueda para que su hijo tenga el mejor comienzo en la vida.

Preocupaciones 13
de la madre soltera

En la actualidad, muchas mujeres tienen a sus hijos solas, ya sea por elección, o porque el padre no está dispuesto a asumir la responsabilidad. Otras cuentan con el apoyo del padre pero decidieron no casarse. Mi propósito en este capítulo es darle los fundamentos para que aclare sus dudas sobre su situación particular. No me incomoda hablar de los aspectos médicos y emocionales de estos embarazos puesto que me han hecho muchas preguntas al respecto.

No contesto las preguntas que aparecen al final del capítulo porque atañen a cuestiones legales que no estoy calificado para abordar. Las incluyo porque su situación tiene ramificaciones jurídicas. Espero que le sirvan para señalar los puntos a analizar sobre su situación personal cuando la estudie con su abogado, la trabajadora social del hospital, su médico o su familia.

Soy soltera y decidí tener a mi hijo. ¿Qué debo contestar a quienes me preguntan por qué?
No importa lo que los demás le pregunten: no es asunto de ellos. Lo importante es cómo se siente con su embarazo. Es usted quien decide lo que quiera decirle a la gente y las explicaciones que les dé.

Las relaciones con los demás

Familia

El trato con sus familiares será difícil si no están de acuerdo con su decisión de tener sola al bebé. Si usted está conforme con su elección, enfréntelos y pídales que le expongan sus razones de porqué están en contra de su embarazo. Nunca logrará que algunos de ellos cambien de opinión, así que tendrá que vivir con su desaprobación o ignorarla.

Conocidos

No dé pie a los demás para que le pregunten sobre su embarazo a menos que no la incomoden sus preguntas. Algunos sentirán una preocupación genuina por usted; otros sólo son entrometidos. Antes de responder, decida si en verdad se interesan en usted y entonces comparta con ellos tanto o tan poco como se sienta a gusto.

Tengo muchos problemas emocionales con este embarazo. ¿Con quién debo hablar de ellos?
Empiece con su médico. El personal del consultorio le darán informes sobre un consejero o un psicólogo, dependiendo de lo que necesite.

Preparación para el nacimiento

Como cualquier gestante, tiene que decidir quién estará con usted a la hora del parto y con quién contará después para que la ayude. El único plan especial que se me ocurre es que piense cómo va a llegar al hospital. Una paciente decidió pedirle a una amiga que la llevara en su coche, pero en su momento no la localizó. La siguiente opción (planeada de antemano) era llamar un taxi, que la dejó en el hospital con tiempo de sobra.

Pídale a una buena amiga, un familiar o alguna persona cercana que esté con usted durante el trabajo de parto. No todas las mujeres llevan a su pareja como director de parto. He descubierto que muchas veces la mujer que ya ha dado a luz con el mismo método cumple excelentemente esta función. Entenderá sus molestias y estará en posición de identificarse con su experiencia.

Reacciones en el hospital

Me han preguntado si las enfermeras del hospital tratan a las parturientas solteras de modo distinto que a las casadas. En todas mis experiencias en la escuela de medicina, durante mi residencia y en el ejercicio independiente, las enfermeras con las que he trabajado han sido muy profesionales. Su tarea consiste en brindar la mejor atención posible, se enorgullecen de cuidar a sus pacientes. Nunca he conocido a ninguna que trate a nadie de manera especial por cualquier razón.

Algunas personas piensan que estoy loca por decidir tener sola a mi bebé. ¿Qué debo decirles?
Sus *amistades* no la tratarán de esta manera. En cuanto entiendan la situación, la apoyarán. Si otros le hacen pasar ratos malos, no hable con ellos sobre su embarazo ni sus razones para tener sola a su bebé.

A casa con el bebé

Un bebé nuevo es un reto increíble en cualquier situación. Necesitará más apoyo de sus familiares y amigos cuando vuelva a casa porque no tendrá a nadie más con quien compartir las responsabilidades. No dude en pedir ayuda. Si no tiene a nadie que le conceda parte de su tiempo, piense en contratar una asistente que se quede las noches de por lo menos la primera o las dos primeras semanas, mientras usted se recupera.

Mis pacientes que son madres solteras se preguntan a veces si sus vecinos las tratarán a ellas y sus bebés de manera diferente. En nuestros días no es tan raro ser madre soltera, así que dudo que hagan diferencias. Muchas mujeres de todas las edades han tomado esta decisión. Unos pocos la tratarán en forma distinta; a los demás no les importará. Los buenos amigos y los familiares la apoyarán.

Preocupaciones comunes
Una familia pequeña

A algunas madres solteras les inquieta la idea de que a sus hijos les haga falta una familia ampliada, es decir, el otro grupo de abuelos, tíos y primos. Las familias actuales son diferentes de lo que eran en el pasado. Muchos niños no cuentan con sus dos padres o sus cuatro abuelos, incluso en las familias más unidas. He descubierto que en estas situaciones un amigo de más edad es tan amoroso y dedicado con el niño que un abuelo. Invite a sus amigos mayores a formar parte de la vida de su hijo.

¿Quién más se hace cargo del niño?

No está de más preguntarse qué pasaría con su bebé si usted se enferma de gravedad o queda incapacitada. Prevea esta eventualidad. Encuentre algún familiar o amistad cercana a quien llamar si el caso se presenta. Se sentirá más tranquila si sabe que previó tal acontecimiento.

Juntos pero no casados

Si está embarazada y vive con su pareja sin casarse, la mayoría de la gente dará por hecho que están casados. Quizá se pregunte qué tan importante es que los demás conozcan su situación real. Si se trata de un dependiente o una mesera, no tiene importancia aclarar la situación. Si es su doctor, menciónele cómo está su relación.

Siento que no tengo a nadie con quién compartir mis problemas y preocupaciones por el embarazo. ¿Qué hago?

Comparta esos problemas y preocupaciones con sus familiares y amigos. Las madres de niños pequeños se sentirán identificadas con lo que usted siente, pues hace poco pasaron por lo mismo. Si tiene amigas o familiares con pequeños, hable con ellas. Probablemente es lo mismo que haría si estuviera casada. No deje que su situación la altere.

Preguntas legales

Anoto las siguientes preguntas sin sus respuestas porque son asuntos jurídicos que debe examinar con un abogado especialista en el fuero familiar. Son una guía para formular las preguntas que debe plantear en su situación particular.

Una amiga que tuvo sola a su bebé me dijo que me conviene contemplar las ramificaciones legales de la situación. ¿A qué se refería?

Me dijeron que en ciertas jurisdicciones, si estoy soltera debo conseguir un acta de nacimiento especial. ¿Es verdad?

Voy a tener sola a mi bebé y me preocupa saber quién va a tomar las decisiones en lo referente a nuestra salud. ¿Hay algo que pueda hacer al respecto?

No estoy casada, pero tengo una relación profunda con el padre de mi bebé. ¿Puede tomar él las decisiones en cuanto a mi salud si tengo problemas en el parto o después?

Si algo me pasa, ¿es posible que mi pareja tome las decisiones de salud que conciernan a nuestro bebé cuando nazca?

¿Cuáles son los derechos legales del padre de mi bebé si no estamos casados?

¿Los padres de mi pareja tienen derechos legales con respecto a mi hijo (su nieto)?

El padre de mi bebé y yo nos separamos antes de que supiera que estaba embarazada. ¿Estoy obligada a informarle?

Decidí someterme a inseminación artificial. Si algo me pasa durante el trabajo de parto y el nacimiento, ¿quién tomará las decisiones por mí?

¿Quién puede tomar las decisiones de salud que atañen a mi bebé?

Me embaracé por inseminación artificial. ¿Qué anoto en el acta de nacimiento en los recuadros para el padre?

¿Hay alguna forma de averiguar más sobre los antecedentes médicos familiares del donador de mi esperma?

¿El banco de esperma me notificará si surgen problemas médicos en la familia de mi donador?

Me sometí a inseminación artificial. ¿El padre del bebé tiene algún derecho legal a ser parte de la vida de mi hijo en el futuro?

Alguien me hacía la broma de que quizá mi hijo o hija se case con su hermana o hermano (porque tuve inseminación artificial) sin saberlo. ¿Es posible?

Cuando mi hijo crezca, cabe la posibilidad de que requiera ayuda médica de un hermano (como la donación de un riñón). ¿El banco de esperma me revelaría esa información?

Problemas y signos de advertencia

Siempre aseguro a mis pacientes gestantes que es completamente normal sentir algunas preocupaciones por problemas durante el embarazo. Me asombraría que no tuvieran *ninguna* inquietud, así que si está un poco asustada por esta experiencia desconocida no tema. Definitivamente, no está sola.

Si está consciente de los problemas que se puedan presentar y sabe los signos o síntomas a considerar, ayudará al equipo de su médico y será más fácil atenderla. Trato de inculcar a mis pacientes que ellos forman parte de sus cuidados médicos y usted debe verlo de la misma manera. Usted conoce su cuerpo mejor que cualquier médico, así que sabe cuando todo va bien.

Cada vez que exprese una inquietud en alguna de sus consultas prenatales o llame al consultorio si tiene alguna duda, usted y quienes la atiende estarán contribuyendo a que tenga un buen embarazo. Además, estará en posición de manejar cualquier situación que surja antes de que se agrave.

Exprese sus preocupaciones en las consultas prenatales o llame al consultorio si tiene alguna duda. Si colabora con su médico, hará de este embarazo una gran experiencia.

Signos de alerta

Si hay algo en su embarazo que le preocupa, no dude en pedir ayuda. Entre las señales de alerta se encuentran:

- hemorragia vaginal
- micción dolorosa
- dolor abdominal agudo
- pérdida de líquido por la vagina, por lo regular un torrente, pero a veces un goteo o humedad continua
- un cambio notable en el movimiento del bebé o falta de movimiento
- temperatura de más de 38.7°C
- escalofríos
- vómito intenso o incapacidad de pasar alimentos o bebidas
- visión borrosa
- inflamación grave del rostro o los dedos
- dolor de cabeza fuerte o que no desaparece
- lesión o accidente lo bastante grave para preocuparla por el bienestar de su embarazo, como una caída o un choque en automóvil

Hemorragias en el embarazo

Le aseguro que las hemorragias en el embarazo no son raras ni significan siempre un problema. Alrededor de una de cada cinco mujeres presentan una hemorragia vaginal al comienzo de la gestación. Informe a su doctor cualquier hemorragia que tenga; es posible que le ordene un ultrasonido. Si es al principio del embarazo, se sentirá atemorizada de tener un aborto espontáneo. Por lo regular no logramos dar una respuesta definitiva sobre qué causa las hemorragias, pero sabemos que no suelen ser un problema.

¿El descanso en cama detiene las hemorragias?

Meterse a la cama y descansar ayuda a contener una hemorragia vaginal. Le sugiero que llame al médico antes de hacer cualquier cosa y siga sus indicaciones. Él conoce sus antecedentes médicos y su embarazo, así que obedezca sus consejos.

Llamé a mi doctor porque tenía una hemorragia ligera. Me dijo que descansara y no tuviera relaciones sexuales. ¿Puedo tomar alguna medicina o hacer algo para detener el flujo y asegurarme que todo saldrá bien?

Su doctor le dio un buen consejo: no hay procedimientos médicos ni medicinas para detener la hemorragia. Si usted o su doctor están muy preocupados, le programará un ultrasonido. Este examen no evitará nada; le dará alguna tranquilidad pero seguirá sangrando. Las decisiones sobre el curso del tratamiento o las medidas que haya que tomar son personales y debe analizarlas con su médico, quien conoce sus antecedentes y su situación personal.

Caídas en el embarazo

Una caída es la causa más frecuente de lesiones menores durante el embarazo. Por fortuna, no produce daños graves en el feto ni en la madre. Si se cae, llame a su médico: quizá requiera atención. Si es una caída aparatosa, aconsejará la supervisión del ritmo cardiaco del bebé o un ultrasonido.

Si me caigo, ¿qué indica un problema para mi embarazo?

Los siguientes son algunos signos y síntomas que alertan sobre la posibilidad de un problema:
• hemorragia
• flujo vaginal intenso, que indica ruptura de las membranas
• dolor abdominal agudo

El movimiento del bebé después de la caída es tranquilizador

Aborto espontáneo

Un *aborto espontáneo* es la terminación del embarazo antes de la vigésima semana de gestación. El embrión o el feto es expulsado antes de que sea capaz de sobrevivir fuera del útero.

¿Son muy frecuentes los abortos espontáneos?

Uno de cuatro embarazos termina en aborto espontáneo.

Signos de alerta de aborto

El primer signo de alerta es una hemorragia vaginal seguida de contracciones. Llame de inmediato al médico si tiene estos problemas. Cuanto más se prolonguen la hemorragia y las contracciones, más probable es que tenga un aborto.

Casi nunca sabemos por qué ocurren los abortos espontáneos, pues obedecen a muchas razones. El resultado más común de estos abortos es el crecimiento anormal del embrión. Las investigaciones indican que más de la mitad de estos abortos tienen anomalías cromosómicas. También causan abortos ciertos factores externos llamados *teratógenos*. Entre los ejemplos se encuentran la radiación y algunas sustancias químicas (drogas o medicinas) cuyos efectos abortivos están bien demostrados.

También se piensa que hay factores maternos relevantes en algunos abortos. La siguiente lista refiere algunos factores que han encontrado los investigadores.

- Ciertas infecciones de la madre futura, como listeriosis, toxoplasmosis o sífilis.
- Se cree que una deficiencia de progesterona es causa de aborto espontáneo; si se detecta a tiempo, puede tratarse, pero no todos están de acuerdo en que sea posible.
- Se ha demostrado que las infecciones genitales provocan abortos. Cuando se diagnostica una infección, se trata a la mujer y a su pareja.
- En ocasiones, el organismo de la gestante produce anticuerpos que atacan al feto o interrumpen el funcionamiento de la placenta.
- Las fumadoras tienen índices mayores de aborto espontáneo.
- También se señala al alcohol como causa de un índice mayor de abortos.

Índice mayor de aborto espontáneo

Hemos descubierto que algunas parejas tienen más probabilidades de presentar abortos espontáneos que otras. La razón tiene que ver con la composición genética exclusiva de tales parejas. Cuando los genes se unen en la fecundación del óvulo por el espermatozoide, a veces se originan anomalías genéticas que causan un aborto. En ocasiones los exámenes genéticos revelan este problema.

Cinco tipos de aborto espontáneo

Hay cinco tipos de aborto espontáneo que suelen confundir a la gente. Estas definiciones explican situaciones médicas diferentes.

Amenaza de aborto. La amenaza de aborto ocurre cuando hay un flujo vaginal sanguinolento en la primera mitad del embarazo. La hemorragia dura días o semanas. A veces se presenta con contracciones y dolor (parecido al cólico menstrual o a un dolor lumbar ligero). El descanso en cama es todo lo que cabe hacer para tratar de evitar el aborto, aunque su causa no es la actividad.

Aborto inevitable. Ocurre un aborto inevitable con la ruptura de membranas, la dilatación del cuello uterino y la emisión de coágulos e incluso tejido. En estas circunstancias, es casi segura la pérdida del bebé. Las contracciones del útero expulsan al embrión o los productos de la concepción.

Aborto incompleto. En un aborto incompleto, no se expele de inmediato todo el producto, pues parte se queda en el útero. La hemorragia puede ser intensa y continua hasta que el útero se vacía o lo limpia el médico mediante legrado uterino (véase la página 186).

Aborto frustrado. El aborto frustrado ocurre cuando el útero retiene un embrión muerto. La mujer no presenta hemorragia ni otros síntomas. El lapso entre la terminación del embarazo y el descubrimiento del aborto es de varias semanas.

Aborto habitual. El aborto habitual es el que ocurre luego de tres o más abortos espontáneos consecutivos.

¿Influye la alimentación en el aborto espontáneo?

No tenemos pruebas concretas de que la deficiencia de algún nutriente o incluso una deficiencia moderada de todos los nutrimentos sean causa de aborto espontáneo.

¿Puedo ser la causa de un aborto espontáneo?

En general no, así que no se culpe si tuvo un aborto. Es una reacción normal buscar la razón de la pérdida del bebé y pensar que acaso hizo algo mal. Muchas mujeres culpan a la tensión, las alteraciones emocionales o la actividad física de un aborto espontáneo, pero éstas no suelen ser las causas.

***En general no se
conoce la causa
de un aborto
espontáneo.***

Las mujeres no deben culparse por un aborto, ni a su pareja ni a nadie más. Por lo regular es imposible verificar todo lo que hicieron o comieron o a lo que se expusieron y encontrar una razón. Recuerde que por lo general no se conoce la causa de un aborto espontáneo.

Si se presenta un aborto espontáneo

Si tiene un aborto y expulsa todos los productos del embarazo, la hemorragia cede y desaparecen las contracciones, habrá terminado. Pero si queda algo en el útero será necesario practicar un legrado, que es una operación menor para vaciar el órgano. Es preferible hacerlo para no prolongar la hemorragia y correr el riesgo de que sufra anemia o una infección.

¿Qué hago si creo que tengo un aborto espontáneo?
Hable con su doctor. En la mayoría de los casos, no se puede hacer nada para evitar un aborto espontáneo. No hay procedimiento quirúrgico ni medicamentos que lo detengan. Los médicos recomiendan descanso en cama y disminución de las actividades. Algunos indican la administración de la hormona progesterona, pero no todos están de acuerdo. El ultrasonido y exámenes de sangre ayudan a determinar si va a tener un aborto, pero hay que esperar y ver.

Sensibilidad al Rh después de un aborto espontáneo

Si es Rh negativa y tuvo un aborto, tendrá que someterse al procedimiento de sensibilización, probablemente con administración de gamaglobulina anti-Rh (sólo si su sangre es Rh negativa).

¿Qué aspecto tiene un aborto?

No verá un feto. Lo que expele tiene el aspecto de tejido blanco, gris o rojo. No es posible saber si era niño o niña. Algunos doctores prefieren enviar el tejido al laboratorio para verificar si en realidad se trata del producto y no meramente de un coágulo.

Si tengo un aborto espontáneo, ¿el examen de embarazo dará positivo?
Sí. Las hormonas harán que su examen de embarazo arroje un resultado positivo.

Diferencia entre aborto espontáneo y mortinato

En términos médicos, la pérdida del feto antes de la vigésima semana es un *aborto espontáneo*. Después, es un *mortinato*.

Embarazo ectópico

El embarazo ectópico, también llamado *embarazo tubario,* se presenta en uno de 100 casos. Ocurre cuando el embrión se implanta fuera de la cavidad uterina, por lo regular en una trompa de Falopio, aunque también en el ovario, en la entrada de la trompa, en el punto donde se une con el útero y en la boca del útero. El embarazo ectópico es grave pues origina una hemorragia intensa cuando se suspende.

No es raro sentir un dolor ligero al comienzo del embarazo causado por un quiste ovárico o por el estiramiento del útero o los ligamentos. Algunas mujeres temen que sean indicios de un embarazo ectópico. Lo más probable es que no lo sea, pero si el dolor es tan fuerte que le preocupa, llame a su doctor.

Los síntomas de embarazo ectópico son dolor abdominal y hemorragia vaginal. A veces se confunde con apendicitis o infección de vejiga. Los factores que aumentan el riesgo de un embarazo ectópico son:

- infecciones pélvicas previas (EPI, o enfermedad pélvica inflamatoria)
- antecedente de apéndice perforado
- embarazo ectópico anterior
- cirugía de trompas de Falopio (como recanalización después de ligadura)
- uso de un DIU

Diagnóstico

El diagnóstico es difícil y requiere algunos exámenes (y algo de paciencia): ultrasonido, examen cuantitativo de GCH (gonadotropina coriónica humana) y laparoscopía (exploración visual del interior del abdomen). Incluso con estos exámenes hay que esperar algunos días o semanas antes de establecer un diagnóstico definitivo.

El examen cuantitativo de GCH es un estudio especial de sangre. La gonadotropina es una hormona que se produce en el embarazo y que aumenta muy rápidamente al comienzo. Un examen de embarazo común, de sangre u orina, da una respuesta positiva o negativa ("sí" o "no"). Un cuantitativo de GCH asigna un número que indica el grado

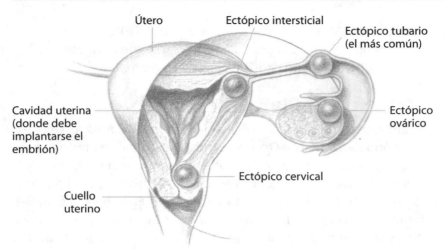

Localización de los embarazos ectópicos.

de vitalidad del embarazo. Estas cifras no son exactas, pero aumentan de tal modo que permiten al médico determinar si es un embarazo normal. El examen no se aplica de rutina, pero es muy útil cuando hay preocupaciones de aborto espontáneo o embarazo ectópico. Las hormonas secretadas en un embarazo ectópico también dan positivo en el examen de embarazo.

Tratamiento

Muchos embarazos ectópicos terminan en la reabsorción del embrión antes de que se reviente la trompa. La mujer nunca sabrá que estuvo embarazada. Si tiene diagnóstico de embarazo ectópico, recibirá tratamiento con metotrexato (un medicamento) pero suele requerirse cirugía para corregir el problema, lo que da por resultado la pérdida del producto. No es posible llevar a término un embarazo ectópico: lo suprime el propio organismo o se hace por cirugía.

Trombos en el embarazo

Ocasionalmente se diagnostican en el embarazo coágulos (llamados trombos) en los vasos sanguíneos de las piernas. Esta condición, llamada *tromboflebitis,* es más frecuente en esta época por los cambios en la circulación. La velocidad de flujo sanguíneo a las piernas disminuye (la condición se denomina *estasis)* a causa de la presión del útero en los vasos sanguíneos y de los cambios en la sangre y sus mecanismos de coagulación. Los trombos se presentan en menos del uno por ciento de los embarazos.

El padecimiento es grave porque el coágulo puede soltarse y trasladarse a otra parte del organismo, como los pulmones *(embolismo pulmonar)*, aunque sucede muy raramente.

Si tuvo en el pasado cualquier clase de trombo, no lo ignore y dígalo a su médico. Es información importante.

Estos coágulos también aparecen a veces en las venas superficiales de las piernas. En este caso no son graves. Esta clase de trombosis no requiere hospitalización y se trata con analgésicos ligeros, elevación de las piernas, calor y

Los problemas de trombos también se denominan trombosis venosa, enfermedad tromboembólica, tromboflebitis y trombosis venosa profunda.

soporte de las extremidades con vendas de presión o medias de sostén para maternidad.

Los signos y síntomas de la trombosis venosa profunda varían enormemente e incluyen lo siguiente:

- palidez de la pierna
- la pierna se siente fría al tacto
- una zona de la pierna está sensible, caliente e inflamada
- la piel tiene estrías rojas sobre las venas
- oprimir la pantorrilla o caminar producen mucho dolor
- inicio rápido y abrupto de los síntomas anteriores

Se realiza un ultrasonido para diagnosticar trombosis venosa profunda en una gestante. En otras mujeres, se usan también rayos X.

Tratamiento

El tratamiento de esta condición en el embarazo consiste en hospitalización y la administración de heparina para adelgazar la sangre y disolver el coágulo. Mientras se da la heparina, la mujer debe guardar cama, elevar las piernas y aplicarse calor.

Si tuvo un trombo en un embarazo anterior, hable con su médico. Es posible que en esta ocasión necesite heparina y hay que iniciarla cuanto antes. La sustancia se administra en inyecciones que usted misma se aplica dos o tres veces al día, mediante goteo intravenoso prolongado o con una bomba de heparina.

Hay otra sustancia que adelgaza la sangre, la *warfarina*, y que se toma en forma de tabletas, pero no se da en el embarazo porque no es segura para el bebé como la heparina. Después del nacimiento, es probable que deba tomar warfarina varias semanas, dependiendo de la gravedad del trombo.

Tumoraciones mamarias en el embarazo

Si está embarazada y se descubre una tumoración en un pecho, informe al doctor enseguida. Es normal que sus pechos cambien y crezcan en el embarazo, pero hay que verificar las tumoraciones.

El primer examen es una exploración; pídale al médico que la revise si descubre una tumoración. Después del examen, el doctor le ordenará una mamografía o ultrasonido. En el primer caso, no deje de informar a los técnicos que está embarazada; dígales que le cubran el vientre con un escudo de plomo.

Muchas veces es posible drenar o aspirar una tumoración mamaria. Si no se logra, será necesario practicar una biopsia y extirpación del cuerpo. Dependiendo de su gravedad, se requerirá cirugía u otro tratamiento. Una tumoración mamaria no siempre significa cáncer, pero es importante verificarla.

Algunas pacientes me preguntan si el embarazo acelera el crecimiento de los tumores de mama. No hay una respuesta uniforme, pero la mayoría de los expertos médicos no creen que la gestación acentúe el curso o el crecimiento del cáncer de mama.

Preclampsia

La preclampsia, alguna vez llamada *toxemia del embarazo,* consiste en la aparición de los siguientes síntomas:

- hipertensión (tensión arterial elevada)
- proteínas en la orina
- hinchazón de las piernas u otra parte del cuerpo
- cambios en los reflejos musculares

La preclamsia ocurre sólo durante el embarazo, en cinco por ciento de todos los casos. La condición es grave porque lleva a *eclampsia,* que son ataques en la gestante.

Un ataque es una pérdida del control corporal que origina crispamiento, agitación o convulsiones. Si cree que tuvo un ataque, llame al médico de inmediato.

¿Cómo sé si mi preclamsia empeora y comienzo a tener eclampsia?
Los signos de alerta son:
- dolor bajo las costillas del lado derecho
- dolor de cabeza
- ver manchas u otros cambios en la visión

Tener las piernas hinchadas es signo de preclampsia pero *también* parte de un embarazo normal. Casi todas las gestantes padecen inflamaciones de piernas y otras partes del cuerpo. La preclamsia incluye la manifestación de otros síntomas aparte de la hinchazón.

Una tensión arterial elevada también es indicio de preclampsia, pero se requieren otros síntomas para establecer el diagnóstico. Usted podría tener varios síntomas sin padecer preclampsia.

Causas y tratamiento

Los investigadores no han logrado aislar una causa definitiva de la preclampsia, pero ocurre sobre todo en el primer embarazo.

El objetivo del tratamiento de la preclampsia es evitar los ataques que se producen si la mujer llega al estado de eclampsia. El primer paso del tratamiento es el descanso en cama. Se aconseja a la paciente que beba muchos líquidos y que evite la sal y los alimentos que contengan grandes cantidades de sodio.

Si estas medidas no controlan la condición, en algunos casos se prescriben medicamentos para evitar los ataques: sulfato de magnesio, anticonvulsivos como el fenobarbital y medicinas que reducen la hipertensión.

Prevención

De acuerdo con un estudio reciente, si consume entre 1,500 y 2,000 miligramos diarios de calcio durante el embarazo disminuye su riesgo de padecer el problema en por lo menos 60 por ciento. No obtendrá esta cantidad del elemento sólo en sus vitaminas prenatales pues contienen apenas de 200 a 300 miligramos; coma también alimentos ricos en calcio. En la página 84 encontrará formas de aumentar su consumo de calcio. Tenga presente que es un descubrimiento nuevo y hacen falta más estudios. Quizá no sea pertinente para todas.

Cuando se rompen las membranas (bolsa de aguas o fuente)

Se rompen las membranas cuando se abre el amnios que rodea al bebé y la placenta (el cual también se llama *bolsa de aguas)*. El líquido amniótico sale a torrentes primero y después lentamente. Esta situación señala el comienzo del trabajo de parto. Si piensa que se rompió la bolsa de aguas, llame a su médico.

El líquido amniótico es claro; si se aprecia sanguinolento, amarillo o verde, llame al doctor enseguida.

Es importante distinguir entre escurrimientos vaginales ocasionales y el rompimiento de las membranas. A medida que avanza su embarazo, el útero crece y se hace pesado. Como está asentado en la parte superior de la vejiga, ejerce en este órgano mucha presión conforme aumenta de tamaño e impide que retenga tanta orina. Así, suceden escurrimientos, sobre todo si levanta algo o se mueve arriba y abajo. Advertirá que su ropa interior está húmeda.

Qué hacer

Llame a su médico cuando se rompan las membranas. No tenga relaciones sexuales, pues aumentan la probabilidad de una infección en el útero.

Ciertos exámenes determinan si las aguas se rompieron o no. Uno de éstos es el **examen de nitrazina.** Se vierte el líquido en un papel de nitrazina que cambia de color si se rompieron las membranas. El otro es el **examen del helecho:** el líquido amniótico seco, visto al microscopio, tiene el aspecto de un helecho o de las ramas de un pino.

Problemas de la placenta

La placenta es un órgano llano y esponjoso que crece dentro del útero. Está unida al feto por el cordón umbilical y transporta nutrientes y oxígeno de la madre al bebé, así como los productos de desecho de éste para excretarlos. En ocasiones la placenta sufre los problemas que describimos a continuación.

Placenta previa

En esta situación, la placenta cubre parte o todo el cuello uterino. Cuando el cuello empieza a dilatarse, la placenta se desprende y produce una hemorragia intensa. Entonces se practica una cesárea de emergencia, pues la hemorragia es peligrosa para la madre y el bebé.

Síntomas. El síntoma más característico de placenta previa es una hemorragia indolora. Su médico le ordenará un ultrasonido, si no le han hecho uno, para determinar la ubicación de la placenta. No practicará un examen pélvico pues acentuaría la hemorragia. Si ve a otro doctor o cuando llegue al hospital, dígale a quien la examine que tiene placenta previa y que no debe realizarse un examen pélvico.

Los médicos recomiendan abstenerse de las actividades sexuales, no viajar ni someterse a examen pélvico si tiene placenta previa.

Parto. Es más probable que el bebé esté en posición de nalgas. Por esta razón, además de para evitar la hemorragia, se efectúa por lo regular una cesárea.

¿Cuál es su frecuencia? La placenta previa ocurre en más o menos uno de 200 embarazos.

Desprendimiento placentario

En este caso, la placenta se separa de la pared del útero durante el embarazo, lo que normalmente ocurriría _después_ del nacimiento. Es muy grave para el bebé que la placenta se desprenda antes del parto.

Se desconoce la causa del desprendimiento placentario; sin embargo, sabemos de ciertas condiciones que lo hacen más probable, a saber:

- trauma de la madre, como una caída o un accidente automovilístico
- un cordón umbilical demasiado corto
- un cambio repentino en el tamaño del útero, como en el caso de la ruptura de membranas
- hipertensión
- deficiencias alimenticias
- alguna anomalía del útero, como la presencia de una banda de tejido llamada _septo uterino_.

Síntomas. Los signos y síntomas son:
- hemorragia vaginal intensa
- dolor uterino
- contracciones uterinas
- trabajo de parto prematuro
- dolor lumbar

El desprendimiento placentario ocurre también sin que se presenten estos síntomas. El ultrasonido es útil para el diagnóstico, pero no siempre es exacto.

Los riesgos para la futura madre son estado de choque, pérdida grave de sangre e incapacidad de coagulación.

Tratamiento. El tratamiento más común es inducir el parto. Sin embargo, la decisión de adelantar el nacimiento depende de la gravedad del problema.

Parto. En algunas situaciones, si hay que dar a luz rápidamente al bebé se optará por una cesárea. La decisión se toma para cada caso.

¿Cuál es su frecuencia? Se estima que la frecuencia del desprendimiento placentario es de uno en 80 embarazos.

Prevención. En la actualidad creemos que la deficiencia de ácido fólico cumple una función entre las causas del desprendimiento placentario, por lo que en ocasiones se prescriben complementos durante el embarazo. El tabaquismo y el consumo de alcohol de la madre también hacen más probable que ocurra. Si fuma o bebe, le aconsejo que suspenda ambos hábitos.

Placenta retenida

La placenta retenida es la que no se expele después del parto. Por lo regular, la placenta se separa del útero minutos después del nacimiento, pero en algunos casos no lo hace por estar pegada a la pared uterina. Puede ser muy grave y causar una pérdida notable de sangre.

Las razones de la placenta retenida son que ésta se pegue
- a la cicatriz de una cesárea anterior o de otra incisión en el útero
- a un sitio que ha sido raspado, como en el procedimiento de legrado
- a una parte del útero infectada

Tratamiento. El problema más importante de la placenta retenida es la hemorragia intensa que produce después del parto. Si no se expulsa la placenta, hay que retirarla de otra forma. Una solución es practicar un legrado. Sin embargo, si la placenta está insertada en la pared uterina es necesario extirpar el útero (histerectomía).

¿Cuál es su frecuencia? La placenta retenida se presenta en alrededor del uno por ciento de los embarazos.

El nacimiento

Parte

3

de su bebé

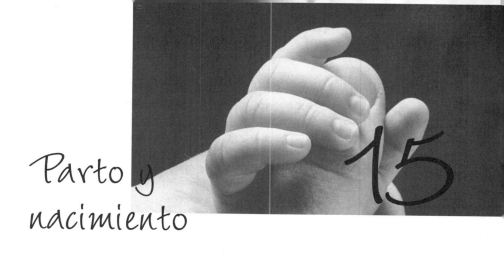

Parto y nacimiento

15

Su embarazo está por llegar a término. Para este momento, estará muy feliz pero también un poco nerviosa por lo que sigue. Es natural. Va a pasar por una experiencia que sus amigas y familiares le describieron en formas muy distintas, algunas de las cuales le sonaron algo alarmantes.

El mejor consejo que le puedo dar —el mismo que doy a mis pacientes— es que se relaje. Nadie sabe lo que va a pasar en el trabajo de parto y el nacimiento; incluso los profesionales de la salud a veces se sorprenden con lo que ocurre. Sin embargo, si acepta la experiencia, será maravillosa.

La culminación de su embarazo, y del parto, es el nacimiento de su bebé. Usted también es importante en este acontecimiento y deseamos que esté sana y contenta. Colabore con el equipo médico para que el parto y el nacimiento sean una experiencia positiva. Infórmese lo necesario para estar preparada, investigue los medicamentos que se le ofrecerán y todas las otras inquietudes que tenga. Antes de que se dé cuenta, tendrá en los brazos al bebé que ha estado esperando.

Antes de que se dé cuenta, tendrá en los brazos al bebé que ha estado esperando.

Ya siento algunas contracciones, pero sólo tengo seis meses de embarazo. ¿Voy a entrar en trabajo de parto?

Probablemente no. Supongo que lo que siente son las contracciones de Braxton-Hicks, que son indoloras e intermitentes. Comienzan pronto y van y vienen hasta el nacimiento del bebé. Se presentan a intervalos regulares y aumentan en cantidad y fuerza cuando se da algún masaje al útero.

Una vez oí a una señora decir que su bebé se había "caído". ¿Quiere decir que iba a salirse?

No. La sensación de que el bebé se cae, también llamada *encajamiento,* obedece a que ha descendido en la pelvis. Es una parte natural del parto y ocurre de algunas semanas a algunas horas antes de que comience el trabajo de parto. Sentirá más alivio al respirar cuando el bebé descienda, pero por otra parte más presión o incomodidades en la zona pélvica.

Rompimiento de la bolsa de aguas

Bolsa de aguas es otro nombre del saco amniótico, la membrana llena de líquido que protege al bebé. Cuando la bolsa de aguas se rompe, el líquido amniótico escurre (véase también la página 192). Muchas veces, estas membranas se rompen poco antes de que comience el trabajo de parto; sin embargo, casi siempre se rompen cuando do la mujer ya está en trabajo de parto en el hospital.

Cuando esto ocurre, sentirá un torrente de líquido seguido por un escurrimiento lento o bien sólo el escurrimiento. Una toalla sanitaria absorberá el líquido para que no se sienta avergonzada.

Aunque haya sabido de alguna mujer que tuvo rompimiento de la bolsa de aguas en público, esto no sucede con mucha frecuencia.

Llame a su médico en cuanto se rompa la bolsa de aguas; le dirá que vaya al hospital si comenzó la labor. Si no está cerca del término, quizá le pida que se presente en el consultorio para un examen, puesto que tal vez no está lista todavía para dar a luz y su doctor quiere evitar que sobrevenga una infección. Este riesgo aumenta cuando se rompen las membranas.

Aunque haya sabido de alguna mujer que tuvo rompimiento de la bolsa de aguas en público, esto no sucede con mucha frecuencia. Si le pasa a usted, los demás serán comprensivos y solícitos: en este periodo su embarazo es de lo más visible.

¿Qué debo hacer cuando se rompan las membranas?
Llame a su doctor inmediatamente; es necesario tomar algunas precauciones.
Si no está cerca del término, el médico le pedirá que vaya a su consultorio para que la examine. Si el trabajo de parto y el nacimiento son inminentes, le indicará que vaya al hospital.

Inducción del parto

Quizá su doctor decida inducir el parto si la situación lo amerita. Hay muchas razones médicas para hacerlo, y es una decisión que debe ser considerada cuidadosamente.

Acaso se sienta tentada a pedirle al médico que induzca el parto por conveniencia o porque ya está cansada del embarazo. Siga su consejo.

Mi doctor dice que tiene que inducir el parto. ¿Cómo se hace?
Para inducir el parto, se rompe la bolsa de aguas o se aplica oxitocina por vía intravenosa: se administran gradualmente dosis mayores hasta que comienzan las contracciones.

La duración del trabajo de parto es extremadamente individual. Varía con cada embarazo y depende de cuántos ha tenido.

En el primer embarazo, el primero y el segundo periodos del parto duran hasta 14 o 15 horas y en ocasiones más. Las mujeres que ya tuvieron uno o dos hijos probablemente tendrá un parto más corto, pero no siempre ocurre así.

¿Hay alguna forma de que mi médico sepa cuándo empezaré con el trabajo de parto?
Nadie sabe cuándo comienza el trabajo de parto.

Clases de preparación para el parto

Haga de antemano sus planes para las clases de preparación para el parto. Cuando tenga unas 20 semanas de gestación, comience a investigar las clases que se imparten en su zona. Debe estar inscrita o empezando el curso para el comienzo del tercer trimestre, o alrededor de la vigesimoséptima semana. Es una buena idea calcular que las clases terminen por lo menos algunas semanas antes de la fecha prevista.

¿Por qué tomar clases?

Las clases de preparación para el parto son una buena manera de alistarse para este momento importante y emocionante de su vida. Descubrirá que hay otras personas con las mismas inquietudes que usted. Las clases ofrecen mucha información conveniente. Son una forma muy útil de aprender sobre los periodos del nacimiento o de refrescar su memoria si ya tuvo un bebé.

Las clases no son sólo para las mamás primerizas. Se recomiendan para las mujeres que tienen una nueva pareja, si han pasado años desde el último bebé, si tienen preguntas o si necesitan un repaso del parto y el nacimiento.

Las parejas suelen tomar juntas las clases de preparación. Casi el 90 por ciento de los padres primerizos toman algún tipo de curso.

Las clases se dan en diversos sitios. Casi todos los hospitales con servicio de maternidad las ofrecen. Con frecuencia las imparten enfermeras capacitadas o parteras.

Para encontrar una clase, pídale a su médico que le recomiende instituciones en su zona, pues estará familiarizado con lo que se ofrece. Visite los hospitales de la localidad. Sus amigas son buenas fuentes de información o bien consulte la sección amarilla.

Los estudios han mostrado que las mujeres que tomaron clases necesitan menos medicamentos, tienen menos partos con fórceps y abrigan sentimientos más positivos sobre el parto que las que no las tomaron.

Qué aprenderá

Las clases cubren los aspectos del trabajo de parto incluyendo técnicas de respiración, parto natural, cesárea, procedimientos hospitalarios, formas de manejar el dolor y la incomodidad del parto, diversos métodos de alivio del dolor y periodo de recuperación posparto.

Algunas compañías de seguros hacen reembolsos totales o parciales de las cuotas de las clases. Por lo demás, sus precios son razonables.

Método de Lamaze. La técnica de Lamaze de preparación para el parto es la más antigua. Destaca la relajación y la respiración como medios de enfrentar el trabajo de parto.

Método de Bradley. Este método enseña varias formas de relajación y concentración en el interior. Quienes optan por este método son aquellas que han decidido que no quieren ningún tipo de medicamentos para aliviar el dolor del trabajo de parto.

Método de Grantly Dick-Read. Este método está destinado a romper el ciclo de miedo, tensión y dolor del trabajo de parto. Fue el primero que incluyó a los padres en la experiencia del nacimiento.

¿Cómo decido cuál es el mejor método para mí?

Hay algunas formas de evaluar las clases.

- Localice las que se den en su zona.
- Hable con amigas y familiares que hayan seguido estos cursos.
- Decida si quiere un nacimiento sin fármacos o si está dispuesta a considerar los analgésicos en caso de ser necesarios.
- Investigue que tan capacitados están quienes imparten los programas.
- Visite las clases o hable con los maestros de los cursos de su zona para elegir el que más le convenga.

Parto prematuro o pretérmino

El término *parto prematuro* se refiere al nacimiento del bebé más de cuatro semanas antes del término. Alrededor del 10 por ciento de los nacimientos ocurren antes de este plazo. El parto prematuro es peligroso porque los pulmones del bebé, así como otros órganos, quizá no están listos para funcionar solos.

En la mayoría de los casos se desconoce la causa de estos partos. Entre las que conocemos se encuentran:

- un útero de forma inusual
- un útero grande (como en los embarazos múltiples)
- polihidramnios (exceso de líquido amniótico)
- una placenta anormal
- ruptura prematura de las membranas
- cérvix incompetente (un cuello uterino débil que se dilata muy temprano en el embarazo)
- anomalías del feto
- muerte fetal
- DIU retenido
- enfermedad de la madre, como hipertensión arterial o algunas infecciones
- estimación incorrecta de la edad gestacional, lo que significa que el bebé en realidad no es prematuro

Es importante tratar de detener las contracciones si usted entra en trabajo de parto demasiado pronto. Su doctor le dará el consejo apropiado para su caso. Casi todos los médicos comienzan por recomendar para detener el trabajo tomar más líquidos y descanso en cama, recostada de lado. Cualquier lado está bien, pero el izquierdo es mejor.

El descanso en cama significa recostarse de costado.

Tendrá que meterse a la cama por una sencilla razón: funciona. El descanso en cama significa que deberá modificar o suspender sus actividades, pero hemos descubierto que sirve para detener un parto prematuro. Antes de que tuviéramos fármacos, era el único tratamiento para lograrlo.

Medicamentos

Los medicamentos que relajan el útero y disminuyen las contracciones son:

- sulfato de magnesio, que en general se aplica por vía intravenosa, pero también oral
- betadrenérgicos, como ritodina y terbutalina, que se dan por vía oral, intravenosa o muscular
- sedantes o narcóticos, que se aplican en los primeros intentos por detener un parto prematuro

Aunque tome medicinas, le aconsejarán que descanse en cama. Es parte esencial del plan del tratamiento para el parto prematuro.

Es mejor para la madre y el bebé detener un parto prematuro, pues éste aumenta la probabilidad de que ambos tengan problemas, como mayor riesgo de cesárea.

Tendrá que meterse en la cama por una sencilla razón: funciona.

La ida al hospital

Me tienen nerviosa los preparativos para ir al hospital. ¿De qué debo ocuparme?

Ir al hospital a tener un bebé pone nerviosa a cualquiera, incluso a las mamás experimentadas. Si hace sus planes con anticipación, tendrá menos de qué preocuparse.

- Visite la zona de trabajo de parto y nacimiento de su hospital.
- Pregunte en el hospital por los sistemas de preadmisión (véase la página 206).
- Planee el trayecto. Aclare quién la llevará y tenga a una persona de reserva.
- Empaque su maleta (véase las páginas 204 y 205).

¿Qué debo llevar al hospital?

Hay muchos detalles que recordar, pero la siguiente lista abarca la mayor parte de lo que necesitará.

Preadmisión
Regístrese en el hospital varias semanas antes de la fecha prevista (véase la página 206). Ganará tiempo cuando llegue el momento del parto.

Para usted
Tenga listos estos artículos cinco o seis semanas antes de la fecha prevista. Si ha tomado clases de preparación para el parto (psicoprofilaxis),
- un camisón de algodón o camiseta para el trabajo de parto
- almohadas adicionales para el trabajo de parto
- pomada de labios, pirulíes o pastillas de frutas para el parto
- diversión ligera, como libros o revistas
- un camisón para después del nacimiento (traiga uno de maternidad si va a amamantar)
- sandalias con suela de goma
- una bata larga para caminar por el pasillo
- dos sostenes (de maternidad y protectores, si va a amamantar)
- artículos de baño, como peine, cepillo de pelo y de dientes, dentífrico, jabón, champú, acondicionador

- bandas o ligas para el cabello, si lo tiene largo
- anteojos (no puede usar lentes de contacto)
- ropa interior y exterior cómoda y suelta para volver a casa
- toallas sanitarias, si el hospital no las suministra

Para su pareja

Es recomendable añadir a su equipo de hospital algunos artículos para que su esposo sobrelleve la experiencia. Piense en los artículos siguientes:

- información completa del seguro y la preadmisión
- talco o harina de maíz para que le dé un masaje durante el trabajo de parto
- rodillo para pintar o pelota de tenis para que le dé un masaje lumbar
- cintas y discos compactos con reproductora o un radio para tocar durante el trabajo de parto
- manual del trabajo de parto
- cámara con película
- lista de teléfonos y tarjeta telefónica
- cambio para el teléfono y las máquinas tragamonedas

Para el nuevo bebé

El hospital proveerá casi todo lo que necesite su bebé; sin embargo, hay algunas cosas que usted debe tener preparadas:

- ropa para irse a casa: camiseta, mameluco, abrigos (una gorra si hace frío)
- un par de frazadas
- pañales, si el hospital no los proporciona

No se olvide de tener un asiento para coche para transportar al bebé a casa. Es importante ponerlo en su asiento desde la primera vez que viaja en auto.

Artículos personales para llevar al hospital:

Anote aquí otros artículos personales que quiera llevar al hospital.

Preadmisión

Le ahorrará tiempo registrarse en el hospital algunas semanas antes de la fecha estimada. Es conveniente hacerlo antes de llegar el momento del parto porque entonces tendrá prisa o estará preocupada por otras cosas.

El registro de preadmisión se hace en formatos que le entregarán en el consultorio de su médico o en la oficina de admisión del hospital. Lleve su tarjeta del seguro y toda la información. Tenga el nombre completo de su doctor, el del pediatra y el dato de la fecha prevista. También es útil conocer su tipo de sangre y factor Rh.

En el hospital

Después de que la internen, la instalarán en la sala de labor de parto y verificarán cuánto se ha dilatado el cuello uterino. También abrirán un expediente sinóptico de su embarazo y anotarán sus signos vitales: presión arterial, pulso y temperatura. Es posible que le apliquen un enema o que la canalicen por vía intravenosa, así como que tomen una muestra de sangre. Le colocarán el catéter para anestesia epidural, si usted la solicitó.

Quizá sea necesario hacerle preguntas o exámenes para determinar si se rompieron las membranas. Hay varias formas de confirmarlo;

- Por su descripción de lo que ha ocurrido, como un flujo intenso de líquido vaginal.
- Con papel de nitrazina. Se coloca líquido en el papel, que cambiará de color si se rompieron las membranas.
- Con la prueba del helecho. Se coloca líquido en un portaobjetos, se deja secar y se examina al microscopio. Si parece un "helecho", es líquido amniótico.

Preparación

Afeitado de la zona púbica. No se hace de rutina, pues no siempre es necesario hacerlo antes del parto. En la actualidad en muchos casos no se hace. Sin embargo, algunas pacientes que prefirieron que no las rasuraran me contaron después que tuvieron molestias cuando el vello púbico se enredaba en su ropa interior por el flujo vaginal normal que ocurre después del nacimiento del bebé.

Canalización intravenosa. Es necesaria con la anestesia epidural, pero si decidió no aplicársela, no siempre se requiere. Los médicos concuerdan en que la canalización intravenosa es útil si la mujer requiere medicamentos o líquidos durante el trabajo de parto o después del nacimiento.

Si cree que podría negarse al procedimiento cuando esté de parto, hable con su médico en una de sus citas prenatales. En muchas situaciones, la canalización intravenosa es una protección importante.

El trabajo de parto

El trabajo de parto se define como la dilatación (estiramiento y expansión) del cuello uterino. Ocurre cuando el útero, que es un músculo, se contrae para expulsar su contenido (el bebé). La contracción del útero puede causar dolor.

El trabajo de parto es diferente para cada mujer, por eso no es posible predecir cómo será el de usted antes de que empiece. También observará que es distinto de un parto al otro.

Hay diferencias entre el trabajo verdadero y el falso. Estudie la tabla de la página 208 para que esté en mejores condiciones de distinguirlos.

¿Estará disponible mi doctor cuando entre en trabajo de parto?

Hable con su médico acerca de esta posibilidad. Si calcula que es posible que no esté en la ciudad para la fecha del parto, pídale que le presente a los doctores que lo suplirían. Aunque el médico quiere estar con usted para el nacimiento de su bebé, a veces no es posible.

Los periodos del parto

El parto se divide en tres periodos, cada uno distinto y con un propósito específico. Revise la tabla de las páginas 209 a 211 para saber qué esperar en cada uno.

Primer periodo. El primer periodo del parto es el más prolongado y consta de tres fases: inicial, activo y de transición. Dura de seis a ocho horas, pero en las primerizas a veces es mayor.

En la fase inicial, comienza el parto y el cuello uterino apenas empieza a dilatarse. En la fase activa se dilata a un ritmo muy constante. La transición consiste en la dilatación completa. Las contracciones ayudan a la dilatación y adelgazamiento del cuello uterino, además de que hacen que el bebé descienda por la pelvis.

En la fase de transición, el ritmo y la intensidad del trabajo de parto aumentan, lo que indica que está por pasar al segundo periodo.

¿Trabajo de parto verdadero o falso?

Consideraciones	Verdadero	Falso
Contracciones	Regulares	Irregulares
Tiempo entre contracciones	Cada vez menor	No es cada vez menor
Intensidad de las contracciones	Aumenta	No cambia
Ubicación de las contracciones	Todo el abdomen	Diversas partes
Efecto de anestésicos o analgésicos	No detienen el trabajo	Alteran o detienen la frecuencia
Cambio del cuello uterino	Progresivo	Sin cambio

Segundo periodo. En el segundo periodo del trabajo de parto, el cuello uterino está totalmente dilatado y usted comienza a pujar. Las contracciones cambian y se hacen mucho más intensas, prolongadas y frecuentes. Junto con el esfuerzo de pujo, estas contracciones traen el bebé al mundo. El periodo dura dos horas o más. En este punto, la anestesia, sobre todo la epidural, prolongaría el trabajo de parto porque disminuye su impulso por pujar. El bebé nace al final del segundo periodo.

Tercer periodo. El tercer periodo del parto no dura mucho. El útero se contrae y expele la placenta. Le aplicarán oxitocina para que se contraiga el órgano.

Algunos médicos describen un cuarto periodo del parto, que consistiría en el periodo posterior al parto de la placenta, mientras el útero se sigue contrayendo. Estas contracciones uterinas son importantes para controlar hemorragias después del nacimiento de su bebé.

Es recomendable formularle a su médico ciertas preguntas sobre la preparación para ir al hospital, pues tendrá instrucciones concretas que darle. Conviene hacer las siguientes preguntas:

- ¿En qué momento del inicio del trabajo de parto debo ir al hospital?
- ¿Debo llamarlo antes de salir para el hospital?
- ¿Cómo lo localizo si no son horas hábiles?
- ¿Necesito instrucciones específicas para el comienzo del trabajo de parto?

Los tres periodos del parto

Periodo	Primero, fase inicial
Qué pasa	• El cuello uterino se abre y se acorta (borrado) por las contracciones • El cuello uterino se dilata a unos dos centímetros • Esta fase dura de una a 10 horas
Qué siente la madre	• Con poca frecuencia en esta fase se rompen las membranas y liberan un torrente o un escurrimiento de líquido amniótico por la vagina • Hay a veces un escurrimiento rosado *(flujo mucosanguíneo)* • Contracciones ligeras que comienzan a intervalos de 15 o 20 minutos y duran alrededor de un minuto; las contracciones se hacen más frecuentes y regulares
Qué pueden hacer la madre o el padre	• La madre no debe comer ni beber en cuanto empiece el trabajo de parto • La madre puede quedarse en casa, si está a término • Comience a aplicar las técnicas de relajación y respiración aprendidas en la clase de preparación • Si se rompe la bolsa de aguas, el parto es prematuro, hay dolor intenso o constante o hay sangre de color rojo brillante, llame al médico de inmediato

Periodo	Primero, fase activa
Qué pasa	• El cuello uterino se dilata de dos a 10 centímetros • Continúa el borrado del cuello uterino • La fase dura de 20 minutos a dos horas
Qué siente la madre	• Las contracciones se hacen más intensas • Las contracciones se hacen más frecuentes • Las contracciones se repiten cada tres minutos y duran de 45 segundos a un minuto
Qué pueden hacer la madre y el padre	• Continúen con las técnicas de relajación y respiración • Es posible aplicar anestesia epidural en esta fase

Continúa . . .

Los tres periodos del parto, *continuación*

Periodo	Primero, fase de transición
Qué pasa	• El primer periodo empieza a dar lugar al segundo • El cuello uterino se dilata a 10 centímetros • Continúa el borrado del cuello uterino • La fase dura de unos minutos a dos horas
Qué siente la madre	• Las contracciones se repiten cada dos o tres minutos y duran alrededor de un minuto • La madre siente un fuerte impulso por pujar; no debe hacerlo hasta que el cuello uterino esté completamente dilatado • La madre pasa a la sala de partos, si no está ahí
Qué pueden hacer la madre o el padre	• Las técnicas de relajación y respiración ayudan a contrarrestar el impulso por pujar

Periodo	Segundo
Qué pasa	• El cuello uterino está completamente dilatado • El bebé sigue descendiendo por el canal del nacimiento • A medida que la madre puja, el bebé nace • El doctor o la enfermera succionan la nariz y la boca del bebé y atan o pinzan el cordón umbilical • Este periodo dura de algunos minutos a varias horas (pujar para que nazca el bebé llega a durar mucho tiempo)
Qué siente la madre	• Las contracciones ocurren en intervalos de dos a cinco minutos y duran de 60 a 90 segundos • Con anestesia epidural será más difícil pujar • A veces se practica una episiotomía para evitar un desgarramiento del tejido vaginal cuando nace el bebé
Qué pueden hacer la madre o el padre	• La madre comenzará a pujar con cada contracción cuando el cuello uterino esté completamente dilatado • Es posible que se le aplique un anestésico o anestesia local • La madre debe escuchar al médico o la enfermera en el curso del nacimiento, pues le dirán cuándo pujar • Mientras puja la madre, si hay un espejo podrá ver el nacimiento de su bebé

Continúa ...

Los tres periodos del parto, *continuación*

Periodo	Tercero
Qué pasa	• Se expulsa la placenta • El médico examina la placenta para verificar que ha sido expulsada toda • Este periodo dura de algunos minutos a una hora
Qué siente la madre	• Es posible que haya contracciones frecuentes, pero menos dolorosas • El doctor sutura la episiotomía
Qué pueden hacer la madre o el padre	• Conocer y abrazar al bebé • Tendrá que pujar para expulsar la placenta • Podrá abrazar al bebé mientras el médico sutura la episiotomía • La enfermera frotará el útero por el abdomen para favorecer su contracción sin hemorragias

Periodo	Cuarto periodo
Qué pasa	• Se expulsa la placenta • El útero sigue contrayéndose, lo que es importante para controlar las hemorragias • Este periodo dura un par de días

Flujo mucosanguíneo

Es posible que tenga algún sangrado después del examen vaginal o al comienzo el trabajo de parto. Este "flujo mucosanguíneo" se presenta cuando el cuello uterino se acorta y dilata. Si se siente preocupada o piensa que ha perdido mucha sangre, llame a su médico de inmediato.

Este flujo también expulsa el llamado *tapón de moco*. La expulsión de moco no significa siempre que está por tener a su bebé o que ha comenzado el trabajo de parto.

El tiempo de las contracciones

Es muy útil tomar el tiempo de las contracciones desde el principio. Esta medición tiene dos objetivos:

- averiguar cuánto dura cada contracción
- averiguar con qué frecuencia ocurre

Es bueno que el médico o la enfermera tengan esta información para que decidan si es el momento de que se vaya al hospital

No deje de preguntarle a su doctor qué método prefiere, pues hay dos formas de medir el tiempo de las contracciones.

- Comenzar a contar cuando se inicia la contracción y seguir hasta que empieza la siguiente. *Éste es el método más común.*
- Comenzar a contar cuando termina la contracción y anotar cuánto tiempo pasa hasta que se inicia la siguiente.

El parto y su pareja

Con suficiente anticipación a la fecha del nacimiento, platique con su pareja sobre cómo estarán en contacto a medida que el plazo se acerca. Los esposos de algunas de mis pacientes alquilan radiolocalizadores para el último mes. Reclute a una persona de respaldo, en caso de que su pareja no llegue a tiempo o si es necesario que alguien la lleve al hospital.

Su pareja puede ser su "director de parto" o bien elija a alguien más para este importante trabajo. El "director" hace mucho para ayudarla durante el parto:

- toma el tiempo de sus contracciones para saber el progreso del parto
- la estimula y tranquiliza durante el trabajo de parto
- la ayuda a enfrentar las molestias
- contribuye al buen humor en la sala de partos
- informa al médico o la enfermera de síntomas o dolores
- vigila la puerta para garantizar su privacidad
- controla el movimiento de personas en su cuarto

Comidas y bebidas en el trabajo de parto

Las mujeres sienten náuseas cuando están en trabajo de parto, lo que causaría vómitos. Por esta razón, debe tener el estómago vacío. Por su propia seguridad, no se le permite comer ni beber nada durante el trabajo de parto.

También está prohibido beber cualquier líquido. Quizá se le permita tomar un sorbo de agua o chupar un cubo de hielo. Si el trabajo de parto se prolonga, le suministrarán líquidos por vía intravenosa.

Estoy nerviosa de que mi bebé sea demasiado grande para mí. ¿Puede saber mi doctor antes del parto si tendré problemas?

Aun con una estimación del peso del bebé, su médico no sabe si es demasiado grande hasta el momento de nacer. Debe comenzar el trabajo de parto para que vea cómo se encaja el bebé en su pelvis y si hay espacio suficiente para que pase por el canal de nacimiento.

Enemas

No siempre es necesario que le apliquen un enema y a veces se deja a su elección. Hable con el médico en una de sus citas prenatales. Un enema al comienzo del parto tiene sus beneficios. Disminuye la contaminación por las evacuaciones o heces durante el parto y en el momento del nacimiento. También sirve después si le practicaron una episiotomía, porque suelen ser muy dolorosos los movimientos intestinales poco después del parto.

Evacuaciones

La primera evacuación se presentará uno o dos días después del parto. Si le aplicaron un enema, quizá tarden algunos días más. A veces son dolorosas, en particular si fue sometida a una episiotomía.

Muchos doctores prescriben ablandadores de heces después del parto para facilitar la evacuación. Son seguros aun si está lactando.

Parto en variedad

Es cuando el bebé nace descendiendo por el canal del parto y le provoca dolor en la región del sacro.

La variedad posterior hace que el parto dure más. Requiere la rotación de la cabeza del bebé para que mire al suelo y no al cielo.

¿Quién estará presente en el nacimiento?

Querrá que toda su familia o nadie más que su esposo estén presentes cuando tenga a su bebé. Debe estar de acuerdo con su pareja en cuanto a quiénes irán al nacimiento. Mientras su doctor lo acepte, usted puede tomar algunas decisiones de este tipo. Mi consejo es que no lleve demasiada gente; no deje que amigos y familiares la hagan sentir que tienen el derecho de estar ahí.

Debe estar de acuerdo con su pareja en cuanto a quiénes irán al nacimiento.

Muchas personas en la sala de labor de parto causan problemas. El parto es una experiencia privada para usted y su pareja; no una exhibición para los espectadores. No se sienta presionada a invitar a nadie a que la acompañe si prefiere la privacidad. Por cada persona de más en la sala de parto, aumenta el riesgo de infecciones para usted y el bebé.

Exámenes durante el trabajo de parto

Vigilancia fetal (registro cardiotocográfico)

En muchos hospitales se registra la frecuencia cardiaca del bebé durante el parto para detectar a tiempo cualquier problema y resolverlo. Hay dos clases de registro fetal: interno y externo.

El registro fetal externo se hace antes de que se rompan las membranas. Se ajusta a su abdomen un cinturón con un receptor y se registra la frecuencia cardiaca del bebé (véase la ilustración de esta página y de la página 68).

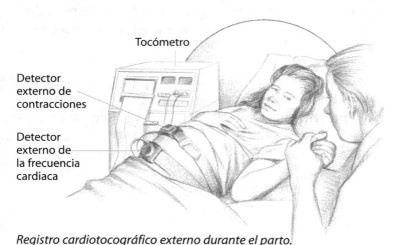

Tocómetro

Detector externo de contracciones

Detector externo de la frecuencia cardiaca

Registro cardiotocográfico externo durante el parto.

El registro fetal interno es el método más preciso para vigilar al bebé. Se coloca un electrodo en el cráneo de su hijo para registrar su ritmo cardiaco (véase la ilustración de la página 69).

Muestreo de sangre fetal

Ésta es otra forma de evaluar qué tan bien tolera el bebé la tensión del parto. Las membranas deben estar rotas y el cuello del útero dilatado por lo menos dos centímetros. Se acerca un instrumento al cráneo del bebé para hacer un pequeño rasguño en la piel. La sangre se toma en un tubo capilar y se comprueba su pH (acidez).

La medida del pH determina si el bebé tiene problemas en el parto. Con los resultados, el médico decide si continuar el trabajo de parto o si es preciso realizar una cesárea.

El manejo del dolor del parto

El parto está acompañado de dolor. Es posible que la anticipación de este dolor le despierte sentimientos de miedo y ansiedad. Es normal. Si está preocupada por el dolor y cómo manejarlo, la mejor manera de hacerlo es informarse al respecto.

Muchas mujeres piensan que se sentirán culpables después del nacimiento si piden un analgésico durante el parto. También creen que el medicamento dañaría al bebé o que se privarán de la experiencia completa del parto. Yo les digo que el objetivo de cualquier parto es que una mamá sana dé a luz un hijo sano. Si una mujer quiere alivio para su dolor, de ninguna manera significa que haya fallado.

¿Cómo investigo sobre los métodos de analgesia para el parto?
Hable con su médico para saber más de los métodos disponibles en el trabajo de parto. Las clases de preparación son otro buen lugar para preguntar sobre estos procedimientos. Si quiere, pídale a sus amigas que le digan qué hicieron.

Analgesia y anestesia

Estos dos métodos de supresión del dolor tienen efectos muy distintos. La *analgesia* alivia el dolor sin pérdida total de las sensaciones. La *anestesia* consiste en la pérdida total de las sensaciones.

Analgesia. Los analgésicos se inyectan en un músculo o vena para disminuir el dolor del parto pero le permiten mantenerse consciente. Alivian el dolor pero producen modorra, inquietud y náuseas. Quizá tenga dificultades para concentrarse. Además, también disminuyen los reflejos y la respiración del bebé, por lo que suelen darse en las partes inicial e intermedia del trabajo de parto.

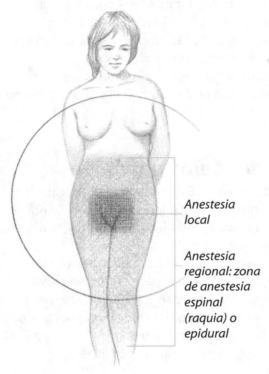

Anestesia
local

Anestesia
regional: zona
de anestesia
espinal
(raquia) o
epidural

Anestesia. Hay tres tipos de anestesia: general, local y regional. Con la anestesia general se pierde completamente la conciencia, por lo que se aplica sólo para algunas cesáreas y partos naturales de emergencia. La anestesia local abarca una zona reducida y es muy útil para la sutura de una episiotomía. La anestesia regional abarca una parte mayor del cuerpo que la local.

La anestesia general no se usa hoy tanto como antes. La ventaja es que se administra rápidamente en una emergencia. La desventaja es que produce vómitos y podría complicarse con aspiración a los pulmones de comida o ácidos gástricos devueltos. Con la anestesia general, el bebé nace más "adormilado". En cambio, la anestesia regional o local rara vez afecta al bebé y tiene pocos efectos persistentes.

Hay varias formas de anestesia regional. Las tres más comunes son el bloqueo de pudendos, el bloqueo espinal (raquia) y el bloqueo epidural.

Bloqueo de pudendos. Este bloqueo se logra con un medicamento inyectado en la zona vaginal para aliviar el dolor de vagina, perineo y recto. Los efectos secundarios son raros. Se considera una de las formas más seguras de analgesia; sin embargo, no alivia los dolores uterinos.

Bloqueo espinal. Para el bloqueo espinal, se inyecta el medicamento en el líquido cefalorraquídeo en la región lumbar, lo que entumece la parte inferior del cuerpo. Este bloqueo se administra una vez durante el trabajo de parto, por lo que se deja para el momento anterior al nacimiento. Funciona rápidamente y es un inhibidor eficaz del dolor. También se aplica para la cesárea.

Bloqueo epidural. Para el bloqueo epidural se inserta un conducto en un espacio externo de la columna vertebral, en la región lumbar, y por esa vía se administra un medicamento para aliviar el dolor. El conducto se deja en su sitio hasta después del parto para suministrar más analgesia si fuera necesaria o se da continuamente mediante una bomba.

La anestesia epidural causa alguna pérdida de las sensaciones en la parte inferior del cuerpo. Alivia el dolor de las contracciones uterinas, el de la vagina y el recto cuando el bebé pasa por el canal de nacimiento y el de la episiotomía. Aún se siente la presión, de modo que la parturienta puja adecuadamente durante el parto natural.

El bloqueo epidural no tiene efecto en algunas mujeres. Como dificulta el pujo, en ocasiones hace necesario el uso de un extractor de vacío o fórceps.

Efectos secundarios del bloqueo espinal (raquia) o epidural. Cualquiera de los dos bloqueos puede ocasionar una caída súbita de la presión arterial, lo que disminuye la frecuencia cardiaca del bebé. Estos bloqueos no se aplican si la mujer tiene una hemorragia abundante o si la frecuencia cardiaca del bebé es anormal. También se producen dolores de cabeza intensos si se pica el recubrimiento de la médula espinal durante la inserción de la aguja en las dos formas de anestesia, pero es raro que suceda.

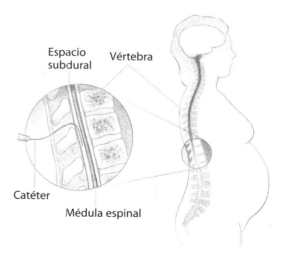

Anestesia epidural

Anestesia epidural ambulante. Esta anestesia se aplica a las mujeres que sienten dolores intensos en los primeros periodos del trabajo de parto (con dilatación menor de cinco centímetros). Mediante una aguja delgada, se introduce en el líquido cefalorraquídeo una dosis pequeña de narcótico que alivia el dolor y tiene pocos efectos secundarios.

Como la dosis es mínima, ni la madre ni el bebé están demasiado amodorrados. Las funciones sensoriales y motrices se mantienen intactas, así que la madre puede deambular sin ayuda o sentarse en una silla.

Esta forma de anestesia entumece sólo la región pélvica y no interfiere con la capacidad de mover las piernas. Otra ventaja es que es menos frecuente la "cefalea espinal" cuando pasa el efecto de la epidural.

Como con la epidural normal, debe tener una canalización intravenosa durante todo el trabajo de parto. La razón es que ambas epidurales requieren que se le suministren líquidos por esa vía para impedir que su tensión arterial descienda bruscamente.

En la actualidad su uso es limitado, pero cada vez más hospitales la aplican. Se necesita más experiencia para que el procedimiento se divulgue.

Cesárea

Cuando una mujer tiene un parto por cesárea, el bebé nace por una incisión en la pared abdominal y el útero. Se corta el saco amniótico que contiene al bebé y la placenta y se extrae al bebé por las incisiones. A continuación, se extrae la placenta. El útero se cierra en capas con suturas que se absorben (no hay que quitarlas). Por último, se cose el abdomen.

En 1965, sólo el cuatro por ciento de los partos eran cesáreas. Hoy en día, la cifra asciende al 20 por ciento. Pensamos que este aumento se debe a que ha mejorado la supervisión durante el trabajo de parto y a que los procedimientos quirúrgicos son más seguros. También sucede que las mujeres tienen bebés más grandes. Quizá otro factor es el incremento en los casos de negligencia y el miedo a las demandas.

¿Es posible saber antes de comenzar el trabajo de parto si necesitaré una cesárea?

Sería bueno saberlo, así no tendría que pasar por el trabajo de parto, pero no es fácil. En general, tenemos que esperar a que comience el trabajo para ver cómo lo tolera el bebé y verificar que tiene espacio en el canal de nacimiento.

En una cesárea, las más de las veces el anestesiólogo le aplicará un bloqueo epidural o la raquia, con las que estará despierta.

¿Por qué realizan las cesáreas?
Hay muchas razones para hacer una cesárea, pero el propósito principal es dar a luz un bebé sano. Entre las razones concretas se encuentran:
• parto anterior por cesárea
• evitar la ruptura del útero
• el bebé es demasiado grande para la pelvis
• sufrimiento fetal
• compresión del cordón umbilical
• el bebé está en posición de nalgas
• desprendimiento placentario
• placenta previa
• embarazo múltiple (en algunos casos)

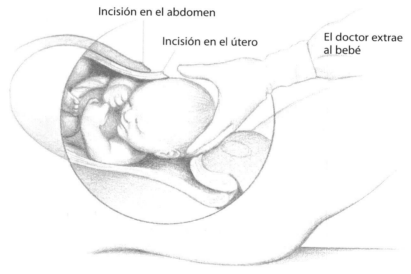

Incisión en el abdomen

Incisión en el útero

El doctor extrae al bebé

Parto por cesárea

Ventajas y desventajas

La ventaja más importante de la cesárea es el nacimiento de un bebé sano. Por otra parte, es una cirugía mayor y presenta los peligros de cualquiera. Deberá quedarse en el hospital dos o tres días.

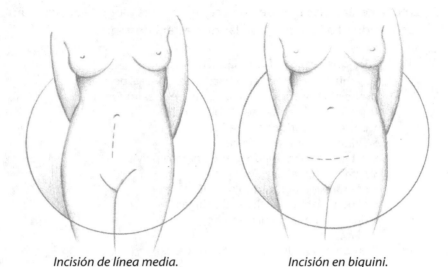

Incisión de línea media.   Incisión en biquini.

Tiempo de recuperación. El restablecimiento en casa tarda más con una cesárea que con un parto natural. El tiempo normal para una recuperación completa es de cuatro a seis semanas.

¿Cuántas cesáreas? Muchos doctores recomiendan que no sean más de dos o tres, pero esto se evalúa en el momento de cada parto. No hay un número exacto "seguro" de cesáreas para una mujer. Tengo una paciente en la que acabo de practicar su octava cesárea, pero esta situación no es habitual.

Por lo regular, el médico aprovechará la misma incisión. Si tiene una cicatriz grande, la extirpará.

En mi clase de preparación para el parto, unas mujeres decían que si una tenía cesárea, había fallado. ¿Es verdad?
No. Si debe someterse a una cesárea no ha fallado en ningún sentido. La meta del embarazo y el parto es culminar con un bebé sano y una madre sana. En muchas situaciones, la única manera de conseguirlo es mediante una cesárea.

Parto vaginal después de cesárea

Antes se creía que si una mujer había tenido una cesárea, los partos posteriores también deberían ser quirúrgicos. Hoy se ha vuelto más común que las mujeres que dieron a luz por este medio tengan partos naturales en embarazos posteriores, o *partos vaginales después de cesárea.*

Hay que considerar diversos factores en la decisión de tener un parto con cesárea previa. Es importante el tipo de incisión que se hizo para la cesárea. Si la incisión en el útero (no en el abdomen) es alta, no se permite el trabajo de parto en embarazos posteriores. Si la mujer es menuda y el bebé grande, llega a causar problemas. Los embarazos múltiples y complicaciones como diabetes o hipertensión arterial suelen requerir una nueva cesárea.

Algunos institutos especializados afirman que la mujer que ha tenido dos cesáreas todavía puede tener un parto vaginal, si no hay otros factores que lo impidan. Se trata de una decisión personal que debe discutir con su médico.

Las mujeres con mayores posibilidades de tener un parto vaginal después de cesárea son:

- aquellas en las que la causa de la cesárea no aparece en este embarazo
- las que no tienen problemas médicos importantes
- las que tienen una incisión baja en el útero por la cesárea anterior
- las que gestan un bebé de talla normal
- aquellas cuyo bebé está en posición normal (cabeza abajo)

Si quiere intentar un parto vaginal después de la cesárea, lo más importante es hablar con el médico con mucha anticipación al trabajo de parto para que tengan tiempo de hacer sus planes. Sería provechoso conseguir los detalles de su parto anterior. Analice los beneficios y los riesgos y pida la opinión de su médico en cuanto a las probabilidades de un parto natural exitoso. Él conoce su estado de salud y los antecedentes de su embarazo. Incluya a su pareja en el proceso de decidir.

¿Necesitaré una episiotomía?

Una episiotomía es una incisión quirúrgica en la región que va de la vagina al ano. Se hace durante el parto para evitar el desgarramiento de los tejidos de la zona.

Se practica una episiotomía a casi todas las mujeres que tienen a su primer o segundo hijo.

Analice con su médico en una consulta prenatal si va a necesitar una episiotomía. Esta intervención se practica a casi todas las mujeres que tienen su primer o segundo hijo. Cuantos más hijos tenga una mujer, menos probable es que la necesite. También depende del tamaño del feto. En algunas situaciones no se requiere episiotomía, como cuando el bebé es pequeño o prematuro. En general, no es posible tomar la decisión hasta el momento del parto.

¿Para qué sirve la episiotomía?

Se realiza una episiotomía para que el bebé pase por el canal de parto y para evitar el desgarramiento de tejidos de la madre. Si una mujer ya ha tenido varios embarazos y partos, quizá no requiera el procedimiento con los posteriores.

Entre los factores que hacen necesaria la episiotomía se encuentran:

- el tamaño de la apertura vaginal de la mujer
- el tamaño de la cabeza y los hombros del bebé
- los hijos anteriores
- un parto mediante fórceps o extractor de vacío

El grado de la episiotomía varía de acuerdo con la profundidad de la incisión:

- primer grado: corta sólo la piel
- segundo grado: corta la piel y el tejido inferior, llamado *fascia superficial*
- tercer grado: corta la piel, el tejido inferior y el esfínter anal, que es el músculo que rodea al ano
- cuarto grado: atraviesa las capas descritas y la mucosa rectal, que es el revestimiento del ano

Dolor de la episiotomía

Después del nacimiento de su bebé, la parte más adolorida será la episiotomía. No tenga miedo de pedir ayuda para este dolor. Los analgésicos, el hielo, los baños de asiento y los laxantes alivian las molestias.

La posición del bebé

En alguna ocasión habrá oído decir de un nonato que está en "posición de nalgas". Esta presentación significa que el bebé no está orientado con la cabeza hacia abajo y que el trasero y las piernas entran primero al canal de nacimiento.

Una de las principales causas de la presentación de nalgas es el carácter prematuro del bebé. Hacia el final del segundo trimestre es usual que muestre esta posición. Cuando pasa al tercer trimestres, rota para situarse cara abajo, listo para nacer.

En el tercer trimestre, el bebé rota para situarse cara abajo, listo para nacer.

En las últimas tres o cuatro semanas el bebé debe estar en la posición normal (cara abajo). Si está de nalgas al momento del parto, el doctor tratará de girarlo; de otro modo, necesitará una cesárea.

Hay varias presentaciones de nalgas y otras anormales:

- Franco de nalgas. Las piernas están flexionadas sobre las caderas y extendidas en las rodillas. Los pies apuntan a la cara o la cabeza.
- De nalgas completo. Una o ambas rodillas están flexionadas, no extendidas.
- De nalgas incompleto. Un pie o rodilla entra en el canal de parto antes que el resto del cuerpo.
- Situación de cara. La cabeza del bebé está demasiado extendida, de modo que la cara entra primero al canal de nacimiento.
- Situación transversa. El bebé está recostado en la pelvis como en una cuna. La cabeza se encuentra hacia un lado del abdomen de la madre y el trasero hacia el otro.
- Presentación de hombros. Un hombro entra primero al canal de parto.

Existen polémicas sobre cómo alumbrar un bebé presentado de nalgas. Durante mucho tiempo, estos partos se hacían por vía vaginal; después se creyó que el método más seguro era la cesárea y muchos doctores siguen pensando lo mismo. Sin embargo, otros opinan que una mujer puede dar a luz un bebé de nalgas sin dificultades, si la situación está controlada.

En ocasiones, el médico intentará girar al bebé en posición de nalgas, para lo cual recurre a una versión cefálica externa (VCE). El doctor coloca una o ambas manos sobre su abdomen y con movimientos

suaves trata de desplazar al bebé a la posición normal. Antes se realiza un ultrasonido para ver la posición del feto y
también se emplea durante el procedimiento para guiar al doctor en el
movimiento.

Los médicos que siguen este
método lo aplican antes de que
comience el trabajo de parto o
en los primeros periodos. La VCE
tiene éxito en aproximadamente
el 50 por ciento de los casos.

El nacimiento
de su bebé

En un nacimiento natural, el
parto del bebé y la expulsión de
la placenta (aparte del trabajo de parto)
tarda de algunos minutos a una hora. La
cesárea requiere entre 30 y 60 minutos. La parte más demorada de la
cesárea *no* es el parto, que se realiza más bien rápidamente, sino la
sutura de las capas musculares y
de la piel.

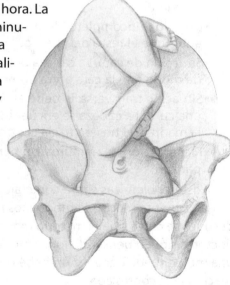

Presentación completo de nalgas.

Posición idónea para el nacimiento.

¿Voy a dar a luz en la misma sala de labor de parto?
La disposición de algunos hospitales permite que las mujeres den a luz en la misma sala donde hicieron el trabajo de parto, que se denomina LPRP, que significa "labor, parto, recuperación y posparto". En estas circunstancias, el parto y el nacimiento transcurren en la misma habitación, donde permanece para la recuperación y toda su estancia en el hospital. No todos los hospitales y centros de nacimiento están equipados así. En muchos otros hará el trabajo de parto en una sala y luego pasará a dar a luz en otra. A continuación, se recuperará en una habitación común, donde permanecerá hasta regresar a casa.

Posiciones para dar a luz

Aparte de la postura de espaldas con los pies en estribos, hay otras posiciones aceptables para dar a luz. Quizá no tenga que usar estribos o podría parir de lado o en cuclillas, si dispone esto con tiempo.

Uso de fórceps

El doctor empleará fórceps para ayudar al nacimiento de su bebé si la situación lo amerita. Los factores que cuentan son: el tamaño de su hijo, el tamaño de la pelvis de usted, qué tan bien puje y si es preciso dar a luz inmediatamente al bebé.

Los fórceps parecen dos manos de metal y sirven para proteger la cabeza del bebé durante el parto. Hoy no se usan tanto como antes, pues los médicos optan por el extractor de vacío o por una cesárea.

Extractor de vacío

El extractor de vacío es un cuenco de plástico que embona por succión en la cabeza del bebé. Cuando usted puja, el doctor lo jala y hace que el nacimiento sea más fácil.

Sobre el método de Lamaze

El método de nacimiento de Lamaze es el más popular. Se imparten cursos en muchos sitios.

¿Qué es el método de nacimiento de Lamaze?

Este método ofrece educación y entrenamiento para la madre y su "director" en las semanas anteriores al parto. La mujer aprende ejercicios de respiración para enfrentar mejor el trabajo de parto y aprende a concentrarse en objetos para distraer o reducir el dolor.

¿Todas las mujeres pueden seguir el método de Lamaze?

El método de Lamaze funciona muy bien para muchas parturientas. Ahora bien, exige un compromiso serio de la mujer y su "director". Se requiere mucha práctica y, durante el trabajo de parto, mucho empeño, pero es muy benéfico.

¿Hay otros métodos de preparación para el nacimiento aparte del Lamaze?

Hay otros dos métodos de parto preparado. El *método de Bradley* enseña diversas técnicas relajación y concentración en el interior de usted misma. La preparación destaca la relajación y la respiración abdominal profunda para hacer más tolerable el trabajo de parto. El *método de Grantly Dick-Read* está destinado a romper el ciclo de miedo, tensión y dolor en el parto.

Grabación del parto

Muchas veces mis pacientes me dicen que su pareja quiere filmar el parto pero que ellas no lo desean. Quizá usted se encuentre en la misma situación y se pregunte si acaso se muestra irrazonable. No. El proceso del nacimiento es muy íntimo para muchas mujeres y no quieren que lo filmen o fotografíen ni que las obliguen a compartirlo con otras personas. Si éste es su deseo, explíquelo a su pareja, quien debe respetar su voluntad. Si no la escucha, hable con el médico y pídale que sea él quien lo haga entrar en razón. También es recomendable preguntar en el hospital las políticas en cuanto a las cámaras de video.

Después del nacimiento

Poco después del nacimiento del bebé se llevarán a cabo varios procedimientos. Primero, se succiona su boca y garganta para limpiarlas de moco. Enseguida, el doctor ata y corta el cordón umbilical. Se envuelve al bebé en frazadas limpias y tal vez lo coloquen sobre su vientre. A uno y cinco minutos de nacer, se anotan las calificaciones de Apgar para evaluar las respuestas de su hijo al nacimiento y a la vida independiente. Se ajusta una cinta de identificación a la muñeca del pequeño. También se realiza un examen físico breve en esos primeros instantes y se aplican gotas a los ojos, para prevenir infecciones, y una inyección de vitamina K para evitar hemorragias.

Le preguntarán si quiere que le administren al bebé la vacuna contra la hepatitis. Hable con su médico o su pediatra. La vacuna sirve para protegerlo contra la hepatitis en el futuro.

Cuando la evaluación inicial termina, le devuelven a su bebé (para una descripción completa de los exámenes neonatales, véase la página 246).

El cordón umbilical

Tal vez su esposo le dijo que él desearía cortar el cordón umbilical. Hable con el médico acerca de su participación en el nacimiento. Lo que se le permita hacer varía según el hospital y el doctor.

Hemorragia posparto

Después del parto, el útero se encoge del tamaño de una sandía al de una pelota de voleibol. El útero se contrae y reduce para evitar una hemorragia.

Es de esperarse que arroje algo de sangre después del parto, pero no es común una hemorragia intensa. La hemorragia se controla con medicamentos y con un masaje (llamado *de Credé*) al útero, ésta aminora paulatinamente y finalmente cesa.

Una hemorragia intensa después del parto puede ser grave. Una pérdida de más de 500 mililitros de sangre en las primeras 24 horas se denomina *hemorragia posparto.*

Las causas más comunes de la hemorragia son:
- incapacidad del útero de contraerse
- desgarramiento de la vagina o el cuello uterino en el parto
- episiotomía grande
- desgarramiento, ruptura o perforación del útero
- incapacidad de los vasos sanguíneos uterinos de comprimirse
- retención de tejido placentario
- problemas de coagulación

Si la hemorragia se hace intensa a los días o semanas del parto, llame a su médico. En ocasiones es normal, pero lo mejor es que informe a su ginecólogo, quien querrá verla para saber si es una hemorragia habitual y, de ser preciso, recetarle medicamentos.

Almacenamiento de sangre umbilical

Es posible depositar en un banco para uso futuro la sangre del cordón umbilical. Sirve para tratar cáncer y trastornos genéticos que ahora se atienden con trasplantes de médula ósea. Se ha empleado con éxito en casos de leucemia infantil, algunas enfermedades inmunes y otros trastornos hemáticos.

La sangre se toma del cordón umbilical inmediatamente después el parto y se transporta al banco, donde se congela y almacena. El procedimiento no presenta riesgos para la madre ni el bebé.

La decisión de almacenar la sangre umbilical es de usted y su pareja. Es caro y no servirá para todos. Si está interesada, pregunte los detalles a su médico. También es posible donar la sangre (y tal vez se lo soliciten) para beneficiar a otros.

Si su bebé se retrasa

Los bebés que se demoran dos o más semanas se llaman *nacimientos postérminos* o de parto prolongado. Alrededor del 10 por ciento de todos los bebés nacen más dos semanas después de la fecha prevista.

Llevar al bebé en el vientre más de 42 semanas puede traer problemas para él y la madre. Casi todos los embarazos culminan bien. Los médicos practican exámenes a estos bebés y, si fuera preciso, inducen el parto.

Alrededor del 10 por ciento de todos los bebés nacen más de dos semanas después de la fecha prevista.

El médico determinará si el bebé se mueve en el útero y si el líquido amniótico es saludable y se encuentra en cantidades normales. Si encuentra que el bebé está sano y activo, por lo regular se vigila a la madre hasta que el trabajo de parto comienza solo. Se aplican varios exámenes para asegurarse de que el bebé está bien y puede permanecer en el útero: registro cardiotocográfico sin estímulo (o de tolerancia a las contracciones y perfil biofísico). Si se detectan problemas, se induce el parto. En el capítulo 3 se describen estos exámenes.

Parto de emergencia

En algunas ocasiones, una mujer entra en trabajo de parto y no logra llegar al hospital. Un parto de emergencia le puede ocurrir a cualquiera, así que lo mejor es estar preparada. Lea y estudie la información de estas dos páginas. Tenga junto al teléfono nombres y números de su médico y de amistades y familiares. Si le sucediera a usted, relájese y siga estas instrucciones.

Parto de emergencia si está sola

1. Llame a los servicios de emergencia.
2. Llame a una vecina, familiar cercana o amiga (tenga los números a la mano).
3. Trate de no pujar ni presionar.
4. Ubique un lugar cómodo y extienda toallas o frazadas.
5. Si el bebé llega antes que la ayuda, trate de ayudarlo a salir con las manos mientras puja suavemente.
6. Envuelva al bebé en toallas o frazadas limpias; sosténgalo junto a su cuerpo para que no se enfríe.
7. Con una tela o pañuelo limpio, quite el moco de la boca del bebé.
8. No jale el cordón umbilical para extraer la placenta; no es necesario.
9. Si la placenta es expulsada, guárdela.
10. Ate un cordel o agujeta en alguna parte del cordón umbilical. No tiene que cortarlo.
11. Manténgase caliente usted y el bebé hasta que llegue la ayuda.

Parto de emergencia en casa

1. Llame a los servicios de emergencia.
2. Llame a una vecina, familiar cercana o amiga (tenga los números a la mano).
3. Exhorte a la mujer a no pujar ni presionar.
4. Póngala lo más cómoda que sea posible con toallas y frazadas.
5. Si hay tiempo, lave la región vaginal y anal con agua y jabón.
6. Cuando asome la cabeza el bebé, pida a la mujer que no puje ni haga presión, sino que jadee o sople y se concentre en no pujar.
7. Trate de facilitar la salida del bebé con una presión suave. No lo jale por la cabeza.
8. Cuando la cabeza haya surgido, jale hacia abajo con mucha suavidad y presione para liberar los hombros.
9. Cuando asome un hombro, levante la cabeza para liberar el otro. El resto del cuerpo surgirá enseguida.
10. Envuelva al bebé en frazadas o toallas limpias.
11. Con una tela o pañuelo limpio, retire el moco de la boca del bebé.
12. No jale el cordón umbilical para extraer la placenta; no es necesario.
13. Si la placenta es expulsada, envuélvala en una toalla o periódicos limpios y guárdela.
14. Ate un cordel o agujeta en alguna parte del cordón umbilical. No tiene que cortarlo.
15. Sostenga la placenta al nivel del bebé o más arriba.
16. Mantenga abrigados al bebé y la madre hasta que llegue la ayuda.

Parto de emergencia camino al hospital

1. Oríllese y detenga el coche.
2. Trate de conseguir ayuda si tiene un celular o radio de banda civil.
3. Encienda las luces destellantes de advertencia.
4. Coloque a la mujer en el asiento trasero con una toalla o frazada debajo.
5. Pídale que no puje ni haga presión.
6. Cuando asome la cabeza del bebé, pida a la mujer que no puje ni haga presión, sino que jadee o sople y se concentre en no pujar.
7. Trate de facilitar la salida del bebé con una presión suave. No lo jale por la cabeza.
8. Cuando la cabeza haya surgido, jale hacia abajo con mucha suavidad y presione para liberar los hombros.
9. Cuando asome un hombro, levante la cabeza para liberar el otro. El resto del cuerpo surgirá enseguida.
10. Envuelva al bebé en frazadas o toallas limpias. Puede usar periódicos limpios si no tiene nada más a la mano.
11. Con una tela o pañuelo limpio, retire el moco de la boca del bebé.
12. No jale el cordón umbilical para extraer la placenta; no es necesario.
13. Si la placenta es expulsada, envuélvala en una toalla o periódicos limpios y guárdela.
14. Ate un cordel o agujeta en alguna parte del cordón umbilical. No tiene que cortarlo.
15. Sostenga la placenta al nivel del bebé o más arriba.
16. Mantenga abrigados al bebé y la madre hasta que llegue la ayuda.

Su bebé recién nacido

Parte 4

Después del nacimiento 16

Cuando llegue su bebé, comenzará su nueva vida como madre. Antes de asumir esta responsabilidad, cuídese para que esté en las mejores condiciones.

Su doctor y las enfermeras del hospital le darán buenos consejos y sugerencias para recuperarse y emprender la tarea de hacerse cargo de su hijo. Pregúnteles sobre todo lo que sienta curiosidad. Si decide amamantar, quizá no sepa exactamente cómo empezar. Solicite la ayuda de las enfermeras; tienen muchísima experiencia asistiendo a madres primerizas.

Si tiene dudas sobre el cuidado de su recién nacido, no se las guarde y resuélvalas antes de salir del hospital. Aprovéche que hay mucha gente que está dispuesta a auxiliarla.

Cuando llegue a casa, tómelo con calma. Necesita tiempo para reponerse y estar de nuevo en pie. Su pareja será de gran ayuda. Quizá haga falta algo de tiempo para organizar un horario o dividirse las faenas, pero si colaboran se sorprenderán de la rapidez con que las cosas toman su curso.

Una vez nacido su bebé

Si su parto fue natural, habrá una enfermera atenta a su presión arterial y hemorragias durante las primeras horas. Le ofrecerán analgésicos y la invitarán a alimentar al bebé. Si fue cesárea, la colocarán en la sala de recuperación, donde la vigilará una enfermera. También le darán analgésicos. Luego de alrededor de una hora, la pasarán a su habitación. Una enfermera medirá su excreta de orina para comprobar que los riñones y la vejiga funcionan.

¿Cuánto tiempo estaré en el hospital?
La mayoría de las mujeres son dadas de alta en uno o dos días si el parto y el nacimiento fueron naturales y el bebé está bien. Si fue sometida a cesárea, se quedará más días.

Episiotomía

Después del parto sentirá dolor en dos partes: el abdomen y la zona de la episiotomía. Si lo requiere, pida analgésicos para ambas partes.

Es difícil que se infecte una episiotomía, pero de haber una infección, no se manifestará hasta después de varios días. Un tratamiento con antibióticos la eliminará.

¿Cómo sé que mi episiotomía está bien?
Para usted será difícil saberlo. Las enfermeras se encargarán de verificarla.

Ligadura de trompas

Algunas mujeres deciden ligarse las trompas mientras están en el hospital. Sin embargo, no es el momento para tomar esta decisión si no la ha meditado antes.

Hay ventajas en ligarse las trompas después del parto. Ya está en el hospital; si le aplicaron una epidural, ya tiene el anestésico necesario para la intervención. Si no lo hicieron, requerirá anestesia general.

También hay desventajas. Recuerde que la ligadura de trompas es permanente e irreversible. Se arrepentirá si se somete al procedimiento a las pocas horas o al día siguiente del nacimiento de su bebé y luego cambia de opinión.

¿Debo evitar todas las actividades después del parto?
Durante las primeras semanas, no levante nada que pese más que el bebé. Si es posible, no suba escaleras.

Si no amamanta

A veces, las mujeres que deciden no amamantar me preguntan si pueden tomar una medicina o ponerse una inyección para cortar la leche. En esta época ya no lo hacemos (se hacía antes, pero ya no se consiguen esos medicamentos). Cíñase o fájese los pechos para detener la leche. Recuerde que esta decisión es definitiva. Si suspende la lactancia, ya no podrá iniciarla después.

Descanse lo suficiente

Muchas mujeres se sorprenden de lo cansadas que se sienten en lo emocional y lo físico en los primeros meses de vida de su hijo. No deje de tomarse un respiro, pues es una época de adaptación.

Después del nacimiento el sueño y el descanso son esenciales para recuperar su condición. Para descansar lo necesario, siempre que sea posible acuéstese más temprano. Cuando el bebé duerma, tómese una siesta o repose.

El cuidado del bebé la dejará exhausta. La paternidad es más fácil y gozosa si usted y su esposo comparten las responsabilidades y los quehaceres. Las parejas deben formar una sociedad de padres, lo cual exigirá un esfuerzo de colaboración, pero es posible hacerlo.

Para formar esta sociedad, antes de que el bebé nazca dediquen un momento a analizar los cambios que les esperan. Tal vez logren evitar los problemas antes de que se presenten. Compartir las tareas, como el baño y el cambio de pañales, es lo que mejor funciona.

Problemas que hay que vigilar

No tiene por qué sentirse enferma después del parto. Llame inmediatamente al doctor si tiene cualquiera de estos problemas:

- Una hemorragia vaginal anormalmente intensa o un aumento repentino (más que el flujo menstrual normal o que empapa más de dos toallas sanitarias en 30 minutos)
- Flujo vaginal con olor intenso y desagradable
- Temperatura de 38.3°C o más, salvo en las primeras 24 horas
- Mamas dolorosas o enrojecidas
- Pérdida de apetito por un periodo prolongado
- Dolor, sensibilidad, enrojecimiento o hinchazón de las piernas
- Dolor en la parte inferior del abdomen o en la espalda

Depresión leve de posparto

Después del nacimiento, se sentirá triste e irritable. Este sentimiento se llama *depresión leve de posparto* y aqueja hasta al 80 por ciento de las mujeres. Aparece entre los dos días y las dos semanas del parto. La situación es temporal y desaparece tan rápidamente como llegó.

Los síntomas son:
- ansiedad
- llanto sin razón
- agotamiento
- impaciencia
- irritabilidad
- falta de confianza
- ausencia de sentimientos hacia el bebé
- poca autoestima
- sensibilidad exacerbada
- inquietud

Las reacciones después del parto, sean ligeras o graves, son temporales y tratables. Una de las mejores cosas que puede hacer por usted es conseguir apoyo antes del nacimiento. Pida la ayuda de familiares y amigos. Dígale a su madre o su suegra que se queden un tiempo. Pídale a su esposo que se tome unos días libres o que contrate alguien que venga a ayudar todos los días. Practique a diario algún ejercicio moderado. Haga comidas nutritivas y beba muchos líquidos. Salga de casa todos los días.

Depresión severa de posparto. La depresión severa de posparto es un problema más grave que la depresión y quizá requiera medicamentos antidepresivos y tranquilizantes, que muchas veces se dan juntos. En la mayor parte de los casos, un tratamiento con antidepresivos de seis meses a un año basta para solucionar el problema.

Las reacciones después del parto, sean ligeras o graves, son temporales y tratables.

Su pareja se sentirá mal si usted padece depresión severa de posparto. Es importante que lo prepare para esta situación. Explíquele que si le ocurre, sólo será por un tiempo.

Cambios físicos

Piel del abdomen. La piel de algunas mujeres vuelve naturalmente a la normalidad; la de otras nunca lo hace. La piel del abdomen no es un músculo, así que no es posible fortalecerla con ejercicio. Uno de los principales factores que inciden en la capacidad de la piel de recuperar su tensión anterior al embarazo es el tejido conectivo que le da flexibilidad y elasticidad y que se pierde con la edad. Otros factores son su condición física antes del embarazo, la herencia y la magnitud del estiramiento del abdomen en la gestación.

Mamas. En la mayoría de las mujeres, los pechos recuperan su tamaño previo o disminuyen un poco. Esto es resultado del cambio en el tejido conectivo que forma el sistema de sostén de estos órganos. El ejercicio no los hará más firmes, pero fortalece los músculos pectorales para que los pechos tengan mejor soporte.

Peso. Es normal adelgazar entre 4.5 y 6.8 kilos inmediatamente después del parto. El peso que sobre será más difícil de perder, pues su cuerpo almacenó de 3.15 a 4.5 kilos de grasa con el fin de darle energía para los primeros meses de vida del bebé. Si come adecuadamente y hace suficiente ejercicio, estos kilos desaparecerán lentamente.

¿Debo seguir una dieta estricta para adelgazar después del parto?
No, no se ponga a dieta rigurosa ahora mismo. Aunque no amamante a su hijo, su organismo necesita una dieta nutritiva y equilibrada para estar sana y conservar su energía.

Me dijeron que no debo hacer dieta si amamanto. ¿Por qué?
Todos los nutrientes que recibe su bebé con la leche dependen de la calidad de los alimentos que usted consume. La lactancia impone demandas mayores a su organismo que el embarazo. Su cuerpo quemará hasta 1,000 calorías diarias sólo en la producción de leche. Al amamantar, necesita otras 500 calorías adicionales por día. También tome muchos líquidos.

Ejercicio. En general es bueno que haga ejercicio después de tener a su bebé, pero tenga el cuidado de no empezar demasiado pronto. Antes de emprender cualquier rutina, consulte con su médico, quien le dará el consejo adecuado. No se extenúe y descanse lo suficiente.

Haga algo que disfrute y hágalo regularmente. Caminar y nadar son ejercicios excelentes para recuperar la forma. Tómelo con calma. Pregunte a su doctor cuándo y cómo puede aumentar su programa de ejercicios.

La elección del pediatra

Su doctor la ayudará a conseguir un pediatra antes del parto y estará encantado de hacerle una recomendación. Cuando nazca su bebé, se avisará a este médico para que vaya al hospital a revisarlo.

Aunque no es necesario, si lo prefiere elija y visite al pediatra tres o cuatro semanas antes de la fecha prevista. Si el bebé llega antes, ya habrá cumplido con esta formalidad.

Amigas, compañeras y familiares le darán las referencias de los pediatras que conocen y en los que confían.

Qué preguntar

A continuación hay una lista de preguntas para iniciar con el nuevo pediatra el diálogo sobre el cuidado de su bebé.

- ¿En dónde estudió y qué títulos o grados ha obtenido?
- ¿Es fácil localizarlo?
- ¿Los horarios de su consultorio son compatibles con los nuestros?
- ¿Atiende el mismo día a un niño muy enfermo?
- ¿Cómo lo localizamos en caso de emergencia o fuera de horas hábiles?
- ¿Quién responde si él no está disponible?
- ¿El personal del consultorio es cordial, abierto y comunicativo?
- ¿Regresa las llamadas el mismo día?
- ¿Está interesado en los temas de prevención, crecimiento y conducta?
- ¿Cómo funciona su consulta?
- ¿Concuerda con nuestro seguro?
- ¿Cuál es el centro de emergencias más cercano (de nosotros) al que nos enviaría?

Qué considerar al elegir un pediatra

Algunos asuntos sólo se resuelven analizando sus impresiones después de visitar al doctor: examine sus "reacciones viscerales" ante ciertos temas. Abajo hay una lista de los puntos que conviene que usted y su esposo revisen después de la primera visita.

- ¿Nos parecen aceptables las doctrinas y opiniones del médico, como el uso de antibióticos y otros medicamentos, los estilos de crianza o nuestras ideas religiosas sobre los fármacos?
- ¿El doctor nos escuchó?
- ¿Estaba verdaderamente interesado en nuestras preocupaciones?
- ¿Se mostró deseoso de establecer una relación compatible con nuestro hijo por nacer?
- ¿Es una persona con la que nos sentimos a gusto y con la que nuestro hijo estará contento?

- *¿El doctor nos escuchó?*
- *¿Es una persona con la que nos sentimos a gusto y con la que nuestro hijo estará contento?*

Si con el tiempo surgen conflictos o no coinciden en temas importantes, siéntase libre de escoger otro pediatra del consultorio o de otro sitio, dependiendo de la cobertura de su seguro.

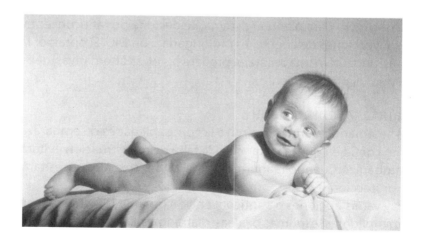

Su cita posnatal

Se programa una consulta posnatal entre dos y seis semanas después del nacimiento del bebé, según las circunstancias del parto. No falte. Es la última parte del programa completo de atención perinatal. Es tan importante como lo fueron las citas con el médico durante el embarazo.

El doctor practicará un examen médico parecido al de su primera visita prenatal y también hará un examen pélvico (interno) para determinar si el útero ha vuelto a su tamaño y posición normal, lo que ocurre en el plazo de unas seis semanas. Si hay problemas, es el momento de hacerse cargo de ellos.

No falte a esta cita.

Si sufrió desgarramientos o incisiones, el doctor la examinará para verificar que sanen. Si no ha hecho planes todavía es el momento oportuno para hablar de los métodos de control natal.

Control natal después del embarazo

Puede reanudar las relaciones sexuales con su pareja seis semanas después del parto. Espere hasta la consulta posnatal y pregunte a su médico para asegurarse de que está lista.

Si no tiene planes de volver a embarazarse de inmediato, analice con su doctor los métodos anticonceptivos. La visita posnatal es el momento perfecto para plantear el tema. Se decidirá por anticonceptivos orales, inyecciones de liberación prolongada o un DIU. Si opta por las píldoras, necesitará una receta; si prefiere las otras alternativas, deberá programar el procedimiento.

Lactancia y control natal

El amamantamiento disminuye las probabilidades de embarazarse, pero *no* confíe en que la lactancia o la falta de menstruación evitarán otro embarazo. Cuando reanude las actividades sexuales necesitará alguna protección.

Hay varias opciones de anticoncepción durante la lactancia: condones, "minipíldoras", espumas o jaleas, diafragmas, DIU, implantes de liberación prolongada o inyecciones. Hable de estas opciones con su médico.

Cómo hacer que el hogar sea seguro para el bebé

Es imposible conseguir que la casa sea completamente a prueba de bebés. Los accidentes pasan, pero *se puede* hacer mucho para que el entorno sea seguro para su hijo. Tenga presentes estos puntos.

- Los barrotes de la cuna no deben estar separados por más de seis centímetros.
- Verifique que el colchón ajusta exactamente en la cuna.
- Sitúe la cuna lejos de ventanas, adornos en las paredes, unidades de calefacción, muebles escalables, cordones de persianas y cortinas y otros peligros posibles.
- Nunca ponga almohadas en la cuna.
- Sostenga en su sitio y firme el lado inclinable de la cuna cuando la ocupe el bebé.
- Aleje del alcance de su hijo móviles y otros juguetes de cuna. Cuando crezca un poco, tendrá que quitarlos.
- Nunca cuelgue un chupón ni nada del cuello del bebé.
- Nunca deje solo al bebé en un sofá, silla, cambiador o cualquier superficie elevada.
- Nunca coloque al bebé en una silla infantil sobre la tarja o la mesa.
- Use correas de seguridad para todo el equipo del bebé.
- Nunca deje solo al bebé en el agua. Puede ahogarse en 2.5 centímetros de agua.
- Nunca cargue al bebé mientras cocina o toma una bebida caliente de cualquier tipo.
- Si mete fórmula láctea u otro alimento al horno de microondas, se calentará en forma irregular y tendrá partes ardiendo. Agite la mamila o mueva bien la comida antes de servirla.
- No cuelgue nada de las manijas de la carriola, como bolsas, pues el exceso de peso la desequilibra y corre el peligro de voltearse.

Su recién nacido 17

Terminó la larga espera. Tiene a su bebé en casa y está lista para empezar la vida en familia. Se sentirá un poco nerviosa de manejar a esta diminuta personita. Tal vez le sirva saber que los bebés son muy resistentes: no tiene que cargarlos como si fueran de porcelana china. Tenga cuidado de sostener la cabeza del suyo, vístalo en forma cómoda (que no se enfríe ni se acalore), aliméntelo y cámbielo. A medida que se familiarice con estas tareas, se le harán mucho más fáciles.

Lo más importante que puede darle a su bebé es amor. Como padre de cinco hijos, sé que esta tarea no es pesada. Los bebés son adorables; es difícil no dedicarles todo el tiempo. Disfrute esta época mágica y maravillosa con su hijo.

El bebé al nacer

Su bebé será sometido a varios exámenes de rutina, que dependen de sus antecedentes, los resultados del examen neonatal y otros factores. Estos exámenes son:

- calificación de Apgar
- escala de Brazelton de evaluación de la conducta neonatal
- examen de Coombs
- evaluación de la madurez neonatal
- examen de reflejos
- examen de detección de hiperfenilcetonuria, anemia e hipotiroidismo
- otros exámenes de sangre

Todos estos exámenes se explican en la tabla de la página 246.

Exámenes del neonato

Examen	Cómo se realiza	Qué indica
De Apgar	A uno y cinco minutos del nacimiento, se evalúa color, ritmo cardiaco, tono muscular, respuesta refleja y respiración.	Da una indicación de la condición general al nacer. Ayuda al personal del hospital a decidir si el bebé requiere atenciones especiales. Cada categoría recibe una calificación de cero a dos puntos, para un máximo de 10. Sin embargo, no nos indica lo que depare el futuro.
De sangre	La muestra se toma del talón del bebé.	Detecta hiperfenilcetonuria, anemia e hipotiroidismo.
De Coombs	Se toma sangre del cordón umbilical si la madre es Rh negativa tipo O o si no se le ha realizado un examen de anticuerpos.	Detecta la formación de anticuerpos Rh.
De reflejos	Estudia varios reflejos, como los de búsqueda y de asir.	Si falta un reflejo, es necesaria otra evaluación.
Evaluación de la madurez neonatal	Se evalúan muchas características del bebé para determinar la madurez física y neuromuscular.	Cada característica recibe una calificación; la suma señala la madurez del bebé.
Escala de Brazelton de evaluación de la conducta neonatal	Prueba diversas conductas en bebés en los que se sospecha un problema. Algunos hospitales someten a todos los bebés.	Ofrece información a doctores y padres sobre la respuesta del neonato al ambiente.
Otros exámenes de sangre	La muestra se toma del talón del bebé.	Verifican anemia falciforme, concentraciones de glucosa y otros problemas. Los resultados indican si el bebé requiere mayores evaluaciones.

Peso natal. Hemos descubierto tres diferencias en el peso de los bebés al nacer; sin embargo, es información general que no se aplica a todos los casos.

- Los niños pesan más que las niñas.
- El peso natal aumenta con los embarazos.
- Los bebés blancos a término pesan más que los negros a término.

La apariencia de su neonato

¿Cómo se ve un recién nacido?
El bebé está húmedo y por lo regular tiene algo de sangre en la piel. Todo o parte del cuerpo está cubierto por vérnix caseosa, una sustancia cerosa blanca o amarillenta.

La cabeza del bebé es grande en proporción con el resto del cuerpo. Al nacer, abarca una cuarta parte de la longitud total. A medida que el niño crece, esta proporción cambiará hasta llegar a un octavo en la talla adulta.

Nariz

Le parecerá curiosa la forma de la nariz de su recién nacido: plana o abultada, como si viniera de una pelea. Esta forma no es la que tendrá de adulto. La nariz de los pequeños da la impresión de que es demasiado llana para respirar, pero se las arreglan para inhalar el aire.

Cabello

Los bebés nacen con cabello abundante o totalmente calvos. Si el suyo tiene mucho, es posible que se caiga en los primeros seis meses y sea reemplazado por cabello de otro color y textura. Si es calvo, tampoco es una situación permanente: ya le saldrá el cabello.

La cabeza de mi pequeño tiene una forma extraña. ¿Será siempre así?
Si el bebé hizo su aparición en este mundo a través del canal de parto, es posible que tenga la cabeza alargada. La forma es temporal y adquirirá un aspecto más "ordinario" en los próximos días.

Ojos

Los ojos del recién nacido están hinchados. Tal inflamación se debe a la presión en el canal de nacimiento y desaparece en algunos días.

Cuando la enfermera le traiga a su bebé, le verá los ojos grasosos y algo enrojecidos. Esta irritación es por el ungüento antibiótico aplicado después de nacer para prevenir infecciones. El enrojecimiento desaparece a las 48 horas.

Es posible que un ojo oscile cuando el bebé la mire o que parezca bizquear. No se preocupe. A sus músculos oculares les falta fuerza para controlar los movimientos. Un ojo oscilante se corrige solo hacia los seis meses. Si el problema no se resuelve, consulte al pediatra.

Los pliegues de piel en las comisuras internas de los ojos acentúan la impresión de que el bebé bizquea. Con el tiempo, tales pliegues se hacen menos prominentes y ya no dará ese aspecto.

Piel

En las primeras horas, la piel de su bebé comenzará a secarse y se verá agrietada y escamosa. Esta condición llega a durar algunas semanas. La piel seca preocupa a aquellos padres que han oído que siempre es tersa y hermosa. No se requiere tratamiento, pero si lo desea frote un poco de loción en la delicada piel del recién nacido.

Es posible que su bebé tenga numerosas erupciones. No se alarme. Llame al médico si alguna dura más de unos cuantos días o si su hijo se ve muy molesto.

Salpullido del pañal. Ésta es la erupción más común. Aparece como protuberancias en la zona el pañal. Manténgala seca y limpia y aplique un ungüento protector con óxido de zinc.

Salpullido de calor. Una erupción rojiza y con ampollas puede ser *salpullido de calor*. Aplique maicena en la zona afectada y no le ponga demasiada ropa al bebé.

Vista al bebé con gorra y ropa protectora incluso para salidas breves al sol.

Miliaria. Unas protuberancias amarillentas diminutas llamadas *miliaria* afectan a aproximadamente la mitad de los recién nacidos. Unas espinillas grandes y amarillentas sobre piel manchada se denominan *erupción del neonato* y aquejan al 70 por ciento de los bebés. Unas espinillas rosadas e inflamadas son *acné neonatal*. El tiempo es el tratamiento para la miliaria, la erupción del neonato y el acné neonatal: no tiene que hacer nada y desaparecerán solos dentro de poco.

Luz solar. Lo mejor es no exponer al bebé a la luz solar directa. Su piel no tiene la capacidad de protegerse de los daños causados por el sol. No se recomiendan las cremas bloqueadoras para menores de seis meses, así que mantenga a su pequeño en la sombra para resguardarlo. Vista al bebé con gorra y ropa protectora incluso para salidas breves al sol, sobre todo en las regiones calurosas y despejadas.

Las mascotas y el recién nacido

Cuando el bebé es hijo de una pareja que tiene un perro o un gato que han sido el centro de la casa durante mucho tiempo, surgen problemas. En particular, los perros suelen reaccionar; resienten el interés que despierta el bebé, le gruñen, ladran y exigen atención. Llegan incluso a mostrar conductas inaceptables, como ensuciar o romper cosas.

Cómo hacer que el perro acepte al niño. Si su perro nunca ha estado cerca de niños, comience por introducirlo a la vista, los sonidos y los olores de los bebés antes de que nazca el suyo. Cuando llegue a casa con su hijo, préstele atención al animal mientras lo presenta. Sea firme si se porta mal; no deje que se salga con la suya. También es conveniente esterilizarlo, pues los perros no operados tienden más a gruñir, topetear y morder. No lo aísle cuando lleve al bebé a casa. Hágalo participar en las relaciones con él, pero no los deje solos. Obedezca al sentido común y tómelo con calma.

Cómo hacer que el gato acepte al niño. Los gatos resultan afectados al igual que los perros y se les aplican los mismos consejos. Se cree que el gato se tardará más en adaptarse al bebé que el perro. Además, tendrá que entrenarlo para que no se meta a la cuna.

La salud de su bebé

Es fácil preocuparse por la salud del recién nacido al principio cuando todo es nuevo. En esta sección revisaremos algunas de las dolencias más comunes que aquejarían a su hijo. No deje de leer el recuadro inferior, que es una lista de los síntomas que debe ser capaz de reconocer. Si observa cualquiera de ellos, llame al médico.

Es mi primer bebé. Me preocupa no saber cuándo está enfermo o cuándo debo llamar al doctor. ¿Qué me recomienda?

Si su bebé muestra cualquiera de estos síntomas, llame al médico:

- fiebre superior a 38.3°C
- llanto inconsolable durante ratos largos
- problemas para orinar
- vómito proyectil, en el que el contenido del estómago sale con gran fuerza
- estado letárgico o flojo al cargarlo
- diarrea intensa
- conducta extraña
- poco apetito

Cualquiera de estos síntomas indicaría que el bebé está enfermo.

Infecciones de oído

Es difícil saber si el bebé tiene una infección de oído. Los síntomas reveladores en bebés de menos de seis meses son:

- irritabilidad que dura todo el día
- insomnio
- letargo
- dificultades para comer

Aparte de que son difíciles de discernir, estos síntomas no siempre están acompañados de fiebre. Los síntomas son parecidos para los bebés de seis a 12 meses, salvo por que es más común que tengan temperatura elevada. El comienzo de un dolor de oído suele ser repentino, agudo y notable.

Deshidratación

Si el bebé se deshidrata, llame de inmediato al médico. Los signos de alarma que hay que observar son:

- moja menos de seis pañales al día.
- la orina es amarilla oscura o anaranjada. Debe ser amarilla pálida.
- presenta menos de dos defecaciones blandas al día.
- parece tener dificultades para succionar.
- la fontanela de la parte superior de la cabeza está hundida.
- se ve decaído o enfermo.

Diarrea

Si se siente preocupada por la diarrea, llame al médico. La primera clave es un cambio en el número de pañales sucios o en la consistencia de las heces.

Si su bebé tiene diarrea, necesita más agua y minerales para evitar la deshidratación. Su médico le recomendará suero oral (solución electrolítica) para compensar la pérdida de líquidos y minerales.

Ictericia

He oído hablar de recién nacidos con ictericia. ¿A qué se refiere?

La ictericia es una coloración amarillenta de la piel, la esclerótica (el blanco de los ojos) y los tejidos profundos del cuerpo. Es causada por la incapacidad del bebé para desechar la bilirrubina, una sustancia que produce el hígado.

La ictericia es común. Se debe al exceso de bilirrubina en la sangre y es peligrosa si no se atiende. No es difícil de tratar.

Para diagnosticar ictericia, el pediatra o las enfermeras de la guardería observan el color del bebé. El aspecto amarillento obedece al exceso de bilirrubina en la sangre. Una química sanguínea revela las concentraciones de la sustancia.

La fototerapia es el tratamiento de elección. El bebé se coloca bajo luces especiales que atraviesan la piel y destruyen la bilirrubina. En algunas regiones cálidas y despejadas, no se requieren estas luces: basta poner al bebé al sol por periodos breves para que su luz elimina este exceso. En los casos graves, se necesitan transfusiones de sangre de intercambio.

Cólicos

Los cólicos son una condición que se caracteriza por accesos repentinos y ruidosos de llanto y agitación, que a veces duran horas, en un bebé que por lo demás es sano. Alrededor del 20 por ciento de los recién nacidos padecen cólicos. En los cólicos agudos, el abdomen se amplia y el pequeño expele gases con frecuencia.

La única manera de saber si su hijo tiene cólicos es visitar al pediatra o al médico familiar, quien determinará si se trata de ese padecimiento o de algún otro problema.

Los cólicos aparecen gradualmente hacia las dos semanas de edad. Con el paso de los días, la condición empeora hasta que desaparece alrededor de los tres meses, aunque se presentan cólicos ocasionales hasta los cuatro. Los ataques suelen comenzar al anochecer y duran de tres a cuatro horas. Desaparecen tal y como empezaron.

Los investigadores han estudiado los cólicos y sus causas durante mucho tiempo. Las teorías sobre sus orígenes son:
- inmadurez del sistema digestivo
- intolerancia a las proteínas de la leche de vaca en las fórmulas lácteas o a la leche materna
- fatiga del niño

Si nuestro bebé padece cólicos, ¿qué podemos hacer?

Los doctores recomiendan varios métodos para aliviar las molestias del bebé.
- Ofrézcale el pecho o una mamila de fórmula láctea.
- Si no amamanta, haga la prueba con fórmula que no contenga leche de vaca.
- Lleve al bebé en un cabestrillo durante el ataque. El movimiento y la cercanía sirven de algo.
- Pruebe un chupón para tranquilizarlo.
- Ponga al bebé boca abajo sobre sus rodillas y frótele la espalda.
- Envuélvalo bien en una frazada.
- Dé un masaje o golpecitos en el vientre.

Los hábitos de sueño del bebé

A veces se dificulta hacer que el bebé se duerma en las noches. Lo mejor es establecer una rutina para que adquiera buenos hábitos de sueño.

- Espere a que el bebé esté cansado para meterlo en la cuna.
- Imponga una rutina nocturna regular y predecible.
- Establezca buenas asociaciones con el sueño, como la frazada o el juguete favoritos o bien un chupón. No acueste al bebé con un biberón.

Algunos bebés quieren dormir de día y estar despiertos de noche. Hay algunas estrategias para cambiar esta situación desordenada.

- Limite las siestas del día a pocas horas.
- No estimule al bebé cuando se levante para alimentarlo de noche.
- Durante el día, póngalo a dormir la siesta en un lugar iluminado y con algo de ruido. De noche, acuéstelo a dormir en una habitación oscura y silenciosa.
- Manténgalo despierto en el día hablando y cantando o con cualquier otra forma de estimulación.

Me han dicho que es mejor acostar al bebé de espaldas o de costado que boca abajo. ¿Es cierto?
Sí. Hemos descubierto que las posturas de espalda o de costado reducen en buena medida la incidencia del SMSL (síndrome de muerte súbita del lactante).

Hay diferencias en los hábitos de sueño entre los bebés amamantados y los alimentados con biberón. Estos últimos duermen más de noche a medida que maduran. Los amamantados no adoptan pautas de sueño más prolongadas hasta después del destete. En la tabla inferior se comparan las pautas de sueño de unos y otros.

Duración del sueño nocturno

Edad	Biberón	Pecho
Recién nacidos	5 horas	4 a 7 horas
4 meses	8 a 10 horas	4 a 7 horas
6 meses	8 a 10 horas	4 a 7 horas
Sueño total por día	13 a 15 horas	11 a 14 horas

El cuidado del bebé

Cuidado del cordón umbilical

No causa ningún problema ocuparse del cabo del cordón umbilical, que se caerá a lo siete o 10 días. Mientras tanto, asee al bebé con baños de esponja en lugar de tina. Siga los consejos del pediatra.

Cuidado de los ojos

Para eliminar las legañas de los ojos de su hijo, aplique una torunda de algodón humedecida. Colóquela en la comisura interna y enjuague en dirección vertical hacia la nariz.

Cuidado de la nariz

Nunca meta nada en la nariz de su hijo. Si tiene que quitar secreciones secas, limpie suavemente alrededor de la nariz. Estas secreciones se eliminan al estornudar.

Cuidado de los oídos

Nunca escarbe los oídos del bebé con ningún objeto. El cerumen está ahí porque tiene un propósito. Está bien limpiar el pabellón de la oreja con una tela suave, pero no introduzca nada en los oídos.

Elección de pañales

Tome en cuenta sus rutinas, su presupuesto y a su bebé cuando se decida por los pañales desechables o de tela. Los desechables son convenientes. No se necesitan alfileres de seguridad ni correas de plástico y nunca hay que lavarlos. Los pañales de tela se usan muchas veces. Algunas marcas no necesitan alfileres ni correas. Tendrá que conseguir medios adecuados de lavar y secar. Muchas de mis pacientes recurren a una combinación de pañales desechables y de tela.

Preocupaciones por el peso

Algunas mujeres se preocupan de que sus bebés no se vean "gordos". En esta etapa inicial, un bebé rechoncho no es un problema. Concéntrese en si su hijo crece y madura en la forma apropiada, no en si está gordo. No lo ponga a dieta para mantenerlo delgado.

A su doctor le interesará sobre todo si su hijo corresponde a los parámetros de las tablas de crecimiento en relación con otros niños. Por lo regular, el peso y la estatura se dan en percentiles. Por ejemplo, si le dicen que su hija está en el percentil 80 de estatura, significa que 80 de 100 niñas son más bajas que ella y 20 más altas. Si su hijo está en el percentil 60 de peso, quiere decir que 60 de 100 niños pesan menos y 40 más.

Prevención de la obesidad en años posteriores. Comience ahora a darle a su bebé el mejor arranque nutricional posible.

- Amamante a su bebé.
- No introduzca sólidos hasta que tenga cuatro o seis meses.
- Aliméntelo en respuesta al hambre, no para satisfacer otras necesidades o porque es "hora de comer".
- Fomente la actividad física y los hábitos alimenticios sensatos de toda la familia.

Restricciones vehiculares para la seguridad de su bebé

Su bebé debe viajar en un asiento especial de seguridad cada vez que se sube a un auto. En un accidente, el niño que no está asegurado se convierte en una especie de misil dentro de la cabina. La fuerza de un choque es capaz de arrancar a un niño de los brazos de un adulto.

Esta regla se aplica incluso para los recorridos más cortos. Es increíble, pero un estudio reveló que *ocurren al año decenas de muertes* de niños sin asientos seguros en el trayecto del hospital a casa después de nacer. En todos estos casos, si los bebés hubieran estado en asientos de seguridad habrían sobrevivido. No lo deje a la suerte: tenga a su hijo bien asegurado.

El lugar más seguro para el asiento del bebé es el centro del asiento trasero del auto.

En muchos países es obligatorio el cinturón de seguridad. Recuerde que los asientos de bebé tienen correas para ajustar al niño al asiento y éste a los cinturones del coche. Aprenda a usar los sencillos mecanismos y vea que estén bien dispuestos.

El lugar más seguro para el asiento del bebé es el centro del asiento trasero del auto. En este sitio, está más protegido para la eventualidad de un choque lateral. Los fabricantes recomiendan no poner el asiento en el lugar del copiloto, sobre todo si el auto cuenta con bolsas de aire.

La alimentación del bebé

18

La alimentación del bebé es una de las más importantes tareas que desempeñará como nueva madre. La nutrición que proporcione hoy a su hijo tendrá un efecto en el resto de su vida.

Usted decidirá si amamanta a su bebé. Es la mejor nutrición que puede darle, pues recibe de usted no sólo leche, sino también nutrientes importantes, anticuerpos para prevenir infecciones y otras sustancias fundamentales para el crecimiento y la maduración. Ahora bien, si escoge alimentarlo con biberones —como hacen muchas de las madres nuevas— de todos modos es posible brindarle una buena nutrición. Basta estar al tanto de los nutrientes que ofrecen las fórmulas lácteas.

En este capítulo ofrecemos información para que dé a su bebé el mejor comienzo nutricional. Si tiene preguntas sobre algún tema en particular, hable con su médico o con el pediatra. Trabajen en equipo en esto tan importante.

Fundamentos de la alimentación

Al comienzo de la vida, los bebés comen cada tres o cuatro horas, aunque algunos lo hacen cada dos. Su bebé adquirirá un horario si lo alimenta a intervalos regulares; o bien deje que él establezca el horario, pues algunos niños necesitan comer más a menudo que otros. En ocasiones, su bebé querrá comer más de lo habitual. Observe con qué frecuencia quiere comer y si crece apropiadamente. Éstos son los mejores lineamientos para alimentar a su bebé. En general, a medida que crece espera más tiempo entre comidas y consume más en cada una.

> **¿Cómo sé si mi bebé tiene hambre?**
> El bebé manifiesta signos inconfundibles de hambre:
> • agitación
> • se lleva las manos a la boca
> • gira la cabeza y abre la boca si le roza la mejilla

¿Cuánto alimentarlo?

El bebé es el mejor juez de cuánto debe consumir en cada comida. Cuando esté satisfecho, apartará la cara del pezón o el chupón o chupete del biberón.

¿Está bien darle agua?

Trate con su médico el tema de darle agua a su bebé. Depende mucho del peso, su estado de salud y de si tiene hambre o sed. Su doctor le dará las repuestas.

Eructos

Es recomendable hacer que el bebé repita después de cada comida y algunos lo necesitan incluso antes de terminar. Sostenga al bebé sobre su hombro (el de usted) o siéntelo en sus piernas y frote o palmee suavemente en la espalda. Si quiere, colóquese una toalla sobre el hombro o tenga una para el caso de que devuelva. Si el bebé no repite, no lo fuerce.

Regurgitar la leche

Es común que durante los primeros meses el bebé devuelva leche porque el músculo de la parte superior del estómago no ha madurado del todo. Cuando el bebé devuelve tanto que arroja a varios centímetros el contenido del estómago, decimos que es un *vómito*. Si el bebé vomita después de comer, no lo vuelva a alimentar inmediatamente, pues el estómago estará trastornado. Lo más prudente es esperar hasta la próxima sesión.

La leche materna es mejor para el bebé

Si amamanta, habrá descubierto que es lo mejor para el bebé. La leche materna contiene todos los nutrientes que necesita y se digiere fácilmente. Los bebés amamantados padecen menos infecciones, además de que la lactancia les despierta un sentimiento de seguridad y a la madre uno de autoestima. Sin embargo, si tiene razones para no amamantar, tenga la seguridad de que la fórmula láctea será buena para su hijo.

Si no puede amamantar, no le causará ningún daño a su bebé. No se sienta culpable. Algunas veces es imposible a causa de alguna condición orgánica u otro problema. Otras, las madres deciden no amamantar porque tienen exigencias de tiempo, como un trabajo u otros hijos que atender. De cualquier manera su bebé tendrá todo el amor, los cuidados y la nutrición que necesita si usted no está en posición de darle el pecho.

Alimentación con biberón

Las estadísticas en Estados Unidos muestran que son más las mujeres que deciden alimentar a sus bebés con biberón que las que optan por amamantar. La fórmula láctea fortificada con hierro proporciona una buena nutrición a su hijo.

La alimentación con biberón tiene ventajas que suelen ignorarse:
- Las mujeres disfrutan la libertad que les da esta alimentación, pues cualquiera puede encargarse de los biberones.
- Los padres tienen mayor participación en el cuidado del bebé.
- Los bebés alimentados con botella pasan más tiempo entre comidas porque la fórmula se digiere más lentamente que la leche materna.
- Se puede determinar exactamente cuánta fórmula toma el bebé en cada comida.

Temperatura de la fórmula

No hay pruebas de que haga daño al bebé alimentarlo con fórmula refrigerada sin calentar. Si usted acostumbra entibiarla, su hijo la preferirá, lo mismo que si lo amamanta. Tenga cuidado de que la fórmula no esté demasiado caliente.

Clases de fórmula

La mayoría de los bebés toleran bien la fórmula con leche de vaca, pero algunos necesitan fórmulas especializadas. En la actualidad, se venden de varios tipos, entre las que se encuentran:
- **fórmula de leche de vaca sin lactosa** para bebés con problemas causados por intolerancia a la lactosa, como agitación, gases y diarrea

- **fórmula a base de soya,** sin leche ni lactosa, para bebés con alergia o sensibilidad a la leche
- **fórmula hipoalergénica a las proteínas,** fácil de digerir y sin lactosa, para bebés con cólicos u otros síntomas de alergia a las proteínas de la leche

Sugerencias para alimentar con biberón al bebé

Éstas son algunas sugerencias que conviene recordar cuando dé el biberón al bebé.
- Acerque el bebé a usted durante la comida.
- Caliente la fórmula a la temperatura corporal poniendo el biberón en agua caliente.
- Sostenga al bebé en posición semierguida, con la cabeza más arriba que el cuerpo.
- Coloque el chupón o chupete de lado, listo para alimentar.
- No toque la punta del chupón o chupete.
- Frote ligeramente el chupón o chupete en los labios del bebé e introdúzcalo en la boca. No lo meta por la fuerza.
- Incline el biberón para que el cuello esté lleno siempre y el bebé no trague demasiado aire.
- Retire el biberón de vez en cuando para que el bebé descanse. Por lo regular, terminar de comer le toma de 10 a 15 minutos.
- No deje solo al bebé con el biberón. Nunca deje apoyado el biberón para que el bebe succione solo.
- Nunca meta al bebé a la cuna con el biberón.

Biberón inclinado

Las investigaciones han probado que alimentar al bebé con un biberón inclinado es mejor. Este diseño mantiene el chupón o chupete lleno de leche, lo que significa que el bebé traga menos aire, además de que le permite beber sentado. Cuando come recostado, la leche puede escurrir a la trompa de Eustaquio y producir una infección de oído.

¿Cuánto tiempo alimentar con fórmula?

Algunos institutos especializados recomiendan que el bebé se alimente con fórmula fortificada con hierro durante el primer año. Darle la fórmula al bebé durante este lapso mantiene una ingesta adecuada de hierro.

Amamantamiento

Al comenzar a amamantar al bebé en la primera hora de nacido le dará el *calostro,* la primera leche que producen sus pechos. El calostro contiene sustancias importantes para fomentar la resistencia a las infecciones. El amamantamiento también provoca que la glándula pituitaria secrete oxitocina, la hormona que contrae el útero y disminuye las hemorragias.

Cómo empezar

No se desaliente si al principio no le parece natural amamantar. Le llevará tiempo descubrir qué funciona mejor para usted y el bebé. Sosténgalo para que alcance fácilmente el pecho, cruzado sobre sus brazos o mientras está recostada en la cama. El bebé debe abarcar todo el pezón con la boca, de modo que rodee la areola con las encías. No succionará bien si el pezón no está bien introducido en su boca.

La mayoría de los bebés comen cada dos o tres horas de cinco a 15 minutos por pecho.

Lactancia y apego

El amamantamiento es una forma excelente de establecer un lazo de unión entre usted y el bebé por su cercanía durante la alimentación. Pero también se apega a su bebé de otras maneras. Los estudios han demostrado que llevar al bebé contra su cuerpo en una cangurera fomenta el apego. Esto es excelente, pues los padres también se apegan de esta forma al bebé.

Amamantamiento y prevención de alergias

Es casi imposible que un bebé se haga alérgico a la leche de su madre, lo cual es importante si hay antecedentes de alergia en su familia o la de su pareja. Cuanto más amamante al bebé, menos probable es que lo exponga a sustancias que causen reacciones alérgicas.

Alguien me dijo que tengo que beber mucho agua mientras amamanto. ¿Es verdad?

Sí. Aumente su ingesta de líquidos si amamanta. Beba por lo menos 10 vasos grandes de agua al día.

Desventajas

La mayor desventaja para muchas madres es el hecho de que están atadas completamente al bebé. Deben estar a su alcance cuando tiene hambre. El amamantamiento hace que otros miembros de la familia se sientan desplazados. Las madres que amamantan también deben cuidar mucho su dieta, tanto para obtener los nutrimentos apropiados como para evitar los alimentos que pasan a la leche y causan problemas al bebé. La cafeína, el alcohol y algunos medicamentos pasan a la leche materna.

Efecto de la lactancia en usted

Dietas

Es mejor no hacer dietas mientras amamanta. Todos los nutrientes que recibe su bebé con la leche dependen de la calidad de los alimentos que usted consume. La lactancia exige mayores demandas a su organismo que el embarazo. Su cuerpo quemará hasta 1,000 calorías diarias sólo en la producción de leche. Al amamantar, necesita otras 500 calorías adicionales por día.

Lactancia y prevención del embarazo

Los cambios hormonales que acompañan a la lactancia hacen menos probable que quede embarazada, pero *no* confíe en que la lactancia evitará otro embarazo. Cuando reanude las actividades sexuales necesitará alguna protección.

Mientras amamanta, no tome las píldoras anticonceptivas orales normales, pues las hormonas que contienen pasan a su leche y al bebé, con lo que es probable que le originen problemas de crecimiento. La minipíldora es una buena opción, o elija otra forma de control natal hasta que termine de amamantar.

Comidas sazonadas y cafeína

Casi todas las sustancias que come o bebe (o toma como medicamentos) pasan al bebé a través de su leche. Los alimentos sazonados, el chocolate y la cafeína son apenas tres cosas a las que su bebé reaccionaría si usted las ingiere. La cafeína produce irritabilidad e insomnio. Tenga cuidado con lo que come y bebe durante la lactancia.

Síndrome de leche insuficiente

El síndrome de leche insuficiente es raro. El bebé se deshidrata porque tiene problemas para comer, como poca leche en las mamas o incapacidad de beber la suficiente.

Esta situación se presenta cuando la madre tiene la idea de que amamantar es el método "correcto" de alimentación y lo lleva a sus extremos. Piensa que si usa un biberón, incluso si hay problemas con el amamantamiento, es un fracaso personal. También sucede cuando la madre no produce suficiente leche por un defecto genético, lesión o cirugía de mama. Este problema también es raro.

Producción, extracción y almacenamiento de la leche

Con práctica y paciencia, casi todas las mujeres pueden amamantar a su bebé. La experiencia es diferente para cada una. Pida la ayuda de las enfermeras del hospital. Muchas la reciben si vuelve en busca de su ayuda.

Extracción de la leche materna

Es posible extraer leche para que su bebé la tome cuando usted está lejos de casa. Utilice un tiraleche manual, de pilas o eléctrico. Esta leche se refrigera o congela.

Necesitará de 10 a 30 minutos para extraer la leche, dependiendo del tiraleche que haya comprado. Debe hacerlo varias veces al día (a la hora en que normalmente daría el pecho). También se requiere un recipiente refrigerado para guardarla y un sitio cómodo y privado para relajarse y permitir que fluya el líquido.

Almacenamiento

Para guardar la leche y que ésta quede segura debe seguir varios pasos:

- Extraiga la leche en un recipiente limpio.
- Ponga en el recipiente una etiqueta con la fecha y la cantidad recogida.
- La leche recién extraída se conserva a temperatura ambiente hasta dos horas, pero lo mejor es refrigerarla de inmediato.
- En el refrigerador, la leche materna se conserva fresca hasta 72 horas.

Congelamiento de la leche. Si debe guardar la leche más tiempo, hay que congelarla. Se conserva en el congelador del refrigerador hasta seis meses y en las congeladoras de potencia (-29°C) hasta 12 meses. Llene el recipiente a tres cuartas partes para permitir la expansión de la leche congelada. Congele la leche en porciones pequeñas (de dos a cuatro onzas) porque es más fácil descongelarlas.

Descongelado de la leche. Tenga cuidado al descongelar la leche. Las siguientes son algunas sugerencias útiles.

• Ponga el recipiente con la leche congelada en un tazón de agua caliente durante 30 minutos o sosténgalo bajo el chorro del agua caliente.

• Nunca descongele la leche en el horno de microondas, pues se altera su composición.

• Agite el recipiente para mezclar las grasas que se hayan separado al congelar la leche.

• Sirva la leche descongelada inmediatamente o guárdela en el refrigerador no más de 24 horas.

Combinación de leche fresca y congelada. Sí es posible. Primero, enfríe la leche antes de mezclarla con la congelada. La cantidad de esta última debe ser mayor que la de leche fresca. Nunca vuelva a congelar leche.

Cambio de pecho durante la alimentación

Cambie de pecho en cada comida, pero aguarde a que el bebé termine con uno. La consistencia de la leche se enriquece a medida que el bebé succiona. En la siguiente comida empiece con pecho que el bebé tomó al último, pues así mantiene la producción de ambos. Si su bebé sólo quiere la leche de un pecho en cada comida, déle el otro en la siguiente.

Alimentación con biberón y pecho

Su provisión de leche se reducirá si la combina con biberones. El suministro está controlado por la demanda del bebé. Si alimenta con fórmula parte del tiempo, el bebé no va a imponer una demanda en la leche de usted y la producción menguará.

Problemas comunes de la lactancia

Dolor cuando llega la leche

La leche materna se hace más plena a los dos o seis días del nacimiento, cuando cambia del calostro a una leche más nutritiva y madura. Sus pechos se congestionarán y causarán algo de dolor en un periodo de 24 a 36 horas. No deje de amamantar en este periodo. Use un sostén de maternidad y aplíquese compresas frías en los pechos durante lapsos cortos. Para el dolor, tome acetaminofén o pídale al doctor algo más fuerte.

Sensación de punzada al amamantar

Poco después de que el bebé comience a lactar, la madre experimenta punzadas o calambres en los pechos por el *flujo lácteo,* es decir, cuando la leche pasa a los conductos galactóforos. Ocurre varias veces durante la alimentación. Ocasionalmente, el bebé devolverá algo cuando la leche surge demasiado rápidamente.

Pezones adoloridos

Si el bebé no abarca todo el pezón con la boca, las mandíbulas lo oprimen y hacen que duela. Pero anímese: los dolores de pezones raramente duran más de un par de días. Siga amamantando mientras dejan de doler.

Los protectores de pezón, que se llevan dentro del sostén entre estas partes y la tela, proporcionan algún alivio (impiden que la piel sensible se frote con la tela del sostén). También es posible aplicar una crema ligera para aliviar el dolor de los pezones. Pregunte a su farmacéutico o a su médico el nombre de algunos productos que sean seguros durante la lactancia.

Infección de mamas

Unas estrías largas y enrojecidas que se extienden por los pechos hasta las axilas indican la presencia de una infección. Si observa estas estrías, llame al médico. La infección eleva la temperatura dentro de las cuatro u ocho horas de aparecidas las estrías.

Si tiene un conducto obstruido, aplique una compresa caliente en la zona afectada o sumerja el pecho en agua caliente. Luego, extraiga leche mientras se da un masaje en la parte sensible (para más información sobre conductos obstruidos, véase la página 266). Si mientras le duele el pecho tiene síntomas como de gripe, llame al doctor, quien le recetará antibióticos. También es probable que necesite descanso en cama y que vacíe el pecho infectado con el tiraleche cada hora o cada dos horas.

Una infección de mama que no se trata se convierte en absceso, que es muy doloroso y hay que abrir y drenar.

Prevención. Hay varias cosas que hacer para evitar una infección de mama.

- Coma bien, beba muchos líquidos y descanse lo suficiente. Todo lo anterior reduce tensiones y mantiene al sistema inmune en la mejor forma para el combate.
- No use sostenes ajustados —en particular si están reforzados con alambre— porque obstaculizan el flujo de la leche, lo que puede generar una infección.
- Vacíe sus pechos regularmente para evitar que se congestionen.
- Después de cada alimentación o extracción, deje que los pezones se sequen al aire unos minutos.

¿Debo dejar de amamantar si tengo una infección?
No. Es importante que siga amamantando. Si se detiene, la infección empeorará.

Conductos obstruidos

Un conducto galactóforo obstruido impide que la leche fluya libremente. Se forman en el pecho regiones sensibles o duras que se sienten dolorosas después de las comidas. Los conductos obstruidos no siempre enrojecen y quizá no detecte que tenga fiebre.

Un conducto obstruido se arregla solo si usted sigue amamantando frecuentemente.

Por lo regular se arregla solo si usted sigue amamantando frecuentemente. Aplique compresas calientes a la zona sensible para aliviar el dolor y abrir el conducto. Si quiere, tome acetaminofén.

La lactancia en las enfermedades

Si tiene un resfriado o algún otro virus común, no hay problema en continuar con la lactancia. Es correcto amamantar si toma antibióticos, siempre que sepa que es posible usarlos en la lactancia. Pregunte a su médico o farmacéutico si la medicina que le recetaron se administra en esta condición y hágalo *antes* de que empiece a tomarla.

Lo que también debe saber

Tamaño de los pechos

El tamaño de sus pechos no influye en la cantidad de leche que tenga.

Amamantamiento en público

En muchos países, la lactancia es una parte natural de la vida. En nuestras sociedades ahora se acepta más que antes el amamantamiento. Mi mejor consejo es que analice cada situación por separado. Si se siente a gusto lactando en casa de una amiga, adelante. Si está incómoda en un lugar público, vaya al baño de señoras o a un salón independiente y alimente ahí a su bebé. Considere cada caso: pronto sabrá qué tan bien se siente de alimentar a su bebé lejos de casa.

Establecimiento de un ritmo de alimentación

En la primera semana después del nacimiento, no estará preparada para la frecuencia con que su bebé quiera (y necesite) comer. Se preguntará si vale la pena continuar. Relájese y tenga paciencia. Se requiere tiempo para que su hijo establezca su pauta de alimentación, pero estará lista hacia el final de la segunda semana y dormirá más entre comidas.

Cambio del pecho por biberones

Si es posible, lo mejor es evitar los biberones durante el primer mes por dos razones: su bebé preferirá los biberones (es más fácil succionarlos) y sus pechos dejarían de producir suficiente leche.

¿Amamantar por cuánto tiempo?

Por diversas razones, tendrá que dejar de amamantar después de cierto periodo. Por ejemplo, quizá deba volver al trabajo o la escuela. Se preguntará cuánto tiempo debe amamantar a su bebé para que aproveche al máximo.

La lactancia en las primeras cuatro semanas de vida proporciona la mayor protección y la más benéfica liberación de hormonas para que usted se recupere del parto. Extender la lactancia a los primeros seis meses es muy provechoso para el bebé, pues le ofrece una nutrición excelente y protección contra las enfermedades. Después de estos seis meses, los aspectos de nutrición y protección ya no son tan cruciales. Incluso si sólo amamanta un periodo breve, insista cuanto pueda.

La lactancia después de volver al trabajo

Es posible seguir alimentando al bebé con su leche después de regresar al trabajo o la escuela. Si amamantaba exclusivamente, tendrá que extraerla o bien organizarse para ver al bebé durante el día. También puede amamantarlo en casa y hacer que tome fórmula cuando usted no está.

Si sus compañeros no la apoyan para que amamante o extraiga leche en el trabajo —ya sea inmediatamente o luego de algún tiempo— quizá deba hablar al respecto con ellos y con su jefe. Deberán colaborar para llegar a una solución justa para todos.

Viajes de negocios. Si su empleo requiere que viaje, tendrá que extraer leche mientras esté fuera. Se sentirá incómoda si no lo hace porque no dejará de producirla. Llévese un tiraleche y tire el líquido que extraiga.

Sostenes de maternidad

Los sostenes de maternidad están fabricados especialmente para la lactancia. Tienen copas que se abren para que amamante sin tener que desvestirse.

Cuándo comprarlo. Espere por lo menos hasta la trigesimosexta semana de gestación para comprar su sostén. Si lo compra antes, no le quedará después, cuando lo necesite.

Talla. Sus pechos crecerán cuando llegue la leche, así que compre un sostén que tenga el espacio del ancho de un dedo entre cualquier parte de la copa y sus pechos. Considere también el espacio que requieren las almohadillas de lactancia. Cuando se pruebe el sostén, cierre los broches en la posición más suelta para que le ajusten cuando se encoja su caja torácica después del parto.

Ropa de maternidad

Se han diseñado camisones, saltos de cama y blusas de corte completo con aperturas discretas para que al amamantar no tenga que desvestirse. Es posible abrir la ropa exterior, desabrochar el sostén y colocar al bebé en el pecho sin que nadie se dé cuenta. También se puede cubrir con una manta sobre su hombro y la cabeza del niño.

Cirugía de mama

Pida el consejo de su pediatra si quiere amamantar a su bebé y alguna vez se sometió a una cirugía de aumento de pechos. Muchas mujeres con esta cirugía logran amamantar sin problemas. Algunos doctores recomiendan no amamantar con implantes de silicona.

Si se redujo quirúrgicamente los pechos no hay razón para que no amamante. Quizá su producción de leche sea menor, pero debe ser suficiente.

Algunas personas me han dicho que si amamanto, mis pezones gotearán leche cada vez que llore el bebé, pero esto no es cierto, ¿verdad?
Es cierto. Ocurre cuando oye llorar a su bebé o a cualquier otro. Es la respuesta del flujo lácteo y es normal. Para no manchar su ropa, use protectores de pechos.

Cómo incluir a otros en la alimentación

Su pareja ayudará si se levanta en las noches a traerle al bebé o lo cambia. También puede alimentarlo con leche extraída.

Si quiere incluir a sus hijos interesados en alimentar al bebé, deje que lo sostengan o lo hagan repetir después de comer. Si extrae su leche, uno de sus hijos puede dar el biberón al bebé en algunas comidas.

Si tengo un problema en la lactancia, ¿qué debo hacer?
Algunos hospitales tienen especialistas en lactancia a quienes puede consultar. También hable al consultorio de su médico para que la envíen con algún experto.

¿Cuándo se detiene la lactancia?

Es posible retirarse gradualmente o detenerse "de golpe". Cada método tiene sus ventajas. Si quiere suspender poco a poco, ofrezca biberones de vez en cuando o sólo de día y amamante de noche. Si termina la lactancia de golpe, pasará algunas noches sin dormir con un bebé que llora a gritos y se sentirá muy incómoda con los pechos congestionados. Comoquiera que sea, este método toma menos tiempo.

La edad del destete varía con cada mujer y cada bebé. Algunas mujeres quieren amamantar hasta que vuelven al trabajo. Otras lo hacen durante el primer año. Depende de su circunstancia y sus deseos, y de que al bebé le salgan los dientes.

Glosario

A

aborto espontáneo. Terminación del embarazo. Expulsión de un embrión o feto antes de que esté en condiciones de vivir fuera del útero, que por lo regular se define como antes de la vigésima semana de gestación.

aborto frustrado. Suspensión del embarazo, sin hemorragia ni contracciones ni expulsión del producto. Se diagnostica en un ultrasonido semanas o meses después.

aborto habitual. Secuencia de tres o más abortos.

aborto incompleto. Aborto en el que se expulsa sólo parte del contenido del útero.

aborto inevitable. Embarazo complicado con hemorragias y contracciones que termina en aborto.

agentes tocolíticos. Sustancias para detener el parto.

agruras. Molestias e incomodidades en el pecho. Suelen presentarse después de comer.

alfafetoproteína (AFP). Sustancia que produce el nonato mientras crece en el útero. En el líquido amniótico se encuentran grandes cantidades de AFP. Se detectan concentraciones mayores a las normales en la sangre de la madre si el feto presenta defectos del tubo neural; las concentraciones menores podrían indicar síndrome de Down.

algodoncillos. Infección de monilia que se presenta en la boca o las membranas mucosas del neonato.

amenaza de aborto. Hemorragia durante el primer trimestre del embarazo sin contracciones.

aminoácidos. Sustancias que actúan como ladrillos para la constitución del embrión y el feto.

amniocentesis. Extracción del líquido amniótico del amnios para examinarlo en busca de ciertos defectos congénitos.

amnios. Membrana que rodea al feto y encierra la cavidad amniótica.

anemia. Cualquier condición en la que el conteo de glóbulos rojos es menor que el normal. Estos glóbulos son los que transportan el oxígeno en la sangre.

anemia falciforme o de células falciformes. Anemia causada por glóbulos rojos anormales con forma de hoz o cilindro. Ocurre sobre todo entre los de raza negra y los de razas mediterráneas.

anemia por deficiencia de hierro. Anemia producida por falta de hierro en la dieta que se observa con frecuencia en el embarazo.

anencefalia. Formación defectuosa del cerebro combinada con la falta de los huesos que lo rodean.

anomalía fetal. Malformación fetal o desarrollo anormal.

antiinflamatorios. Medicamentos para reducir la inflamación y el dolor.

areola. Anillo pigmentado que rodea al pezón de la mama.

arritmia. Ritmo cardiaco irregular.

asesoría genética. Consulta entre una pareja y un especialista sobre defectos genéticos y la posibilidad de la presencia o repetición de éstos en el embarazo.

asma. Enfermedad caracterizada por ataques recurrentes de falta de aliento y dificultades para respirar. Por lo común es causada por una reacción alérgica.

aspiración. Tragar o succionar a las vías aéreas un cuerpo extraño o fluido, como el vómito.

ataque. Inicio súbito de una convulsión.

atención prenatal. Programa de atención de la gestante antes del nacimiento de su bebé.

autoanticuerpos. Anticuerpos que atacan partes o tejidos del propio organismo.

B

"bajada de leche". Punzada o dolor en las mamas, que se experimenta cuando la leche fluye por los conductos galactóforos.

bebé posmaturo (parto postérmino). Bebé de más de 42 semanas de gestación.

betadrenérgicos. Sustancias que interfieren con la transmisión de estímulos. Influyen en el sistema nervioso autónomo. Durante el embarazo, se emplean para detener el trabajo de parto.

bilirrubina. Producto de la descomposición de pigmentos formados en el hígado a partir de la hemoglobina durante la destrucción de los glóbulos rojos.

biopsia. Extracción de un trozo pequeño de tejido para estudio microscópico.

bloqueo de pudendos. Anestesia local para aliviar el dolor durante el trabajo de parto.

bloqueo epidural o peridural. Forma de anestesia regional. En el trabajo de parto o para diversos procedimientos quirúrgicos, se inyecta un medicamento en el espacio epidural.

bloqueo espinal (raquia). Anestesia aplicada en el canal espinal o canal raquídeo.

bloqueo paracervical. Anestesia local para aliviar el dolor de la dilatación del cuello uterino.

C

cálculo renal. Piedra pequeña o lesión que se localiza en los riñones o las vías urinarias y que entorpece el flujo de la orina.

calificación de Apgar. Medición de la respuesta del bebé al parto y la vida fuera del útero. Se toma en los minutos uno y cinco despúes del nacimiento.

calostro. Fluido delgado y amarillento que es la primera leche que surge de las mamas. Se observa al final del embarazo. Su contenido es diferente que el de la leche producida más adelante.

carcinógeno. Cualquier sustancia que causa cáncer.

cataratas congénitas. Turbiedad del cristalino presente al nacer.

centro de nacimiento. Instalación en la que las mujeres realizan el trabajo de parto, dan a luz y se recuperan en la misma sala. Es parte de un hospital o una unidad independiente.

certificado del consejo de especialidad. Constatación de que el médico se capacitó y aprobó los exámenes de su especialidad. En el área de ginecoobstetricia requiere experiencia en el cuidado de gestantes y en cirugía ginecológica.

cérvix incompetente. Cuello uterino que se dilata sin dolor ni contracciones.

cesárea (parto). Nacimiento del bebé a través de una incisión en el abdomen y no por la vía vaginal.

cetonas. Producto del metabolismo que se encuentra en la sangre, particularmente en casos de inanición o diabetes incontrolada.

ciclo ovárico. Producción regular de hormonas del ovario en respuesta a los mensajes del cerebro. El ciclo ovárico rige el ciclo endometrial.

cistitis. Inflamación de la vejiga.

citomegalovirus (infección). Infección causada por uno de diversos virus de la familia del herpes.

clamidia. Infección venérea de transmisión sexual.

cloasma. Manchas extensas de color marrón así como forma y tamaño irregular en la cara y otras partes del cuerpo.

condiloma acuminado. Protuberancias de piel o verrugas que se transmiten por contacto sexual. Es causado por el papilomavirus humano (PVH). También se denomina *verruga venérea.*

congestión. Acumulación de líquidos.

contracciones de Braxton-Hicks. Endurecimiento irregular e indoloro del útero durante el embarazo.

cordón umbilical. Cordón que contiene vasos sanguíneos y que conecta la placenta con el feto. Retira los productos de desecho y el dióxido de carbono del bebé y entrega sangre oxigenada y nutrientes de la madre a través de la placenta.

crisis de anemia falciforme. Acceso doloroso causado por anemia falciforme.

D

defectos del tubo neural. Anomalías en la formación de la médula espinal y el cerebro del feto. Véase también *anencefalia; hidrocefalia; espina bífida.*

depresión posparto. Depresión que sobreviene después del nacimiento del bebé.

desprendimiento prematuro de la placenta. Separación prematura de la placenta del útero.

diabetes gestacional. Aparición o agravamiento de diabetes durante el embarazo.

diastasis. Separación de los músculos abdominales.

dicigóticos (gemelos). Gemelos que proceden de dos huevos. También se denominan *gemelos fraternos.*

dilatación. Expansión de un órgano o vaso.

displasia. Cambios precancerosos anormales en las células del cuello uterino.

disuria. Dificultad o dolor al orinar.

dolor de espalda del trabajo de parto. Dolor lumbar durante el trabajo de parto.

dolor del ligamento redondo. Dolor causado por el estiramiento durante el embarazo de los ligamentos de ambos lados del útero.

E

eclampsia. Convulsiones y coma que se presenta en una mujer con preclampsia. No se relaciona con la epilepsia.

edad de fecundación. Tiempo de embarazo a partir del momento de la fecundación; es dos semanas menor que la edad gestacional.

edad gestacional. Fecha del embarazo desde el primer día de la última menstruación; es dos semanas mayor que la edad de fecundación.

edema. Hinchazón de pies o piernas por retención de agua.

ejercicios aeróbicos. Ejercicios que incrementan el ritmo cardiaco y el consumo de oxígeno.

embarazo de alto riesgo. Embarazo con complicaciones que requieren atención médica por parte de un especialista. Véase también *perinatólogo*.

embarazo ectópico. Embarazo que ocurre fuera de la cavidad uterina.

embolismo pulmonar. Coágulo o trombo sanguíneo de otra parte del cuerpo que se desplaza a los pulmones. Obstruye los conductos pulmonares y reduce el intercambio de oxígeno.

embrión. Organismo en las primeras etapas de crecimiento.

encajamiento. Descenso del feto a la pelvis antes o durante el parto.

endometrio. Membrana mucosa que reviste el interior de la pared uterina.

enema. Fluido inyectado por el recto con el propósito de vaciar los intestinos.

enfermedad de Lyme. Infección transmitida a los seres humanos por las garrapatas.

enfermedad de Tay-Sachs. Enfermedad hereditaria caracterizada por retraso mental y físico, convulsiones, agrandamiento de la cabeza y muerte. Es transmitida por los judíos askenasis.

enfermedad de transmisión sexual. Infección transmitida por contacto sexual.

enfermedad hemolítica. Destrucción de los glóbulos rojos. Véase *anemia*.

enfermedad tiroidea. Anormalidad de la glándula tiroides y su producción de hormona tiroidea. Véase también *hipertiroidismo; hipotiroidismo*.

enfermera partera. Enfermera especializada en la atención de gestantes y el nacimiento de bebés.

episiotomía. Incisión quirúrgica en la zona que va de la vagina al recto (perineo). Se hace durante el parto para evitar el desgarramiento de tejido perinal y anal.

eritema palmar. Enrojecimiento de las palmas de las manos.

espina bífida. Anormalidad congénita caracterizada por un defecto en la columna vertebral. Las membranas de la médula espinal y esta misma sobresalen del canal óseo protector de la columna.

estación. Estimación del descenso del bebé por el canal de parto.

estasis. Disminución de un flujo.

estreñimiento. Evacuaciones esporádicas o incompletas.

estreptococo A tóxico. Infección bacteriana que causa daños graves; por lo regular se inicia con un corte en la piel, no como infección de garganta, y se propaga rápidamente. Llega a invadir todo el cuerpo.

estreptococos del grupo B (infección). Infección grave en la vagina y la garganta de la madre.

estrías. Zonas de piel desgarradas o estiradas. Se presentan en el abdomen, los pechos, los glúteos y las piernas de la madre.

examen de tensión. Examen en el que se inducen contracciones ligeras en la madre y se anota la respuesta del ritmo cardiaco fetal.

extractor de vacío. Instrumento blando de plástico usado para proporcionar tracción en la cabeza del feto y ayudar al nacimiento.

F

falso trabajo de parto. Contracciones del útero sin dilatación ni adelgazamiento del cuello uterino.

fecundación. Unión del espermatozoide y el óvulo; concepción.

feto. Dícese del neonato desde la décima semana de gestación hasta el nacimiento.

flujo mucosanguíneo o expulsión del tapón. Pequeña cantidad de flujo vaginal al final del embarazo; precede al parto.

fórceps. Instrumento especial que se coloca alrededor de la cabeza del bebé, dentro del canal de nacimiento, para ayudarlo a salir durante el parto.

fosfatidil glicerol. Lipoproteína presente en el líquido amniótico cuando los pulmones del bebé están maduros.

fosfolípidos. Compuestos fosforados que contienen grasa. Los principales son las lecitinas y la esfingomielina, que son importantes para la maduración de los pulmones del feto antes de nacer.

fototerapia. Tratamiento de la ictericia del neonato. Véase *ictericia*.

franco de nalgas. Presentación del bebé de nalgas en la que las piernas están flexionadas y las rodillas extendidas.

frotis de Papanicolau. Examen rutinario de diagnóstico que detecta la presencia de condiciones premalignas o cancerosas en el cuello uterino.

G

gestación. Embarazo.

globulina. Familia de proteínas del plasma o suero de la sangre.

glucocorticoides. Sustancias de origen hormonal empleadas para tratar varias enfermedades. Son estrógeno, testosterona, progesterona y prednisona.

gluconato ferroso. Complemento de hierro.

glucosa en ayunas. Examen de sangre para evaluar las concentraciones de azúcar luego de un periodo de ayuno.

glucosuria. Glucosa en la orina.

gonadotropina coriónica humana (GCH). Hormona secretada al comienzo del embarazo. Es la que se mide en los exámenes de embarazo.

gonorrea. Infección venérea contagiosa transmitida principalmente en el contacto sexual. Es causada por la bacteria Neisseria gonorrhea.

H

hematocrito. Medición de la proporción de células sanguíneas en el plasma. Es importante en el diagnóstico de anemia.

hemoglobina. Pigmento de los glóbulos rojos que lleva el oxígeno a los tejidos del cuerpo.

hemorragia posparto. Hemorragia de más de 500 mililitros de sangre después del parto.

hemorroides. Vasos sanguíneos dilatados en el recto o canal rectal.

herpes simple genital. Infección de herpes simple que afecta la zona genital.

hidrocefalia. Acumulación excesiva de líquido alrededor del cerebro del bebé. A veces llamada *agua en el cerebro*.

hiperbilirrubinemia. Concentración extremadamente elevada de bilirrubina en la sangre.

hiperemesis gravídica. Náuseas intensas, deshidratación y vómitos durante el embarazo. Ocurre sobre todo en el primer trimestre. Podría requerir una estancia breve en el hospital.

hiperglucemia. Aumento del azúcar en la sangre.

hipertensión inducida por el embarazo. Presión arterial elevada que ocurre durante la gestación. Se define por un aumento en la presión diastólica o sistólica.

hipertiroidismo. Elevación de la hormona tiroidea en el torrente sanguíneo.

hipoglucemia. Disminución de las concentraciones de azúcar en la sangre.

hipoplasia. Formación defectuosa o incompleta de tejidos.

hipotensión. Baja presión arterial.

hipotiroidismo. Concentraciones bajas o inadecuadas de la hormona tiroidea en el torrente sanguíneo.

hormona estimulante de la tiroides (HET). Hormona sintetizada en el cerebro que estimula la producción de hormona tiroidea.

hormona tiroidea. Sustancia química sintetizada por la tiroides que influye en todo el cuerpo.

I

ictericia. Coloración amarilla de la piel, esclerótica (blanco de los ojos) y tejidos profundos del cuerpo. Es causada por cantidades excesivas de bilirrubina. Se trata con fototerapia.

in utero. Dentro del útero.

in vitro. Fuera del cuerpo.

indigestión. Incapacidad o dificultad para digerir los alimentos.

inmunoglobulina (preparación). Sustancia usada para prevenir la infección con ciertas enfermedades, como hepatitis o sarampión.

insulina. Hormona péptida secretada por el páncreas. Estimula el uso de la glucosa.

isoinmunización. Creación de un anticuerpo específico dirigido a atacar los glóbulos rojos de otro individuo, como el bebé en el útero. Ocurre cuando una madre Rh negativa gesta un bebé Rh positivo o cuando se le transfunde sangre Rh positiva.

L

laparoscopía. Procedimiento quirúrgico realizado para la ligadura de trompas, el diagnóstico de dolor pélvico o de embarazo ectópico y de otros procedimientos.

legrado uterino. Procedimiento quirúrgico en el que se dilata el cuello uterino, se raspa la pared del útero y se vacía la cavidad uterina.

leucorrea. Flujo vaginal caracterizado por un color blanco o amarillento. Está compuesto principalmente de moco.

línea negra. Línea de pigmentación que recorre el abdomen del ombligo a la zona púbica durante el embarazo.

líquido amniótico. Líquido en el que está sumergido y protegido el bebé.

longitud cefalocaudal. Medición de la parte alta de la cabeza del bebé a los glúteos.

loquios. Flujo vaginal que ocurre después del nacimiento del bebé y la expulsión de la placenta.

lupus eritematoso sistémico. Trastorno del sistema conectivo común en las mujeres en edad reproductiva. Se producen anticuerpos que atacan al propio organismo.

M

mamografía. Estudio radiológico de las mamas para identificar tejido normal y anormal.

meconio. Primera evacuación intestinal del neonato, de color verde o amarillo. Consta de células epiteliales o superficiales, moco y bilis. Ocurre antes, durante o después del trabajo de parto.

melanoma. Lunar o tumor pigmentado que puede ser o no canceroso.

meningomielocele. Defecto congénito del sistema nervioso autónomo del bebé en el que las membranas y la médula espinal sobresalen por una abertura o imperfección de la columna vertebral.

menstruación. Descarga periódica de flujo sanguinolento del útero.

microcefalia. Crecimiento anormalmente pequeño de la cabeza del feto.

molestias matutinas. Náuseas y vómitos, principalmente en el primer trimestre del embarazo. Véase también *hiperemesis gravídica.*

moniliasis. Infección causada por el hongo levaduriforme monilia. Afecta principalmente a la vagina y la vulva.

monocigóticos (gemelos). Gemelos concebidos por un solo huevo. Se llaman también *gemelos idénticos.*

mortinato. Dícese del bebé muerto antes de nacer y después de 20 semanas de gestación.

movimientos fetales. Sensación de la actividad del feto dentro del útero.

muestreo de vellosidades coriónicas. Examen de diagnóstico que se realiza al comienzo del embarazo. Se toma una biopsia de tejido uterino a través del abdomen o la abertura cervical (por la vagina) para detectar anomalías.

O

obstetra. Médico especializado en la atención de gestantes y el nacimiento de bebés.

oligohidramnios. Falta o deficiencia de líquido amniótico.

ombligo. Cicatriz en el vientre que deja el cordón umbilical al caer.

opioides. Compuestos sintéticos cuyos efectos son parecidos a los del opio.

ovulación. Producción cíclica de un óvulo del ovario.

oxitocina. Sustancia que produce las contracciones uterinas; se emplea para inducir el parto.

P

paño del embarazo. Aumento de la pigmentación del rostro debajo de los ojos. Adopta la apariencia de una mariposa.

parto inducido. Trabajo de parto iniciado por el médico mediante la administración de oxitocina.

parto natural. Parto en el que no se emplean medicamentos y la madre, despierta, colabora en el nacimiento.

parto posmaturo. Parto que ocurre dos semanas después de la fecha prevista.

parto prematuro (parto pretérmino). Parto que ocurre antes de 38 semanas de gestación.

parto preparado. Término empleado cuando la madre toma clases para saber qué esperar durante el trabajo de parto y el nacimiento. Puede pedir analgésicos si los necesita.

pediatra. Médico especializado en la atención de lactantes y niños.

perfil biofísico. Método de evaluación del feto antes de nacer.

perfil tiroideo. Serie de exámenes de sangre para evaluar el funcionamiento de la tiroides.

perinatólogo. Médico especializado en la atención de embarazos de alto riesgo.

perineo. Región entre el ano y la vagina.

periodo embrionario. Primeras 10 semanas de gestación (ocho de crecimiento fetal).

periodo fetal. Periodo que sigue al embrionario (primeras 10 semanas de gestación y ocho de crecimiento) hasta el parto.

pielonefritis. Infección renal grave.

placenta. Órgano en el interior del útero que está unido al bebé por el cordón umbilical. Es esencial durante el embarazo para el crecimiento y la maduración del embrión y el feto.

placenta previa. Localización baja de la placenta, muy cerca o sobre el cuello uterino.

pneumonitis. Inflamación de los pulmones.

polihidramnios. Aumento del líquido amniótico.

preclampsia. Combinación de síntomas significativos en el embarazo: hipertensión arterial, edema, proteínas en la orina y cambios en los reflejos.

presentación. Dícese de la parte del bebé que entra primero en la pelvis.

presentación de cara. Situación en la que el bebé entra al canal de parto con la cara primero.

presentación de nalgas. Dícese cuando las nalgas o las piernas del bebé entran antes que la cabeza en el canal de parto.

presentación normal o de vértice. Presentación con la cabeza primero.

presentación transversa. Situación en la que el feto está colocado de lado en el útero.

problema congénito. Problema presente al nacer.

producto a término. Bebé nacido entre la trigesimoctava y cuadragesimosegunda semana de embarazo.

propiltiouracilo. Sustancia empleada en el tratamiento de la enfermedad de tiroides.

proporción L/E. Medición de la relación entre dos sustancias, lecitina y esfingomielina, en el líquido amniótico. Los resultados dan al médico una indicación de la madurez pulmonar del bebé.

proteinuria. Proteínas en la orina.

prueba de tolerancia a la glucosa. Examen realizado para evaluar la respuesta del organismo al azúcar. Se toman muestras de sangre a intervalos después de la ingestión de una sustancia azucarada.

prueba de tolerancia a las contracciones. Respuesta del feto a las contracciones uterinas para evaluar su bienestar.

prueba sin estrés o registro cardiográfico sin estímulo. Examen en el que los movimientos del feto percibidos por la madre se registran junto con los cambios en el ritmo cardiaco fetal para evaluar el bienestar del bebé después de 32 semanas de embarazo.

prurito gravídico. Sensación de comezón durante el embarazo.

PVDC. Parto vaginal después de cesárea.

Q-R

quimioterapia. Tratamiento de enfermedades por medio de sustancias químicas o fármacos.

radioterapia. Método de tratamiento de diversas formas de cáncer.

rasgo falciforme. Presencia del rasgo de la anemia falciforme, no de la enfermedad en sí.

registro cardiotocográfico. Uso de instrumentos electrónicos para registrar el ritmo cardiaco fetal y las contracciones de la madre.

retraso del crecimiento intrauterino (RCIU). Crecimiento inadecuado del feto en el tercer trimestre de embarazo. También se llama *retraso del crecimiento fetal.*

retraso del desarrollo intrauterino. Cuando la maduración del feto es más lenta que lo normal.

Rh negativo. Falta del antígeno rhesus en la sangre.

ruptura de membranas. Pérdida del líquido del saco amniótico. También llamada *rompimiento de aguas* o *de fuente.*

S

saco amniótico. Pliegue del amnios que rodea al bebé en el útero. Además del bebé, contiene el líquido amniótico y la placenta.

sífilis. Infección venérea de transmisión sexual.

signo de Chadwick. Coloración azul oscura o morada en la mucosa de la vagina y el cuello uterino durante el embarazo.

signo de Homans. Dolor causado al flexionar el tobillo cuando se encuentra un trombo en la pantorrilla.

síndrome alcohólico fetal. Defecto congénito en el hijo de una madre cuyo consumo de alcohol se mantuvo durante el embarazo. El neonato presenta anormalidades físicas o deficiencias mentales, o ambas.

síndrome de Down. Condición en la que el neonato padece retraso mental y tiene una apariencia general achaparrada, con frente inclinada, manos cortas y anchas, nariz plana y orejas de implantación baja.

síndrome de inmunodeficiencia adquirida (SIDA). Enfermedad debilitante que altera la capacidad del organismo de responder a las infecciones. Es causada por el virus de la inmunodeficiencia humana (VIH).

sínfisis púbica. Prominencia ósea en el hueso pélvico que se encuentra sobre la línea media. Sitio desde el cual el doctor mide el embarazo para seguir el crecimiento del útero.

sodio. Elemento que se encuentra en muchos alimentos, particularmente la sal. La ingestión de cantidades excesivas produce retención de líquidos.

sufrimiento fetal. Problemas del bebé que se presentan antes del nacimiento o durante el trabajo de parto. Pone en peligro su vida y requiere interrupción inmediata del embarazo o parto.

sulfato ferroso. Complemento de hierro.

surfactante. Sustancia que controla la tensión superficial del líquido pulmonar. Los bebés prematuros carecen de suficiente sustancia para respirar sin ayuda.

T

talasemia. Grupo de trastornos hereditarios del metabolismo de la hemoglobina que reducen la producción de ésta. Se encuentra en particular en las personas de ascendencia mediterránea.

tapón de moco. Secreciones de obstruyen el cuello uterino y que se desprenden justo antes del parto.

telangiectasias. Dilatación o hinchazón de los vasos sanguíneos. A veces se denomina *angioma*.

teratógeno. Sustancia que origina un crecimiento anormal.

teratología. Rama de la ciencia que se ocupa de los teratógenos y sus efectos.

tocómetro. Instrumento usado antes o durante el trabajo de parto para escuchar y registrar el ritmo cardiaco fetal. Se aplica a la supervisión externa (por el abdomen de la madre) o interna (a través de la vagina de la madre) del bebé dentro del útero.

toxoplasmosis. Infección causada por Toxoplasma gondii. Se contrae por por estar en contacto con carne cruda o heces de gato.

trabajo de parto. Contracciones que resultan de la dilatación del cuello uterino para hacer posible la expulsión del feto.

tricomona vaginal. Infección venérea causada por tricomonas.

trimestre. Método de dividir el embarazo en tres periodos iguales de unas 13 semanas cada uno.

trombosis. Formación de un coágulo de sangre (trombo) en los vasos sanguíneos.

trompa de Falopio. Conducto que lleva de la cavidad uterina a la zona de los ovarios.

U

uréteres. Conductos que desalojan la orina de los riñones a la vejiga.

útero o matriz. Órgano en el que crecen el embrión y el feto.

V

vacuna. Dosis de alguna sustancia administrada para estimular la producción de anticuerpos que protejan al organismo de infecciones.

vena cava. Principal vena del cuerpo que desemboca en la aurícula derecha del corazón. Devuelve sangre desoxigenada del corazón para enviarla a los pulmones.

venas varicosas. Vasos sanguíneos (venas) que se dilatan o agrandan, sobre todo de las piernas.

vérnix caseosa. Sustancia grasa compuesta de células epiteliales que cubren la piel del feto en el útero.

verruga del embarazo. Protuberancia o acumulación de piel.

versión cefálica externa (VCE). Procedimiento que se realiza al final del embarazo en el que el médico trata de desplazar con las manos al feto de su presentación de nalgas a la normal.

Índice

A

abdomen, medición del, 150
abdominal, dolor, 182, 183, 187, 237
   agudo, 182, 183
ablandadores de heces, 35, 213
aborto espontáneo, 5, 11, 14, 15, 24, 30,
   32, 34, 35, 40, 41, 45, 46, 52, 53, 55,
   56, 57, 59, 65, 74, 76, 78, 91, 108, 160,
   163, 168, 170, 174, 182, 183-187,
   188, 276, 277, 278, 281
   causas, 185
   recurrente, 55
   repetido, 91
   signo de alerta de, 184
   tipos, 185
absceso
   dental, 143
   en mama, 266
accidentes, 182, 183
acetaminofén, 27, 37, 49, 77, 101, 136,
   140, 141, 265, 266
acetilsalicílico, ácido, 77
aciclovir, 163
acné en el recién nacido, 136, 248
   apariencia, 257
   erupciones, 248
actividad fetal, nivel de, 140
adictólogos, 17
aeróbicos, ejercicios, 93, 94, 271
   en agua, 93
   para las gestantes, 83, 94
agitación, del bebé, 252
agruras, 7, 36, 83, 115, 276
   y alimentos, 36
agua, retención, 36, 89
albuminuria, 271

alcohol y alcoholismo, 3, 4, 17, 77, 127,
   130, 157, 167, 170-171, 184, 194
   cantidad segura, 171
   del padre, 157, 171
alergias, 37, 40, 260
   proteína de la leche, 20
alerta, signos de, 181
alfafetoproteína, examen de, 16, 23, 50,
   52, 54, 61, 62, 271
   resultado falso positivo, 62
alimentación del bebé, 3, 84, 115, 250,
   257-270
   dificultades, 250
   fundamentos, 257
almohadas, en el embarazo, 100
alucinógenos, 173
amamantamiento, 48, 87, 115, 148, 235,
   239, 242, 257, 258, 261-270
   alimentos sazonados, 262
   apego, 261
   consumo de cafeína, 262
   consumo de chocolates, 262
   control natal, 242
   en el trabajo, 268
   en público, 267
   para prevención de embarazo, 262
   prevención de alergias, 261
   problemas, 265-266, 269
   ropas para, 268
   sostén, 258
amenaza de aborto, 185, 282
aminoácidos, 271
aminopterina, 74, 126
amitriptilina, 139
amniocentesis, 16, 41, 50, 54, 57, 59-61,
   63, 64, 129, 271

amnios, 60, 271
analgesia, métodos de, durante el
    trabajo de parto, 201
analgésicos, 171, 215, 216, 235, 236
andrógenos, 74
anemia, 12, 32, 44, 45, 46, 88, 89, 116,
    130, 172, 245, 246, 271, 277, 281
    falciforme, 12, 45, 246, 281
    por deficiencia de hierro, 45, 116,
    277
anencefalia, 60, 62, 271
anestesia, 6, 142, 215, 216, 217, 219, 274
    dental, 142
    general, 142, 216
anfetaminas, 173
angioma, 21, 35, 82
anomalía fetal, 275
anomalías del bebé, 16, 59, 74, 130, 184
    cromosómicas, 16
    de manos, 74
    fetales, 59
    genéticas, 184
    oculares, 74
    óseas, 74
    sistema nervioso central, 74
antecedentes médicos, 24, 55
    problemas crónicos, 4, 14, 24, 73
antiácidos, 36, 45, 77
antibióticos, 28, 29, 30, 44, 143, 144, 236,
    265, 266
anticoagulantes, 74
anticonceptivos, 9, 78, 79, 135, 242, 262
    y amamantamiento, 262
anticonvulsivos, 126, 171, 191
anticuerpos Rh, 246
antidepresivos, 139, 171, 238
antojos, 82-83, 131
apego con el bebé, 156
apendicitis, 66
apetito del neonato, 250
Apgar, calificación de, 227, 245, 246, 272
areola, 145, 272
    cambio de color, 145
arritmia, 123, 272, 275
artículos para llevar al hospital
    para el bebé, 205
    para su pareja, 205

para usted, 204
asesoría genética, 14, 15, 55, 275
asiento de bebé para coche, 255
asma 47, 272
aspartame, 83
aspiración, 272
aumento de peso, 4, 82, 87, 90, 96, 97,
    98, 116, 127, 130, 132, 138
    distribución, 97
    excesivo, 87
    lineamientos, 96
    normal, 96
autoanticuerpos, 272
ayuda de la pareja, 154
azúcar, en la orina, 46

B
banco de sangre umbilical, 228
baños
    de asiento, 35, 222
    de tina calientes, 38
    para relajación, 141
barbitúricos, 173
barrera, método de control natal, 9
bebé, antes de nacer,
    encajamiento, 198
    frecuencia cardiaca, 65, 123, 138
    grande, 46
    madurez pulmonar, 54, 60
    más de uno, 45, 67, 91, 111, 112, 114,
    117, 130, 160, 202, 219, 221
    movimientos, 141, 182
    posmaturo, 229
    que flota, 141
    sensación de movimiento, 140
    sexo del, 54, 57, 60, 120
    tamaño, 123
bebé, después del parto
    agitación, 252
    al nacer, 245
    alimentación, 115, 250, 260
    asiento para coche, 255
    cabello, 247
    cuidado de
        la nariz, 254
        los oídos, 254
        los ojos, 254

cordón umbilical, 254
devolver leche, 258
dientes permanentes, 77
dormir de lado, 253
eructos, 258
forma de
    la cabeza, 247
    la nariz, 247
hábitos de sueño, 253
infecciones oculares, 248, 250, 260
intolerancia a la lactosa, 259
llanto, 252
ritmo de sueño nocturno, 253
salud, 247
señales de hambre, 258
vómitos, 250, 258
benzodiacepinas, 126, 173
betadrenérgicos, 203, 272
biberón, alimentación, 257, 259-260
bicarbonato de sodio, 36
bilirrubina, 251, 272
biopsia, 272
bizqueo de neonatos, 248
bloqueadores solares, 135, 249
    para el recién nacido, 249
bocio fetal, 74
bolsa de aguas, ruptura, 28, 38, 39, 67, 160, 183, 192, 198, 202, 281
borrado del cuello uterino, 68, 274
botella inclinada, 260
Bradley, clases de, 201, 226
Braxton-Hicks, contracciones de, 139, 198, 272
Brazelton, escala, de evaluación de la conducta neonatal, 245, 246
buceo, 38, 93

C
cabello
    cambios, 7, 149
    del bebé, 247
    tinte durante el embarazo, 39
cabinas de bronceado, 38
cafeína, 14, 37, 77, 87, 127, 168, 172, 262
    y amamantamiento, 262
caídas, 182, 183, 193
calambres, 57, 86, 90, 106, 184

calcio, 84, 143, 191
    metabolismo del, 87
calor, salpullido en la mujer embarazada, 149
calostro, 148, 261, 273
cambios, 7, 134, 238
    emocionales, 104, 131, 138, 139
    en el cabello, 149
    en el embarazo, 146, 149
    en la piel, 7, 134, 238
    en las mamas, 145, 148
    en las uñas, 149, 92, 93, 101, 116, 239
cáncer
    de mama, 12, 190
    durante el embarazo, 47, 48
    ginecológico, 47
    infantil, 108
    tratamiento durante el embarazo, 48
    tratamientos, 12
cara, presentación de, 223, 274
carbohidratos, 85
carcinógenos, 272
cardiaca congénita, enfermedad, 74
cardiacos, defectos, 12, 32, 33, 34, 46, 50, 125, 173
cardiovasculares, defectos del bebé, 173
cataratas, 34, 126, 272
    congénitas, 126, 272
cefaleas migrañosas, 37
centro de gravedad, cambio del, 92, 151
certificado de especialidad, 272
cérvix incompetente, 18, 40, 91, 160, 202, 277
cesárea, 5, 6, 15, 71, 115, 130, 162,163, 193, 194, 200, 203, 215, 218-221, 223, 224, 235, 236, 272
    anteriores, 220
    tiempo de recuperación, 220
    ventajas y desventajas, 219
cetonas, 277
Chadwick, signo de 144, 272
chicles para dejar de fumar, 169
chocolate, consumo en la lactancia, 262

ciática, 102
ciclismo, 93
ciclo ovárico, 279
cinturón de seguridad, uso, 107
circulación, cambios, 37
cirugías
    anteriores, 45
    de cuello uterino, 40
    embarazo ectópico, 188
    trompa de Falopio, 187
cistinuria, 60
cistitis, 144, 273
citomegalovirus, infección, 32, 34, 108,
    273
citotóxicos, 108
clamidia, 16, 163-164, 273
clases de preparación para el parto,
    115, 200, 215
cloasma, 134, 273
clordano, 35
coagulación, incapacidad, 194
coágulos, en el embarazo, 188
cobertores eléctricos, 39
cocaína, consumo de, 17, 173
codeína, 73
colesterol, concentraciones de, 82
cólico, 252, 260
    tratamiento, 252
comezón, 136
comidas fuera, 86
comidas sazonadas
    en el embarazo, 36
    en la lactancia, 262
comodidad durante el embarazo, 100
completo de nalgas, 223
computadoras, trabajo con, 105
concentraciones en sangre, 246
    control, 11, 23, 42, 46, 53
    examen, 23, 46
concepción, 7
condiloma acuminado, 16, 162, 273
conductos galactóforos, obstruidos,
    265, 266
congénitos, defectos, 12, 13, 15, 32, 33,
    34, 46, 47, 50, 53, 59, 74, 76, 108, 125,
    126, 127, 128, 130, 170, 171, 173,
    174, 184

congestión nasal, 37
consumo del padre, 157
contacto, deportes de, 38, 93
contracciones, 67, 71, 139, 160, 193,
    198, 272
    de Braxton-Hicks, 139, 198, 272
    toma del tiempo, 212
control de peso, 3, 4, 81, 96, 101
Coombs, examen, 245, 246
corte del cordón umbilical, 156
cortisona, cremas de, 136
costos de tener un bebé, 5
crac (de cocaína), 174
crecimiento fetal, retraso, 35, 172, 275,
    277
Credé, 227
cromosómicas, anomalías, 16
cromosómicos, exámenes, 55
crónicas, enfermedades, 4, 14, 24, 73
cuádruple, examen, 23, 50, 63
cuello uterino
    borrado, 68
    cérvix incompetente, 18, 40, 90, 160,
    202, 277
    cirugía del, 40
    dilatación del, 68
cuidado, 254
    infecciones del bebé, 250, 260
    dental
        anestesia, 142
        limpieza, 143
        revisiones, 142
cultivos cervicales, 23, 52

D
DDT, 35
deficiencias nutricionales, 172
dental
    absceso, 143
    cuidado durante el embarazo, 25
    trauma, 143
depilación de piernas, 39
deportes de contacto, 38, 93
depresión, 11, 139
    posparto, 238
descanso, 127, 237
    de costado, 101, 102

en cama, 42, 43, 99, 101, 102, 130, 182, 186, 191, 202, 203
descongestionantes, 37, 77
desipramina, 139
desprendimiento placentario, 168, 174, 193, 219, 280
destete, 270
desvanecimientos, 95
detección, exámenes, 23, 61, 245
diabetes, 4, 11, 15, 16, 23, 24, 46, 70, 141, 221, 273
diafragma, 242
diarrea, 31
    en el neonato, 250, 251
diástasis, 150, 273
dientes
    en el embarazo, 25
    limpieza, 143
    permanentes del bebé, 77
    raíz, 143
dietas, 9, 239, 262
difteria, vacuna, 79
dilatación, 68, 273
displasia, 273
dispositivo intrauterino, 78, 187, 202, 242
diuréticos, 86
dolor
    abdominal, 182, 183, 187
    bajo, 237
    alivio en el trabajo de parto, 215-217
    analgésicos, 44, 222, 235, 236, 265
    bajo las costillas, 191
    ciática, 102
    de cabeza, 37, 86, 182, 191
        medicamentos, 87
    de episiotomía, 222
    de espalda, 44, 45, 49, 90, 95, 101, 102, 116, 193, 213, 237
    de ligamentos redondos, 140
    de parto y nacimiento, 200-201, 215
    de pechos, 237
    de trabajo de parto, 215
    en la región hepática, 28
    lumbar, 102, 193, 213
    pélvico, 116

púbico, 95
dormir de costado al bebé, 253
Down, síndrome de, 15, 16, 50, 54, 56, 60, 61, 62, 63, 65, 158, 271, 273
drogas y fármacos
    dependencia
        física, 172
        psicológica, 172
    uso y abuso, 4, 7, 130, 167, 172
    y alcohol, 171

E
eclampsia, 190, 274
edad de fecundación, 120, 274
edad fetal, 120
edad promedio de la madre, 49
ejercicio(s), 3, 4, 10, 19, 21, 81, 90, 91, 92, 93, 94, 101, 103, 116, 127, 133, 138, 239, 271
    aeróbicos, 93, 94 271
        en el agua, 93
        para la mujer embarazada 93, 94
    con pesas, 93
    de estiramiento de piernas y pies, 103
    de respiración, 37, 101, 226
    después del parto, 239
    determinación de frecuencia cardiaca, 92
    excesivo, 101
    formas de, 93
    inseguro, 93
    lineamientos, 10, 94
    margen de frecuencia cardiaca, 91
elección de pañales, 254
electrólisis, 39
embarazo
    almohadas, 100
    antecedentes, 5
    anterior, 41
    cambios del metabolismo, 149
    de 12 meses, 3, 9
    de alto riesgo, 6, 22, 56, 70, 106, 276
    derechos legales de la gestante, 109
    diabetes, 280
    ectópico, 41, 52, 56, 57, 78, 164, 187-188, 274

tratamiento del, 188
hipertensión inducida por el, 43, 67, 267
molestias e incomodidades, 143
plan alimenticio, 84
prueba, 51, 186, 187
signos y síntomas, 21
embolismo pulmonar, 189, 281
émbolo gaseoso, 38
embrión, 8, 210, 274
emergencia, parto de, 230-231
emocionales, cambios, 104, 131, 138, 139
empleos activos, 104
encajamiento, 151, 198, 278
encías
hinchadas, 143
sangrantes, 143
endocarditis, 173
endometrio, 274
endulzantes artificiales, 83
enemas, 213, 274
enfermedad(es), 142, 143
cardiaca congénita, 74
de las encías, 142
de Lyme, 30, 34, 278
eritema infeccioso, 29
esquelética, 60
hemáticas, 60
hepáticas, 62
hereditarias, 55
parvovirus B19, 29
pélvica inflamatoria, 164, 187
renales, 62, 130
vascular, 130
enfermera partera, 6, 22, 279
enrojecidas, palmas, 135
entumecimiento de la zona pélvica, 139
enzima convertidora de angiotensina, inhibidores, 126
epidural ambulante, anestesia, 216, 217, 219, 274
epilepsia, 14, 47
episiotomía, 213, 221-222, 236, 274
equilibrio, 104
equitación, 38, 93

eritema palmar, 135, 279
eritroblastosis fetal, 60
eritromicina, 164
eructos del bebé, 258
erupciones del neonato, 34
escaladora, 93
escaleras, subir, 236
escalofríos, 44, 182
esofágica, obstrucción, 62
espaldas, posición materna de, 101
espermicidas, 78
espina bífida, 54, 75, 128, 281
espinal
ambulante, anestesia, 217
bloqueo, 216, 217, 219, 281
esposo,
en el embarazo, 107, 153-160, 212
cómo ayudarlo, 154
exposición a sustancias nocivas, 157
participación en el trabajo de parto, 212
planes de viaje, 107
espuma anticonceptiva, 242
esqueleto, enfermedades, 60
estación, 281
estacionaria, bicicleta, 90, 93
estado de ánimo, oscilaciones, 104, 131, 138, 139
estasis, 188, 281
esterilización después del parto, 236
estilo de vida, cambios, 3
estimulación de los pezones, 160
estreñimiento, 88, 90, 142, 273
estreptococos
A, 31
tóxicos, 283
B, infección, 28, 34, 276
estreptomicina, 74
estrías, 136, 282
etanol, 126
etapas del parto, 207-211
exámenes, 4, 6, 13, 23, 24, 41, 43, 46, 50, 51, 52, 54, 55, 56, 59-61, 62, 63, 64, 65, 66, 67, 70, 71, 123, 129, 186, 187, 190, 192, 193, 194, 206, 214, 215, 224, 227, 229, 245, 246, 271, 272, 275, 278, 279, 280, 282

alfafetoproteína, 16, 23, 50, 52, 54, 61, 62, 271
amniocentesis, 16, 24, 50, 54, 57, 59-61, 63, 64, 129
Apgar, 227, 245, 246, 272
cromosómico, 55
cuádruple, 23, 50, 63
cultivo de orina, 3, 43, 52
de embarazo, 51, 186, 187
de laboratorio, 24
de orina, 23, 43, 52
    para síndrome de Down, 65
del bebé al nacer, 245, 246
del feto, 50, 70-71
del helecho, 192, 206
del neonato, 245, 246
doméstico de embarazo, 52
durante el embarazo, 51
durante el trabajo de parto, 214
factor Rh, 4
fetoscopía, 65
fibronectina fetal, 64
frotis de Papanicolau, 4, 23, 24, 52, 65, 66, 67, 279
glicerol fosfatidilo, 71, 280
glucosa en ayunas, 23, 46
mamografía, 4, 16, 52, 190, 278
nitrazina, 192, 206
perfil biofísico, 54, 67, 70, 229, 272
proporción L/E, 71, 278
prueba de tolerancia a la oxitocina, 54, 70, 282
pruebas de sangre fetal, 71, 215
resultado falso positivo, 62
tipo de sangre, 4, 23, 41, 52
títulos de rubéola, 4
tolerancia a la glucosa, 46, 275
triple, 63
ultrasonido, 65, 123
exposición fetal al alcohol, 170
exposición química, 18

F
faciales, defectos, 74
factor Rh, 4, 23, 41, 52
falciforme
    anemia, 12, 45, 246, 281

crisis, 281
rasgo, 281
fármacos para la fertilidad, 111, 112
fatiga, 44, 49, 99, 138
fecundación, 7, 274
    in vitro, 111, 112
fecha prevista del nacimiento, 24, 107, 115, 119, 150
fenacetina, 77
fenciclidina, 173
fenilcetonuria, 83, 245, 246
fenitoína, 74
fenobarbital, 14, 47, 191
fetal(es)
    cataratas, 34
    parálisis cerebral, 34
feto, 8, 120, 275
    estrés por el parto, 71
    muerte fetal, 168, 202
fetoscopía, 65
fibra, consumo, 35, 85, 142
fibronectina fetal, examen, 64
fibrosis quística, 54, 63
fiebre, 27, 33, 44, 182, 237
    en el bebé, 250
    amarilla, vacuna, 79
físico, examen, 24
flotación, del bebé, 141
fluconazol, 162
flujo
    lácteo, 265, 269, 278
    mucosanguíneo, 211, 272
    vaginal, 28, 144, 145, 182, 237
fluoruro, 88
fólico, ácido, 75, 85, 88, 169, 194
    deficiencia de, 194
fórceps, 222, 225, 275
forma de la cabeza, del bebé, 247
fórmula para el recién nacido, 115
    láctea, tipos, 259-260
        a base de soya, 260
        de leche de vaca, sin lactosa, 259
        fortificada con hierro, 259
    hipoalergénica a las proteínas, 260
    temperatura de, 259
fosfolípidos, 280
fototerapia, 251, 280

fracturas, 66
franco de nalgas, 223, 275
frecuencia cardiaca fetal, 138
    vigilancia, 123
frustrado, aborto, 185, 278
fruta, consumo en el embarazo, 84

G
galactóforos, conductos, obstruidos,
    265, 266
garganta, pastillas, 77
gastrointestinales, problemas, 46, 50
gatos, 32
    y el recién nacido, 249
gemelos, 111, 112, 114, 115, 150, 273,
    275, 277, 279
    dicigóticos, 112, 273
    fraternales, 111, 112, 275
    monocigóticos, 111, 112, 277, 279
    siameses, 112
    unidos, 112
genéticas, anormalidades, 184
genéticos
    exámenes, 184
    trastornos, 54
genitourinarios, problemas, 46
gestación, 275
gestacional, edad, 62, 120, 275
glicerol fosfatidilo, 71, 280
globulina, 46, 275
glóbulos rojos, producción, 29, 44
glucocorticoides, cremas, 77, 276,
    282
glucómetro, uso del, 46
gluconato ferroso, 274
glucosa en ayunas, 46, 274
glucosuria, 46, 275
goma de mascar para dejar de fumar,
    169
gonadotropina, 112
    coriónica humana, 52, 276
    en orina, 65
gonorrea, 16, 164, 275
Grantly Dick-Read, clases, 201, 226
grasas y saborizantes de alimentos,
    85
gripe, síntomas parecidos, 28, 32, 33,
    265

H
hábitos de sueño del bebé, 253
habitual, aborto, 185, 276
hambre, signos de, en el bebé, 258
hematocrito, 44, 99, 276
hemofilia, 60
hemoglobina, 276
hemolítica, enfermedad, 276
hemorragia posparto, 228
hemorragia vaginal, 45, 56, 57, 90, 91,
    95, 106, 160, 182, 183, 184, 187, 193,
    194, 237
    después del parto, 227
hemorroides, 35, 116, 136, 142, 276
heparina, 189, 190
hepatitis, 4, 23, 27-28, 34, 52, 173
    B, 28, 52
heptacloro, 35
hereditarias, enfermedades, 55
heroína, 173
herpes, virus, 16, 32, 33, 60, 160, 163,
    275
    genital, 16, 163, 275
hidrocefalia, 56, 128, 276
    tratamiento, 128
hidroxurea, 12, 45
hierro, 12, 44, 45, 75, 88, 116, 142
    anemia, 45, 116, 277
    complemento, 45, 116, 142
    fórmula láctea fortificada, 259
    necesidades, 12
hijos, en las citas prenatales, 61
hinchazón, 7, 100, 101, 102, 103, 104,
    106, 182, 190, 237
    pies, 102
    rostro o dedos, 182
hiperbilirrubinemia, 276
hiperemesis gravídica, 25, 276
hiperglucemia, 42, 46, 276
hipertensión arterial, 15, 42, 43, 67, 89,
    91, 130, 190, 193, 202, 221, 235, 276
    inducida por el embarazo, 43, 67,
    276
hipertiroidismo, 74, 76, 276
hipoglucemia, 42, 276
hipoplasia, 276
hipotensión, 42, 276
hipotiroidismo, 76, 245, 246, 276

histerectomía, 194
hogar a prueba de niños, 243
Homan, signo de, 276
hombros, presentación, 223
hormigueo, sensación en la zona
    pélvica, 139
hormona estimulante de la tiroides,
    283
hormonales
    cambios, 37, 47, 82, 134, 143
    concentraciones, 47
hormonas masculinas, 74
horno de microondas uso de, 83

I

ibuprofeno, 77
ictericia, 28, 32, 251, 277
impulso sexual, de la gestante, 159
in utero, 277
in vitro, 277
inclinarse, 101
incompleto, aborto, 185, 277
incubación, 154
indigestión, 7, 36, 277
inducción del parto, 199, 229, 277
    etapas, 207-211
    prematuro, 28, 29, 64, 91, 116, 127,
    144, 160, 173, 193, 202, 203
inevitable, aborto, 185, 277
infecciones, 184
    citomegalovirus, 32, 34, 108, 273
    de la futura madre, 67, 202
    encías, 142, 143
    estreptococos del grupo, B 28, 34,
    276
    fetales, 60, 130
    genitales, 184
    herpes simple genital, 16, 163, 275
    mama, 265, 266
    oído del bebé, 250, 260
    pélvicas, 187
    renales, 43
    vaginales, 29, 145
    vejiga, 27, 43, 86, 144
    vías urinarias, 43, 144
infertilidad, 14
inmunizaciones, 13, 79

inmunoglobulina (preparación), 28, 277
insecticidas, exposición, 34, 35
insomnio del bebé, 250
insuficiencia respiratoria, síndrome, 71
intestinales, movimientos, después del
    parto, 213
intestino delgado, cirugía, 45
intrauterina, terapia, 128
intrauterino, retraso del crecimiento,
    70, 74, 129, 150, 171, 173, 277
intravenosa, canalización, en el trabajo
    de parto, 206
irritación vaginal, 29
isoinmunización, 41, 277
isotretinoína, 74, 76

J-L

jalea anticonceptiva, 242
lactancia, detención, 237
lácteos, consumo en el embarazo, 84
lactosa, intolerancia del bebé, 259
Lamaze, clases, 201, 226
laparoscopía, 65, 187
laxantes, 222
leche
    de magnesia, 36, 77, 142
    de vaca, intolerancia del neonato,
    252
    extraída, 263, 265
        almacenamiento, 263
    materna
        calentar, 264
        congelamiento, 264
        extracción, 263,
        síndrome de insuficiencia, 263
legrado uterino, 40, 186, 194, 273
lesiones de la madre, 182
letargo, en el bebé, 250
leucemia, 47, 50
leucorrea, 144, 278
ligamentos redondos, dolor, 140, 281
limpieza dental, 143
lindano, 35
línea negra, 134, 278
líquido amniótico, 60, 271
líquidos, ingesta, 26, 27, 31, 35, 37, 40,
    43, 44, 47, 86, 149, 261

listeriosis, 84, 184
litio, 74
local, anestesia, 216
longitud céfalo-caudal, 122, 273
loquios, 278
lunares, 135
lupus, 14, 30, 34, 76, 278, 282
    eritematoso sistémico, 14,30, 34, 76,
    278, 282
luz solar, exposición del bebé, 249
Lyme, enfermedad de, 30, 34, 278
llanto
    del bebé, 252
    en el embarazo, 138

M
madre
    de más de 35 años, 15, 49, 112
    soltera, 175-180
madurez
    neonatal, evaluación, 245, 246
    pulmonar del bebé, 54, 60, 71, 278,
    280, 282
    pulmonar fetal, 71
malformaciones fetales, 76, 128
mama
    abscesos, 266
    cambios, 8, 21, 145, 148
    cáncer, 12, 47, 48, 190
    dolor, 145
    infección, 265, 266
    reducción quirúrgica, 269
    sensibilidad, 21, 145
    tumoraciones, 48, 190
mamograma, 4, 16, 52, 190, 278
manejo durante el embarazo, 106, 107
manipulación quiropráctica, 48
mantas eléctricas, 39
mareos, 42, 44, 46, 95
margen de frecuencia cardiaca, 91
mascotas, y el nuevo bebé, 249
masculinas, hormonas, 74
maternidad, ropa, 101, 104, 137, 146-
    147, 189
    fajas, 101
    medias de sostén, 104, 137, 147, 189
    pantaletas, 147
    ropa interior, 146

    sostén, 146
meconio, 129, 278
medias
    de compresión, 137
    de maternidad, 104, 147, 189
medicamentos, 4, 6, 12, 13, 15, 24, 27,
    28, 29, 30, 31, 35, 36, 37, 40, 41, 42,
    43, 44, 45, 47, 49, 53, 73, 74, 75, 76,
    77, 85, 87, 89, 101, 108, 125, 126, 133,
    136, 139, 140, 141, 143, 144, 162,
    163, 164, 165, 171, 173, 186, 188,
    190, 191, 203, 213, 222, 227, 235,
    236, 238, 242, 265, 266, 271, 272,
    281, 282
    ablandadores de heces, 35, 213
    acetaminofén, 27, 37, 49, 77, 101
    aciclovir, 163
    ácido acetilsalicílico, 77
    alergias, 40
    analgésicos, 171
    antiácidos, 36, 45, 77
    antibióticos, 28, 29, 30, 44, 143, 144,
    236, 265, 266
    anticoagulantes, 74
    anticonvulsivos, 126, 171, 191, 238
    antidepresivos, 139, 171
    antiinflamatorios, 272
    antitiroideos, 74
    asma, 47
    ataques, 14, 47, 190, 281
    barbitúricos, 173
    benzodiacepinas, 126, 173
    betadrenérgicos, 203, 272
    cremas
        de cortisona, 136
        glucocorticoides, 77
    de venta libre, 40, 73, 76, 77, 87, 171
    descongestionantes, 37, 77
    desipramina, 139
    diarrea, 31
    diuréticos, 86
    dolor, 44, 222, 235, 236, 265
        de cabeza, 37
    efectos en el feto, 74
    eritromicina, 164
    estreptomicina, 74
    fenobarbital, 14, 47, 191
    fluconazol, 162

metimazol, 74, 126
metotrexato, 74, 188
metronidazol, 162
nisttina, 162
para la tos, 73, 76, 77, 87, 171
penicilina, 164
prednisona, 30, 76
presión arterial, 42, 43
propiltiuracilo, 74, 76, 85
quimioterapia, 108
receta, 40, 73, 75, 76
ritodrina, 203
sin receta, 77
supositorios, 35
terbutalina, 203
tetraciclina, 74, 77, 164, 282
tiroides, 12, 76, 125
warfarina, 74, 190
medición del abdomen, 150
médico
    elección del, 22
    familiar, 22
    general, 22
melanoma, 47, 190
membranas, ruptura, 28, 38, 39, 67, 160, 183, 192, 198, 202, 281
meningitis, 34
meningomielocele, 128, 278
menstruación, 278
mercurio, exposición, 34, 35
metimazol, 74, 126
métodos anticonceptivos, 9, 78, 242, 262
    antes del embarazo, 9
    después del embarazo, 242
metotrexato, 74, 188
metronidazol, 162
mezcalina, 173
micción
    ardorosa, 43
    aumento, 46
    dolorosa, 182
    frecuente, 21, 43, 144
    más frecuente, 7
micóticas, infecciones, 161, 162, 284
microcefalia, 34, 74, 278
microftalmia, 278

miembros, defectos graves de los, 74
miliaria en neonatos, 248
minerales, 13, 73, 88
minipíldora, para el control natal, 242, 262
moco, tapón, 211, 279
molestias,
    del embarazo, 35, 143
    del parto y el nacimiento, 200-201
    físicas, durante el coito, 159
moniliasis, 161, 278
monocigóticos, gemelos, 112, 277, 279
morfina, 173
mortinato, 45, 130, 141, 164, 168, 187, 202, 282
movimientos del feto, 141, 182
muerte
    fetal, 160, 202
    súbita del lactante, síndrome, 174
multivitamínicos, 13, 88

N

nariz del recién nacido,
    cuidados de la, 254
    forma de la, 247
nasal, congestión, 37
natación, 90, 92, 93, 101, 116, 239
náuseas matutinas, 21, 25, 26, 28, 39, 83, 143, 279
    tratamiento, 26
nervio craneano, daño, 74
neumonía, 34, 66, 129
neumonitis, 129, 280
nistatina, 162
nitrazina, examen, 192, 206
nivel de actividad fetal, 140
nódulo de encía, 143
normal, presentación, 284
nutrición, 3, 9, 21, 81, 84, 171
    antes del embarazo, 9
    deficiencias, 171
    durante el embarazo, 81, 84
    información, 87

O

obstetra, 22, 279
obstrucción intestinal, 62

oculares, anormalidades, 32, 74
ojos
    cuidado de los, 254
    infecciones del neonato, 248, 250, 260
oligohidramnios, 279
ombligo, 283
onfalocele, 128
opioides, 173, 279
orales, anticonceptivos, 9, 78, 135, 242, 262
orina
    análisis, 23, 43, 52
    cultivo, 23, 43, 52
    examen de síndrome de Down, 65
    miel de maple, enfermedad, 60
osteogénesis imperfecta, 60, 62
ovulación, 279
ovulatoria, edad, 120, 279
óxido de etileno, 108
oxitocina, 70, 160, 199, 261, 279

P
padre
    consumo de alcohol, 157, 171
    consumo de drogas, 157
    edad del, 16, 157, 158
    salud del, 157
    tabaquismo, 157
paladar hendido, 74
palmas enrojecidas, 135
palpitaciones, 95
pantaletas de maternidad, 147
pañales
    de tela, 254
    desechables, 254
paño del embarazo, 227
Papanicolau, frotis, 4, 23, 24, 52, 65, 66, 67, 279
paracervical, bloqueo, 279
parálisis cerebral, 34
parejas mayores, procreación, 15
parto, 126, 127
    emergencia, 230-231
    inducido, 199, 229, 277
    nacimiento, 30, 34, 40, 163, 280
    natural, 279
    prematuro, 126, 127

preparado, 280
prevención, 127, 203
    trabajo de, 28, 29, 64, 91, 116, 127, 144, 160, 193, 202-203
        verdadero, 208
    vaginal, 5, 115, 221, 224
    y nacimiento, 10, 94, 139, 156, 197-231
        alivio del dolor, 215-217
parvovirus B19, 29
pechos (mamas), 7, 131, 148, 237, 265, 269, 274
    de mayor tamaño, 131
    dolorosos, 237
    escurrimientos, 148
    implantes de silicona, 269
    obstruidos, 265, 274
pediatra, elección, 240-241, 279
peligros de exposición, 18
pélvica inflamatoria, enfermedad, 164, 187
pélvico
    dolor, 116
    examen, 24, 25, 68, 145, 164, 193, 242
penicilamina, 126
penicilina, 164
pérdida
    de peso, 9, 27, 46, 239
        después del parto, 239
    del oído, 34, 74
perfil biofísico, 54, 67, 70, 229, 272
perinatólogo, 22, 279
perineo, 280
periodo
    embrionario, 125, 274
    fetal, 275
permanente, 39
perros y el recién nacido, 249
peso natal, 17, 29, 32, 44, 87, 122, 144, 163, 169, 247
peso
    bajo antes del embarazo, 96
    excesivo antes del embarazo, 96
peyote, 173
pezones
    protectores, 265
    estimulación, 160

invertidos, 148
dolor, 265
pie zambo, 59
piel del abdomen, cambios, 238
pielonefritis, 43, 44, 102, 281
piernas
 calambres, 48
 depilación, 39
 ejercicios, 103
 molestias, 100
pies
 elevados, 137
 ejercicios para, 103
píldoras anticonceptivas, 78, 242, 262
placenta, 280
 anomalías, 130
 anormal, 202
 previa, 160, 168, 192, 219, 280
 problemas, 192-194
 retenida, 194
plomo, exposición, 34, 108
polihidramnios, 202, 276, 280
polio, vacuna, 79
polvo de ángel, 173
posición de nacimiento, 223
posmaturo bebé, 280
posnatal, examen, 242
posparto
 depresión, 237, 280
 hemorragia, 228, 280
 molestias, 238
 periodo, 201
 revisión, 242
postura de pie, 18, 49, 99, 103, 104, 127, 137
 en el trabajo, 18
 por periodos largos, 49
preadmisión hospitalaria, 204, 206
precancerosa, mancha cutánea, 135
precauciones durante el embarazo, 38
preclampsia, 43, 91, 172, 173, 190, 274, 280
prednisona, 30, 76
preguntas legales para la madre
 soltera, 179
 derechos legales de la gestante, 109
prenatal, evaluación, 59

prenatales
 citas, 61, 127
 cuidados, 21, 24, 133, 280
 vitaminas, 45, 75, 78, 88, 99, 142, 191
preparación para el parto, clases, 115, 200-201, 215
presión
 bajo las costillas, 141
 en la zona pélvica, 139
 arterial
  baja, 42
  descenso brusco, 217, 218
  elevada, 15, 42, 89, 91, 130, 190, 193, 202, 221, 235
  medicamentos, 42, 43, 191
problemas después del parto, signos y síntomas, 237
productos sanguíneos, uso de, 41
progesterona, 184, 186
 deficiencia de, 184
propiltiuracilo, 74, 76, 85
proporción L/E, 71, 278
proteínas en la orina, 190
proteinuria, 280
prueba de tolerancia a la oxitocina, 67, 70, 71, 129, 219, 229, 273
pruebas
 de sangre fetal, 71, 215
 de vellosidades coriónicas, 16, 50, 54, 61, 63, 64, 273
 domésticas de embarazo, 52
prurito gravídico, 136, 280
púbico, dolor, 95
pudendos, bloqueo de, 216, 281
pulmonar, daño, 34

Q

química sanguínea completa, 23, 52
quimioterapia, 48, 73
 fármacos, 74, 108

R

rabia, vacuna, 79
radiografías, 4, 13, 18, 49, 66, 108, 143, 189
 dentales, 66, 143
radioterapia, 281

receta, medicamentos de, 40, 73, 75, 76
recostarse de costado, 101, 102, 137, 138, 140, 141
reducción quirúrgica del pecho, 269
reflejos
    evaluación, 245, 246
    musculares, cambios, 190
regional, anestesia, 216
relajación, técnicas, 37, 201
renal(es), daño(s), 34
resfriado común, 27, 171
respiración profunda, ejercicios, 37
restaurantes, 86
retenida, placenta, 194
retinoico, ácido, 77
retraso del crecimiento, 273
retraso mental, 74
Rh negativo, 41, 53, 281
ribavirina, 126
riesgos, 103
    en el trabajo, 18
ritodrina, 203
rociadores nasales, 37
ropa
    de lactancia, 268
    de maternidad, 146-147
    interior de maternidad, 146
rubéola, 29, 32, 34, 53, 60, 108, 125, 126
    títulos, 4, 23, 52
    vacuna, 13, 53
ruptura de membranas, 28, 38, 39, 67, 160, 183, 192, 198, 202, 281

S
sacarina, 83
saco amniótico, 271
salpullido
    por calor en la gestante, 149, 248
salud
    antes del embarazo, 11
    del bebé, 250-252
    del padre, 157
sangre
    en la orina, 44
    incapacidad de coagular, 194
    umbilical, almacenada en banco, 228

sarampión, paperas, rubéola, vacuna, 79
saunas, 38
seguimiento de los movimientos fetales, 141
seguro médico, 18
sensibilidad Rh, 41, 186, 281
septo uterino, 193
sexo
    del bebé, 54, 57, 60, 120
    durante el embarazo, 158-159
        molestias físicas de la mujer, 159
siameses, gemelos, 112
SIDA, 4, 16, 165, 173, 271
sífilis, 16, 164, 184, 282
signos de hambre, 258
silicona, implantes de pecho, 269
sínfisis púbica, 281
síntomas parecidos a la gripe, 28, 32, 33, 265
sistema nervioso, anomalías, 74
sociedad de padres, 156, 237
sodio, 43, 87, 88, 89, 191, 281
        contenido de los alimentos, tabla, 89
solución electrolítica, 251
solventes orgánicos, 108
sonograma, 56
sordera, 34, 74
        pérdida de la audición, 34
sostén de maternidad, 146, 147, 268
subir escaleras, 236
sueño
    nocturno, pautas del neonato, 253
    necesidades, 99
sulfato de magnesio, 191, 203
sulfato ferroso, 274
supervisor uterino doméstico, 67
supositorios, 35
surfactante, 71, 282
sustancias nocivas, consumo, 17

T
tabaquismo, 3, 4, 17, 30, 40, 126, 127, 130, 157, 167-169, 184, 194
    del padre, 157
talasemia, 46

talidomida, 74
tatuajes, eliminación, 39
Tay-Sachs, enfermedad, 54, 63, 282
telangiectasias, 135, 282
temperatura corporal de la madre, 38,
    39, 149
    elevada, 149
tenis, 93
tensión o estrés, 11, 101, 104
    alivio, 101
    en el parto, 71
    fetal, 54
    manejo, 101
teratógenos, 184, 282
teratología, 125, 282
terbutalina, 203
tétanos, vacuna, 79
tetraciclina, 74, 77, 164, 282
tinte de cabello durante el embarazo,
    39
tipo de sangre, 4, 23, 41, 52
tiraleche, 263, 265, 267
tiroidea, enfermedad, 15, 282
tiroideo, perfil, 283
tiroides, medicamentos para, 12, 76, 125
tiroidismo, medicamentos, 74
tiroxina, 76
tocolítico, agente, 283
tolerancia a la glucosa, examen, 46, 275
tos, medicinas para la, 77, 87, 171
toxemia del embarazo, 190, 283
tóxicos y contaminantes del ambiente,
    34
toxoplasmosis, 32, 34, 108, 184, 283
trabajo antes del embarazo, 18
trabajo de parto, 15, 69, 71, 90, 91, 106,
    127, 207-218, 272, 277
    evitar el parto prematuro, 127
    comer y beber, 212
    falso, 208, 274
    prematuro, 91
tranquilizantes, 168, 173, 238
transfusiones sanguíneas, 41, 44, 251
transpiración, aumento durante el
    embarazo, 149
tratamiento del sida con AZT, 165
trauma dental, 143

tricíclicos, antidepresivos, 139
tricomona vaginal, 162, 283
trillizos, 112, 114, 115
trimestres, 121, 131, 283
trimetadiona, 74
triple, examen, 23, 50, 61, 63
tromboflebitis, 188
trombosis, 282
    venosa profunda, 189
trompas de Falopio, 274
    cirugía, 187
    ligadura, 187, 236
trote, 93
tubo neural, defectos, 54, 62, 74, 75,
    271, 279
tumoraciones, en las mamas, 190
tumores óseos, 47

U
ultrasonido, examen, 16, 44, 50, 52, 54,
    55-59, 61, 62, 63, 65, 70, 112, 122,
    123, 150, 183, 186, 187, 189, 193,
    194, 224
    grabado en video, 58
    participación de su esposo, 59
    razones para hacerlo, 56
    resonancia de Doppler, 65
    seguridad, 58
    vaginal, 57
umbilical, cordón, 130, 156, 219, 227,
    254, 283
    anormalidades, 130
    banco de sangre, 228
    compresión, 219
    corte, 156, 227
    cuidado, 254
    problemas, 130
ungüento antibiótico, para los ojos del
    neonato, 248
uñas, cambios, 149
uréteres, 283
urinaria, obstrucción, 62
urinarios, cálculos, 44, 283
uterina, sensibilidad, 193
uterinas, contracciones, 86
uterino, masaje, 227
útero, 283

V

vacunación, 13, 79
vacunas
difteria, 79
fiebre amarilla, 79
hepatitis, para el neonato, 28, 227
rabia, 79
rubéola, 13, 53, 79
sarampión, paperas, rubéola, 79
tétanos, 79
vivas, 126
vaginal
flujo, 28, 144, 145, 237
hemorragia, 91, 160, 182, 237
infección, 29, 145
irritación, 29
nacimiento, 5, 115, 221, 224
parto, 200
ultrasonido, 57
vaginitis, 162
vaginosis bacteriana, 29
varicela, 33, 34
várices, 136
vascular, enfermedad, 130
vejiga, infecciones de, 27, 43, 86, 144
síntomas, 43
vello
facial durante el embarazo, 149
púbico, rasurado, 206
vena cava, 283
venas varicosas, 90, 116, 136-138, 147, 283
prevención, 138
venta libre, medicinas para la tos, 73, 76, 77, 87, 171
verduras, consumo en el embarazo, 84
vérnix caseosa, 283
verrugas venéreas, 162, 273, 283
versión cefálica externa, 223, 274
viajar y conducir durante el embarazo, 106
riesgos, 107
vías urinarias, infección, 43, 144
video del nacimiento, grabación, 226
vientre, 283
vigilancia de la frecuencia cardiaca fetal, 67, 69, 70, 123, 214, 215, 275
externa, 69, 70, 214
interna, 69, 214, 215
electrónica, 274
VIH, 16, 165, 271
vista, problemas, 46, 182, 191
vitaminas, 13, 45, 73, 75, 85, 88, 99, 126, 142, 143, 169, 191, 227
A, 13, 78, 126
B, 169
C, 85, 143, 169
D, 78
E, 78
K, 78
K, inyección al bebé, 227
prenatales, 45, 75, 78, 88, 99, 142, 191
vómito, 21, 25, 83, 182, 250, 258
en el neonato, 250, 258
intenso, 182
vuelos durante el embarazo, 106
vulvovaginitis, 161, 278

W-Y

warfarina, 74, 190
Western Blot, examen de la, 165
yoduro, 74

Créditos de Ilustraciones